本书由辽宁省高等学校一流特色学科（教育学第二层次）专项经费资助出版

21SHIJI ELUOSI SHIFAN JIAOYU XIANDAIHUA DE
JIAZHI QUXIANG JI ZHIDU ANPAI YANJIU

21世纪俄罗斯师范教育现代化的价值取向及制度安排研究

杜岩岩◎著

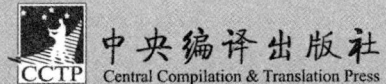

图书在版编目（CIP）数据

21世纪俄罗斯师范教育现代化的价值取向及制度安排研究 / 杜岩岩著. —北京：中央编译出版社，2016.1
ISBN 978-7-5117-2909-5

Ⅰ. ①2… Ⅱ. ①杜… Ⅲ. ①师范教育－教育现代化－研究－俄罗斯－21世纪 Ⅳ. ①G659.512

中国版本图书馆CIP数据核字（2015）第309404号

21世纪俄罗斯师范教育现代化的价值取向及制度安排研究

出 版 人：刘明清
出版统筹：董　巍
责任编辑：郑　锦　曲建文
责任印制：尹　珺
出版发行：中央编译出版社
地　　址：北京市西城区车公庄大街乙5号鸿儒大厦B座（100044）
电　　话：(010) 52612345（总编室）　(010) 52612341（编辑室）
　　　　　(010) 52612316（发行部）　(010) 52612317（网络销售）
　　　　　(010) 52612346（馆配部）　(010) 55626985（读者服务部）
传　　真：(010) 66515838
经　　销：全国新华书店
印　　刷：北京天正元印务有限公司
开　　本：710毫米×1000毫米　1/16
字　　数：242千字
印　　张：15.75
版　　次：2016年1月第1版第1次印刷
定　　价：46.00元

网　　址：www.cctphome.com　　邮　箱：cctp@cctphome.com
新浪微博：@中央编译出版社　　微　信：中央编译出版社（ID：cctphome）
淘宝店铺：中央编译出版社直销店（http://shop108367160.taobao.com）(010) 52612349

本社常年法律顾问：北京嘉润律师事务所律师　李敬伟　问小牛
凡有印装质量问题，本社负责调换。电话：010－55626985

内容摘要

本研究侧重于世纪之交以来的俄罗斯师范教育现代化问题的探讨,因为这一时期俄罗斯社会趋于稳定,经济持续增长,国家重新承担起教育的责任并首次提出了俄罗斯教育现代化发展战略。因此,本研究认为21世纪初是俄罗斯师范教育改革的新阶段,是真正意义上的俄罗斯师范教育现代化的发端。

本研究的核心问题是:俄罗斯师范教育现代性的内涵及其价值取向是什么?俄罗斯实现师范教育现代化的路径及其制度保障是什么?全文共分八章。第一章是诸论;第二章分析21世纪初俄罗斯师范教育现代化的动因;第三章揭示俄罗斯师范教育现代性的内涵及其价值取向;第四章梳理和探究俄罗斯师范教育现代化的制度设计、组织实施和保障机制及其特点;第五章进一步分析和揭示俄罗斯师范教育政策调整的动因与策略;第六章探讨新形势下俄罗斯师范教育现代化再出发的方向与措施;第七章以俄罗斯国立师范大学为个案,进一步分析俄罗斯教师培养模式的转型;第八章结束语,总结俄罗斯师范教育现代化的总体特征及对我国师范教育改革的启示和建议。研究的基本思路:从分析俄罗斯国家形态转型、高等教育国际化战略和基础教育多元化改革入手,首先明确影响21世纪初俄罗斯师范教育现代化进程的主要动因。在此基础上,从价值取向的角度剖析俄罗斯师范教育现代性的内涵及其独特性;从制度安排的角度揭示俄罗斯师范教育现代化的实施策略;从人才培养模式的角度考察俄罗斯师范教育现代化的具体措施。最后,对俄罗斯师范教育的现代化战略及其改革实践做出一个全景式的多视角的评判,进一步揭示出俄罗斯师范教育现代性的价值取向及其路径的独特性，从而对中国教师教育政策的制定及改革路径的选择提供借鉴。

从价值取向和制度安排这两大主题出发，本研究得出以下两个方面的基本结论：

第一、师范教育现代化是21世纪初俄罗斯师范教育回应社会挑战的战略选择，承载着社会、国家和个人发展的多重使命。世界经验表明，师范教育现代性主要体现在开放性、专业性、标准性和实践性等方面。俄罗斯在现代化实践过程中不断丰富着师范教育现代性的内涵，并在继承本民族优秀教育传统的基础上，提出了符合时代发展要求的现代师范教育观。其中，人本教育观、职业能力观、优质教育质量观是现代俄罗斯师范教育观的重要组成部分，体现了俄罗斯师范教育现代化的理想追求和价值取向，具有导向性、前瞻性、规范性的特征，为师范教育改革实践和师范教育制度安排提供了坚实的思想资源和理论依据。

第二、师范教育制度创新是俄罗斯师范教育现代化战略实施的重要保障，也是国家师范教育现代化意志的表达。政府通过制定颁布一系列的法律、法规、标准、发展纲要，促进教师教育管理制度、财政制度、学位制度和社会参与制度的创新，为师范教育现代化提供了一个新的制度环境。其中，颁布和实施国家师范教育标准是俄罗斯师范教育现代化目标达成的重要策略，保障了俄罗斯教育的同一性和教师培养质量。俄罗斯现代师范教育制度的保障机制包括提高教师地位、增加财政拨款、形成国家社会共同管理和引入竞争选拔机制等方面。

关键词：俄罗斯师范教育；现代化；价值取向；制度安排；培养模式

Abstract

This dissertation emphasizing particularly on Russian normal educational modernization at the turn of century, in respect that stable society environment and the sustained growth of the economy in Russian this period, the government takes the responsibility on running national education and first brings up the development strategy on Russian normal educational modernization. So in this disquisition, the beginning of the 21st century is considered as the new reforming phase and the real inchoation of Russian normal education. The core issue of this paper: what is the connotation and value orientation in Russian normal educational modernization? What paths and system guarantees can achieve the modernization of Russian normal education? The full paper can be divided into eight chapters, the first is introduction; the second analyses the motivations of Russian normal education modernization in the early 21st century; the third reveals the connotation of modernity in the Russian normal education and its value orientation; the fourth reorganizes and explores system design, organizational implementation, guarantee mechanism and characteristics of Russian normal education modernization; chapter 5 further explains and reveals the causes and strategies of policy adjustment in Russian normal education; chapter 6 discusses the new direction and measures which Russian normal education modernization restarts under the new circumstance; chapter 7 takes Russian National Normal University as a case, further interprets the transformation of Russian teacher training mode; chapter 8 is the conclusion, which summarizes the general characteristics of Russian normal education modernization and the enlightenment as well as the suggestion of normal education reform in our country. The basic thought concludes: starting with analyzing the transformation of Russia state pattern, the internationalization strategy in higher education and the multicultural curriculum reform in the basic education, in the first instance it is clearly defined the main motivations, which influence the course of Russian normal educational modernization at the beginning of the 21st century. On this basis, the study analyzes the connotation and particularity of Russian normal educational modernization from the value orientation angle; present implementation strategy for Russian normal educational modernization from system arrangement aspect; review the concrete measures for Russian normal educational modernization from talents cultivating mode. At last, the study obtains the strategy for Russian normal educational modernization and panoramic judgment on reform practicing from the multi-angles of view, further more opening out the specialty of value orientation and the way in Russian normal educational modernization, which providing a reference to establishing Chinese normal education's policy and reform way.

From value orientation and system arrangement, the research gets two aspects of conclusion:

First, the modernization of Russian normal education not only responses to society challenges at the beginning of the 21st century, but also bears the multi-mission weight of society, country and individual development. International experience indicates that Russian normal educational modernization mainly embodiment on openness, profession, criterion and fulfillment aspects. In the course of Russian normal educational modernization, it continuously enriches the connotation of the normal educational modernization, and brings forwards the thoughts of normal educational

Abstract

modernization according with era developing demands on the basic of inheriting its national excellence education tradition. People-oriented education view, vocational ability view and high quality education view are the important essential parts of the thoughts of Russian normal educational modernization, which incarnates the ideal pursuit and value orientation of Russian normal educational modernization, organizing the studies with guidance quality, foresighted view and criterion. It also provides stable thinking resource and theory foundation for reform practice and system arrangement of normal education.

Second, the innovation of normal education system is the important safeguard for implementing modernization education strategy in Russian normal education, and volitional expression of national normal educational modernization. A series of laws, codes, standards, and developing compendium are constituted and issued by government, which advance the system of education management, finance system, degree system and the innovation of the social participation system, and also provide a new system environment for normal educational modernization. It is the important strategy, which promulgates and puts in force "the nation normal education standard", to manage to achieve the aim of Russian normal education, and it also ensures Russian education identity and teacher cultivating quality. Guarantee system of normal educational modernization includes: enhancing teachers' status, increasing financial funds, involving in the management of state and social affairs and introducing competition and selection mechanisms.

Key words: Russian normal education; modernization; value orientation; system arrangement; cultivated mode

目　录

第一章　绪论 ……………………………………………………… 1
　一、问题提出 …………………………………………………… 1
　二、主要概念界定 ……………………………………………… 3
　三、文献述评 …………………………………………………… 5
　四、研究思路及方法 …………………………………………… 9

第二章　俄罗斯师范教育改革的回顾与新世纪的挑战 ………… 13
　一、20世纪90年代师范教育改革的成就与困境 …………… 13
　二、俄罗斯师范教育现代化的历史机遇与时代挑战 ………… 16

第三章　21世纪初俄罗斯师范教育现代化的价值取向 ………… 44
　一、师范教育的重新解读：人本主义价值观 ………………… 44
　二、人才培养的职业取向：能力本位观 ……………………… 52
　三、基础教育的现实诉求：优质教育质量观 ………………… 59

第四章　21世纪初俄罗斯师范教育现代化的制度安排 ………… 76
　一、俄罗斯师范教育现代化的战略定位 ……………………… 77
　二、高等师范教育国家标准的制定与实施 …………………… 80
　三、俄罗斯师范教育现代化的任务 …………………………… 92
　四、俄罗斯师范教育现代化制度实施的保障机制 …………… 99

第五章　俄罗斯师范教育政策调整的动因与策略 ······ 108
一、俄罗斯师范教育政策调整的动因分析 ······ 109
二、俄罗斯师范教育政策调整的基本策略 ······ 112

第六章　俄罗斯师范教育现代化再出发：方向与措施 ······ 118
一、当前俄罗斯师范教育面临的新挑战 ······ 118
二、俄罗斯《师范教育现代化纲要》框架内容 ······ 121
三、俄罗斯师范教育现代化的新进展 ······ 123

第七章　俄罗斯教师培养模式现代化
　　　　——基于俄罗斯赫尔岑国立师范大学的个案分析 ······ 126
一、俄罗斯师范大学面临的三重困境 ······ 126
二、能力本位教师培养模式的理论与实践探索 ······ 128
三、创新体制机制，保障教师培养质量 ······ 133

第八章　结束语 ······ 137
一、俄罗斯师范教育现代化的总体特征 ······ 137
二、启示与借鉴 ······ 138

参考文献 ······ 147
附录一：关于"提升普通教育机构师资职业水平综合纲要"的构想 ······ 161
附录二：教师职业标准 ······ 167
附录三：俄罗斯国立师范大学"小学教师培养方案"更新
　　　　——节选自《师范教育的能力观》一书 ······ 183

第一章 绪 论

一、问题提出

21世纪初,俄罗斯的社会转型进入了一个新的历史阶段,各个领域的全面现代化成为社会发展的主要目标。现代化是现代社会的文明进程,世界经验表明,现代教育与社会整体的现代化及其展开是同体、同构的。为实现教育现代化的宏伟目标,2001年俄联邦政府颁布了一个具有划时代意义的重要法律文件——《2010年前俄罗斯教育现代化构想》(以下称《构想》),《构想》提出了21世纪初俄罗斯教育发展的现代化战略,开启了俄罗斯教育改革的新时代。按照《构想》的部署,俄罗斯教育现代化分三个阶段进行:第一阶段(2001—2003),恢复国家对教育的责任,教育改革新措施的实验;第二阶段(2004—2005),评估新措施的实施结果并加以推广;第三阶段(2006—2010)总结和呈现改革成果。

一个国家教育现代化程度的高低主要体现在教育现代性的增长方面。现代性是现代化的基础,"现代化就是努力实现现代性目标的社会改造"[①]。现代性作为现代社会的主导性文化形态,在总体上起源于西方。内发于西方的现代性在世界扩展开来,自觉不自觉地成为后发国家的参照标准,并呈现出普适性特点。但普适性的现代化又要与各民族国家的文化传统相遇、结合,又是各民族国家自主选择的产物,因而各民族国家的现代化又呈现独具特色的"面相"。俄罗斯的现代化被艾森斯塔德视为"分

---

① 卢风:《启蒙之后》,湖南大学出版社2003年版,第172页。

裂型的现代化",① 并认为这种现代化发展的动力主要来源于外部,来自英、美等国家社会变迁的冲击,不是自发形成的。因此,俄罗斯的教育现代化进程也充满着因分裂而导致的冲突,教育传统与现代性的关系常常处于紧张状态。

教育现代性的基本价值取向是普适的,但教育现代化的实现方式又是多样性的。有学者认为,教育现代化作为一种活动,它在教育领域产生的思想观念、制度上的表现则称之为教育现代性,主要包括以下三个方面的内容:首先,教育现代性关注现在和现实生活,已成为一种教育思想;其次,教育价值主要是注重和发展人的道德、理性和崇尚独立人格;教育现代性还包括理性化的制度安排。② 据此,我们认为分析和考察教育现代化的三个要素包括:一是现实分析,二是价值取向,三是制度安排。

师范教育和教师对于现代社会的重要意义和作用是不言而喻的,正如 В. Ф. 肯特拉克夫所言:教师是社会进步的原动力,没有他们人类将停滞不前,教师是为社会机体输送精神营养的血液。③ 20 世纪 90 年代以来,为回应社会转型给师范教育带来的新挑战,促进师范教育质量的提升。在教育观念更新的基础上,俄罗斯制定实施了一系列法律法规,全面规划和引导师范教育的改革和发展,采取立法手段促进师范教育的现代化。纵观社会转型的十余年来,俄罗斯师范教育改革突出表现在以下几个方面:个性化师范教育观的明确;连续师范教育体系的构建;颁布和实施新的师范教育法律、法规;师范教育内容的更新;师范教育机构网络的拓展等。

但是,十余年的改革并没有从根本上解决师范教育与社会转型的冲突。追溯社会转型中俄罗斯教师教育改革的历程,我们就会产生一连串的疑问:为什么 21 世纪初俄罗斯提出了师范教育现代化战略?其深层次的社会动因有哪些?俄罗斯是如何理解和认识师范教育现代性的?选择了什么样的实施路径和保障机制?

---

① 艾森斯塔德:《现代化:抗拒与变迁》,张旅平译,中国人民大学出版社 1988 年版,第 57—58 页。

② 迟艳杰:《教育现代性与我国的教育改革》,载《教书育人》2004 年第 10 期。

③ А. П. Тряпицына, Современнон образование: проблемы и поиски. Известия Российской академии образования, 2006, №3. С., 53.

研究发现，俄罗斯师范教育的现代化发端于师范教育观念的变革之中。因此，我们可以从师范教育观念更新的视角去审视和判断俄罗斯师范教育现代化的整体特征和民族特性。其中，师范教育现代化的价值取向最能集中反映出俄罗斯社会、国家和个人对于师范教育现代性的基本认识和理想追求，是引导和规约现代化行动的思想基础和理论依据。苏联解体之后，俄罗斯一度处于"价值真空"状态，社会的急剧转型导致传统的价值观体系被摧毁，惯性规则被破坏。因此，价值观的重构成为俄罗斯师范教育现代化的首要任务。新的价值取向是俄罗斯师范教育对21世纪社会发展诉求的理性应答，是探讨俄罗斯师范教育现代化问题的逻辑起点。

俄罗斯的教育现代化具有典型的国家主义特征，国家在教育现代化的进程中扮演着特殊的角色，并以制度安排的方式来推动和实现师范教育的现代化。师范教育制度是上升到国家意志层面的师范教育观念的集中体现，规范和引导师范教育改革和发展的路径和方向。尽管俄罗斯教育的市场化进程在不断深入，但师范教育的国家责任是一直被强化的，并将国家视为师范教育的"定购人"和重要主体。因此，凸显国家意志的制度安排是分析师范教育现代化路径和实现方式的重要视角。

我国与俄罗斯师范教育有着共同的历史和现实的参照系——苏联模式和社会转型。因此，两国师范教育在如何保持传统基础上进行创新，如何解决国际化与民族化的冲突等方面具有较大的可比性和可借鉴性。系统分析俄罗斯师范教育现代化的价值取向和制度安排，对于丰富和拓展师范教育现代性的内涵及实践模式具有重要的理论和现实意义；对于反观我国教师教育改革的现状及问题特别是将对转型时期我国教师教育的价值选择和制度设计提供有益的借鉴。

二、主要概念界定

1. 师范教育

当我国顺应教育国际化发展趋势，将原来的师范教育概念拓展为"教师教育"并在这一语境中探讨教师培养战略时，俄罗斯继续沿用"师范教育"的概念，并且在改革之初提出了"连续师范教育"的概念。连续师范教育反映了俄罗斯师范教育体系的完整性和开放性的特点，旨在整合各级各类师范院校，建立相互衔接的机制，形成职前职后一体化的连续的师范教育体系。该体系包括中等、高等和高校后三个环节，其中高等师范教育是教师培养的主体，也是本研究重点关注的领域。

2. 师范教育现代化

《教育大辞典·第 1 卷》关于"教育现代化"这一词条的解释："教育现代化是使教育适应时代的发展，反映并满足现代生产、现代科学文化发展的需要，达到现代社会发展所要求的先进水平。"①

21 世纪初俄罗斯提出了教育发展的现代化战略，并在《2010 年前俄罗斯教育现代化构想》中对教育现代化的必要性、目标、任务、阶段和措施进行了系统的阐述。教育现代化是以形成人的现代性的文化精神品质为核心，以现代物质技术条件为基础，以制度化教育为主体，建立民主、法制、开放、多元的现代教育制度的过程。普及、质量和有效性是现阶段俄罗斯教育现代化的关键词。

俄罗斯师范教育现代化战略是通过俄罗斯教育科学委员会 2003 年 4 月 1 日颁布的《俄罗斯师范教育现代化纲要》（*O программе модернизации педагогического образования*）提出的。《纲要》指出，师范教育现代化的目的是在俄罗斯实现教育现代化的条件下，建立有效的动态发挥作用的师范教育机制。预期成果是形成教育工作者的培养、再培养和提高职业技能的新体系，该体系培养的人才能够符合社会对人才的需求。

本研究认为师范教育的现代化系指通过师范教育改革来达成师范教育现代化目标的过程。考察这一过程的两个重要视角：一是师范教育的价值取向，它是师范教育改革的思想基础和行动方向；二是制度安排，系指对师范教育改革的所有正式规则的设计、建构与操作，它是国家社会对师范教育的基本认识和主观意志的体现。

3. 价值取向

价值取向是价值哲学的重要范畴，指的是一定主体基于自己的价值观

---

① 顾明远：《教育大词典》，上海教育出版社 1990 年版，第 55 页。

在面对或处理各种矛盾、冲突、关系时所持的基本价值立场、价值态度以及所表现出来的基本价值倾向。价值取向具有实践品格,它的突出作用是决定、支配主体的价值选择,因而对主体自身、主体间关系、其他主体均有重大的影响。①

本研究认为,师范教育现代化的价值取向是指不同主体对师范教育现代性的理性认识和理想追求,及其对处理师范教育相关矛盾、冲突和关系时所持的基本价值立场、价值态度以及所表现出来的基本价值倾向。因此,本研究将通过俄罗斯师范教育现代化的价值取向的分析来揭示俄罗斯师范教育现代性的内涵。

4. 制度安排

本研究认为,制度包括社会体制规定、法律法规、政策政令、纪律规章等所有正式规则。制度安排是指对所有正式规则的设计、建构与操作。现代师范教育制度是由各项具体制度组成,用来处理师范教育基本关系的系统。现代师范教育制度可以从两个方面来建构,一是宏观层面,一个国家的师范教育制度包括国家层面的办学体制、投资体制和管理体制,是一个国家整体师范教育系统的总称;二是微观层面,主要是指师范教育机构的组织结构和体系,它是维系师范教育正常运行和发挥其职能的内在制度保障。② 因此,本研究对俄罗斯师范教育现代化的制度安排的研究包括宏观和微观两个层面。

三、文献述评

文献综述从以下两个方面展开:一是中国学术界对俄罗斯师范教育改革研究;二是俄罗斯学者对本国师范教育变革的相关研究。

1. 中国研究者视野中的俄罗斯师范教育改革

了解中国对俄罗斯师范教育研究成果有助于研究者了解俄罗斯师范教育的整体情况。在所能查阅到的有关俄罗斯师范教育改革研究的文章共计

---

① 徐贵权:《论价值取向》,载《南京师大学报》(社会科学版)1998年第4期。
② 朱旭东:《现代教师教育制度何为》,载《中国教育报》2007年6月14日。

21世纪俄罗斯师范教育现代化的价值取向及制度安排研究

33篇中,我们可以见到的中国俄罗斯师范教育研究的"势单力薄"。与研究欧美的教育成果相比较而言,中国缺乏研究俄罗斯师范教育变革的著作、相关研究也不多。但已有的研究成果为本研究提供了文献资料、研究框架、研究方法等方面的基础。如在肖更生的《俄罗斯教育10年变迁》一书中,对20世纪90年代俄罗斯师范教育改革的指导思想、内容和结构等方面做了系统的阐述。在朱小蔓主编的《20—21世纪之交中俄教育改革比较》一书中,中俄双方的合作研究者就各自国家师范教育改革的政策及内容进行了描述,并对中俄两国师范教育相互借鉴提出了建议。在查阅到的文章,从研究对象的角度可以作如下的分析:

一是以政府制定政策为主要介绍对象。张男星、姜晓燕等学者在各自的文章中从文本分析的视角对俄罗斯师范教育政策及相关法规的内容与结构加以描述。

二是以师范教育课程改革为对象。张丹华、杨北平等学者就俄罗斯师范教育的课程改革问题做了阐释,并对人文教育观和通才教育观、个性化课程观、能力本位课程观加以对比,认为它们是俄罗斯师范教育课程改革总的指导思想。

三是以师范教育体系和结构改革为对象。肖更生在《世纪之交的俄罗斯师范教育改革》一文中,系统评述了连续师范教育体系的现状及特点,并对其未来走势做出了预测。

总体上看,现有成果在分析视角、解释框架、研究方法、文献信息、研究结论等方面,为我们进一步探讨俄罗斯师范教育的理论与实践问题奠定了基础。但是,研究者不能不看到一些缺憾之处:缺乏第一手资料的研究,信息更新慢;缺乏一定的准确性,特别是翻译的不统一也是造成混乱的一个原因,如连续师范教育体系等术语;存在肤浅的比较倾向。

总体上看,中国学者对俄罗斯的师范教育改革研究主要是以介绍和描述为主,比较常见的是全文翻译、摘译或编译外国著名学者的论文和著作和其他教育参考资料,或是以一定资料客观地介绍与描述俄罗斯教育情况,较少评析。大部分资料都没有从社会经济、文化哲学及政策分析方法探讨历史事实的规律和本质、没有对价值和制度的内在关联性或系统性展开研究,缺乏理论研究的深度和广度。正如顾明远先生所说的:"中国比较教育缺乏理论的深度。比较教育学研究的不足,表现在理论基础薄弱且欠系统,比较容易流于形式,即表面化和简单化,不能从分析比较中找出规律性的东西,在国别研究上尚不够深透。"

2. 俄罗斯学者对师范教育改革的研究

20 世纪 90 年代初以来,俄罗斯的教育研究方法论范式发生了显著的变化——从拒绝形式主义转向文明的、职能结构等策略。长期以来,人文主义教育研究范式主导着俄罗斯的教育科学研究。随着教育现代化进程的不断深入,人文主义研究范式在解决教育现代化的矛盾冲突问题时明显力不从心,科学主义教育研究范式逐渐兴起,并呈现出二者整合的趋势。20 世纪 90 年代后,俄罗斯从西方国家引进了教育政策、教育经济等一系列概念和实证主义的研究方法,力图实现科学与人文相结合的研究价值取向。方法论的多元化为学者从不同的理论视角分析和研究社会转型中的教育改革问题提供了理论基础,其中包括系统论的、价值论的、解释学的、文化学的,等等。我们依据研究的视角和分析框架的不同,对俄罗斯师范改革问题研究的相关文献进行了系统地梳理和分类。

第一,关于师范教育观的研究。

社会转型之初,俄罗斯学界将人本主义教育价值观视为解决社会危机的重要理念和方法论原则。多数学者从人本主义心理学观点对教师的职业活动及师范教育价值观的更新进行了积极的探讨和研究,提出了师范教育的人本主义价值观。比较有代表性的观点:如季琴科等学者提出,"教育的人本化理念认为教育的价值是人的自我认识、自我定位和自我实现。人本化思想是新的教育学思维的重要组成部分"。"师范教育的人文基础确定了教师的人文教育性是师范教育专业化的条件和工具,更是人的职业完善、价值观成长和文化提升的预备。"卡扎库娃等学者还认为现代社会的价值观定位是人对自己和周围环境的认识,自由选择生活道路及个性化途径。因此,人必须了解自己,为自己和他人创造成功的情境。

比姆-巴特等学者从教育人类学的视角、阿列克谢耶娃等学者在维果茨基和达维多夫的历史文化学说和活动理论基础上提出师范教育的目的在于创造条件为未来教师的个性发展和自我完善、自我教育提供保障,为提高他们的适应快速变化社会的能力和较高的职业水准奠定基础。斯拉斯捷恩等人提出了新的师范教育主体观，认为师范教育是个人的教育，要求未来的教师成为自己生活的参与者、在有意识选择基础上实现自己的活动，强调经验和反思。此外，学者们还对师范教育内容、培养阶段、新型的师生关系做了相关的阐释。

第二，关于教育政策的研究。

一是从历史演进的视角分析俄罗斯教育改革的现状及特点。苏联解体后的第一本涉及俄罗斯教育问题的著作是普梁尼科夫的《教育和教育思想史》，作者从历史演进的视角系统分析了1988年—1991年期间的俄罗斯教育体制结构改革的特点和存在问题，并在结论中提出教育正处在改革的进程之中，其后果尚未表现出来。这本著作被视为教育改革的第一个总结，为1992年颁布的俄罗斯《教育法》提供了重要的理论依据。

二是从教育政策的目标和功能的视角分析俄罗斯教育改革的成效问题。俄联邦的前教育部长第涅伯罗夫在其出版的著作《俄罗斯的第四次学校改革》和《昨天和明天的学校改革》两本书中，高度评价了转型时期教育政策对俄罗斯教育改革的保障作用，并提出了改革伊始的教育部政策制定的思路和初步的经验。他认为，教育是俄罗斯国家战略的利益所在，并已被20世纪90年代的俄罗斯教育的发展经验证实。而与第涅伯罗夫观点相左的代表性观点认为在教育领域内缺乏明确的国家政策，并对俄罗斯旨在走西方道路的教育改革给予了深刻的批判（格尔顺斯基、巴哈莫夫）。

第三，关于师范教育体制改革的研究。

20世纪初俄罗斯师范教育是否应当独立存在的问题成为学者们争论的焦点：一部分学者认为，师范大学的学术性不强，教师培养质量不高，主张取消独立师范大学并将其合并到综合大学；斯米洛夫、舒施库诺夫等学者则从当前俄罗斯教育现代化所处的历史阶段及俄罗斯师范教育的历史传统的角度，认为保留和改造现存的体制是解决俄罗斯师范教育现代化问题的理性选择，并在对师范教育大学化现象进行深入的实证研究的基础上，提出了打造连续师范教育体系的构想，并得到政府的积极回应，出台了相关政策来保留独立的师范教育体系。

第四，关于师范教育职能问题的研究。

从微观的视角探讨师范教育的教学和德育职能的拓展成为俄罗斯学者

关注的重点。斯拉斯捷恩、耶沙廖娃、平斯库诺娃等学者认为师范教育不仅具有教学和德育的职能，还应在此基础上提出第三个职能，即促进学生发展的职能。近年来，俄罗斯学者古卡连科、丹尼柳克对师范教育的德育问题进行了系统研究，并认为社会转型后俄罗斯师范教育的德育受到了很大的冲击，应重新建构新的德育理念和模式，主要考虑两个方面的因素：一是市场经济体制，二是青年一代的爱国主义教育和民主社会的公民意识的养成。

第五，关于师范教育与基础教育的关系的研究。

斯拉斯捷恩、斯米洛夫等学者认为，俄罗斯基础教育的变化，必将引发教师培养模式的变革，创新型教师的培养、专业教育的实施都给俄罗斯师范教育改革带来新的挑战。其中，教育观念的转变和政策的保障是关键。

综上所述，俄罗斯学者对于师范教育改革问题进行了系统的研究，并从不同学科视角建构了俄罗斯教师培养模式和师范教育内容的理论体系，为师范教育政策的制定与实践提供了理论和方法论的支撑。研究表明，俄罗斯学者从师范教育现代化的价值取向与制度安排相关研究尚不多见，这也提高了我们研究的难度系数。

四、研究思路及方法

1. 研究思路

本研究侧重于世纪之交以来的俄罗斯师范教育现代化问题的探讨，因为这一时期俄罗斯社会趋于稳定，经济不断增长，教育改革处在反思基础上的"理性选择"时期，国家重新承担起教育的责任，颁布了一系列旨在推进俄罗斯教育现代化的政策法规，因此，本研究认为这一时期的师范教育改革是师范教育转型的新阶段，是真正意义上的俄罗斯师范教育现代化的发端。本研究将从价值取向、制度安排、人才培养模式三个方面考察俄罗斯师范教育现代化的理念与实践，旨在对俄罗斯师范教育的现代化战略及其改革实践有一个全景式的多视角的系统认识，从而提出师范教育现代化价值取向和制度安排的应然选择，以期对中国师范教育政策的制定及改革路径的选择提供借鉴。

第一章绪论。着重于问题的提出、基本概念的界定及研究的方法与思路的描述，是本研究的基础。

第二章分析21世纪初俄罗斯师范教育现代化的社会背景，从系统内外的两个纬度去探讨师范教育改革的外在动因和内在需求，揭示社会转型期新阶段的俄罗斯社会的特点及师范教育的不适应是以下研究的前提和基础。

第三章剖析俄罗斯师范教育现代化的价值取向。

立足于新的社会发展背景和发展目标，在合理吸纳传统教育理念的基础上，俄罗斯的理论界从哲学、心理学、社会学等学科视角，提出人本主义的教育价值观，作为社会转型初期师范教育改革的总的指导思想。在这一理念观照下，俄罗斯把追求师范教育民主化、个性化、人文化、多元化、区域化等作为基本原则，在师范教育目标、师范教育体制、教育内容与技术、教育管理等诸多方面进行了系统深入的研究与实践。随着改革的深入和教育全球化、市场化思潮的影响，俄罗斯师范教育价值取向也发生了的转型，即在人本主义取向基础上突出了师范教育现代化的诉求，并对师范教育的模式、内容和技术产生了深刻的影响。因此，本研究将对21世纪初俄罗斯师范教育的价值取向进行全面的分析，诠释俄罗斯是如何在继承传统的基础上对师范教育理念加以变革和创新的。新时期的俄罗斯是如何认识和审视师范教育的，如何回答"师范教育是什么"、"师范教育能做什么"以及"师范教育应该是什么样"、"师范教育应该做什么"、"师范教育需要坚持什么"、"师范教育应该把握什么"等问题，对上述问题的回答即构成了俄罗斯师范教育价值观体系，也是本研究重点关注的对象。

第四章社会转型中俄罗斯师范教育现代化的制度安排。

师范教育的制度安排是俄罗斯师范教育现代化战略的重要组成部分，是国家意志的具体体现，决定着教育改革的成败。俄罗斯师范教育制度包括制度的设计、实施和保障等内容。制度设计包括宏观和微观的两个层面，其中，宏观层面关注能够具体体现俄罗斯师范教育价值取向和现代化理念内涵的法律、法规；微观层面着重考察《高等师范教育国家标准》的制定与实施。

第五章俄罗斯师范教育政策调整的动因与策略。

21世纪初,为适应社会转型的需要,俄罗斯制定并实施了师范教育现代化战略。近年来,基于对国情的复杂性及师范教育规律的认识,俄罗斯师范教育的政策做出新的调整。本章在分析政策调整动因的基础上,着重探讨了当前俄罗斯师范教育发展的策略及措施。

第六章俄罗斯师范教育现代化再出发:方向与措施。

经过20余年的改革探索,当前俄罗斯师范教育现代化进程受阻,一方面,由于教师职业声望下降和传统培养模式局限,导致未来教师能力不足,无法满足基础教育需要;另一方面,由于封闭单一的教育体制困境无法突破。为此,俄罗斯教育与科学部实施了旨在提高教师培养质量的师范教育现代化工程,并通过引入全纳教育理念,更新教育内容和实践环节,创新体制机制等措施推进师范教育现代化的进程。基于此,2014年5月,俄罗斯教育与科学部发布了《关于提高普通教育机构师资职业水平综合纲要的构想》,在此框架下提出了包括《师范教育现代化纲要》在内的四个子项目。本章将以此来进一步考察俄罗斯师范教育现代化新进展,以期为我国师范教育改革提供借鉴。

第七章俄罗斯教师培养模式的现代化。

新的师范教育观念的实现和现代师范教育制度的有效性取决于师范教育的人才培养模式的变革。从人才培养的目标和路径、内容和方法等方面揭示俄罗斯国立师范大学教师培养模式的变革,有助于我们进一步考察俄罗斯现代师范教育制度的有效性。

第八章研究结论。

在前面研究的基础上,归纳总结21世纪初俄罗斯师范教育现代化基本特征,预测其未来的发展趋势;借鉴俄罗斯的经验,对中国教师教育改革的价值选择和制度设计提出合理建议。

2. 研究方法

采用一手资料。本研究主要采取文献研究法,文献多采用一手资料。资料来源包括俄罗斯教育类著作、博士论文及摘要;俄罗斯国家法律、法规文本;俄罗斯教育类学术期刊,如《Педагогика》(《教育学》)、《Высшее образование в России》(《俄罗斯高等教育》)、《Учительскаягазета》(《教师报》)、《Бюллетень министерства общего и профессионального образования российской федерации》(《普通与职业教育部通报》)、《Вестник высшей школы》(《高校学报》)、《Перспективы образования》(《教育展望》)等；俄罗斯网站中的资料，如 yandex.ru，zankov.ru，等等。除此之外，还包括中国关于俄罗斯文化、政治、经济等相关方面的研究资料。

从本土出发。本研究没有从外显的内容与结构上对中俄师范教育加以比较，而是采用基于从本土意识入手的"心中比"方式，一方面要揭示现代化过程中两国师范教育的共同之处，另一方面更要挖掘它们的不同特点，从中标志出各自国家教育的特质以及教育的自我同一性。尤其对于俄罗斯教育的研究，我们要避免重复历史的错误，不能采取"全面拿来主义"，以便能更加清楚地认识师范教育的规律和特质，从而强化师范教育理论与实践的民族文化意识。

具体研究方法。历史文献综述法：对相关政策文件、有关社会历史和现实的文献进行综合分析整理。专家咨询法：与俄罗斯的教育专家和学者进行交流和对话，了解师范教育改革的相关信息。比较法：在形成研究结论及对我国教师教育改革的建议中，对两国教师教育改革的理论与实践进行比较。个案分析法：对俄罗斯国立师范大学人才培养模式的考察有助于我们进一步揭示现代师范教育制度的有效性。

第二章 俄罗斯师范教育改革的回顾与新世纪的挑战

20世纪90年代初,伴随着苏联的解体,俄罗斯的政治、经济、文化等领域发生了一系列的重大变化,折射到教育领域,即表现为教育观念的转变,教育高度集权管理模式被打破,多种新型学校的出现、地方和院校管理权限的扩大、新知识门类和专业的形成,等等。但是,这一时期的教育改革是在国家迅速解体和社会急剧转型背景下展开的,具有盲目性和非系统化特点。世纪之交,随着国家经济的复苏和政治的稳定,俄罗斯逐渐走出"休克疗法"造成的社会衰退的阴影,教育改革也随之进入了一个新的历史阶段。

一、20世纪90年代师范教育改革的成就与困境

改革十年的历史回顾是考察21世纪初俄罗斯师范教育改革的研究基础和逻辑起点。20世纪90年代俄罗斯师范教育改革的两条路径:一是适应社会转型需要,打造连续师范教育体系;二是提高师范教育教学质量。其中,打造开放、一体化的连续师范教育体系是俄罗斯师范教育改革的体制保障。

1. 打造连续师范教育体系

20世纪80年代中后期,在终身教育思潮影响下俄罗斯提出了构建完整连续的国民教育体系的思想。师范教育领域也将建立和发展连续师范教育体系(Система непрерывного педагогического образования)作为师范教

育改革的重要任务。俄罗斯连续师范教育体系是由中等、高等和高等后师范教育机构、与各类普通学校之间的协作网络、国家及地方的教育行政管理机构、师资进修及继续教育机构等组成。2001年连续师范教育体系包括670多个师范教育机构，具有教学—科研—师范教育、职前职后一体化的特征。连续师范教育体系改革突出表现在以下几个方面：首先，师范教育机构层次水平的上移。1995—2001年中师院校从362所减少到163所，师范专科学校增至183个。① 其次高等师范教育"综合大学化"（универститзация）趋势，一方面是原有师范学院升格变为师范大学，1992年只有5所师范学院升格为师范大学，2002年有44所师范大学，占高等师范院校总数的50%以上；② 另一方面是综合大学培养师范人才，据全国师范教育专业教学法协会统计，在有权设置师范类专业教学的526个专业点中，406个设在师范院校，120个设在非师范院校。复次，注重发挥补充师范教育机构的作用，加强教师的职业培训和继续教育。全俄有90所补充教育教学机构及其12个分校，13个国际和地方师范教育中心承担教师的继续教育和技能提高工作。③ 经过10年的改革，俄罗斯连续师范教育体系从结构和职能上保障了师范教育的继承性、连续性和完整性，也实现了师范教育体系开放、不同机构有效衔接和一体化的师范教育体制改革的目标。

2. 师范教育改革的成就及问题

为回应社会转型给师范教育带来的新挑战，促进师范教育质量的提升，在观念更新的基础上，俄罗斯颁布了一系列关于师范教育的法规，制定了师范教育的相关制度，以全面规划和规范师范教育的改革和发展，采用立法手段促进师范教育的转型，实现在国家教育政策指导下的师范教育的制度化。纵观社会转型的十余年，俄罗斯师范教育改革成就突出表现在以下几个方面：个人本位师范教育理念的确立；连续师范教育体系的构建；颁布和实施新的师范教育法律、法规；师范教育内容的更新；师范教育机构网络的拓展，等等。但是，俄罗斯师范教育中也存在诸多尚未解决

---

① Бюлетень Министерства Российской Федерации. 2001，(8)：16.
② Россия в цифрах. 2002. Москва, 2002.
③ В. Л. Матросов, Педагогическое образование：состание, проблемы, перспективы. Москва, 2001.С., 31.

第二章　俄罗斯师范教育改革的回顾与新世纪的挑战

的问题：

一是在教师收入增长和社会地位提高的同时，师范教育的声望反而降低。教师的地位与教师的培养质量不相匹配，出现了教师的普通和职业文化素养下降。连续师范教育体系的社会经济基础尚不稳定，其实施的思想、法律基础和经济机制相对落后，使得师范教育既不能满足社会政治和经济发展的需要，也不能满足基础教育改革的要求。①

二是对师范教育质量评价缺乏科学和科学方法论的研究，对连续师范教育标准和纲要的制定缺乏科学依据，执行师范教育国家标准的机制不完善；面向小型综合学校和农村学校师资培养的理论方法、科学教学法和实践方法落后，造成教师的培养不能适应多元化的要求；同时，提高教师培养质量的机制比较落后。

三是师范教育的内容设置没有充分考虑到普通学校的要求，而且未能灵活地处理教育要求和教科书的编排，以及 12 年普通学校训练的条件，使得中等、高等和大学后师范教育的教育机构与普通学校在教学形式和方法上的连续性遭到破坏，所培养的教师不能真正适应将来的工作。

四是对个体和社会进行咨询的教育服务市场的远期预测缺乏科学依据；整个连续师范教育体系的信息手段和信息文化不发达，缺乏这方面的研究，而且教师培养的具体过程中缺乏信息技术的使用，使教师培养仍停留在信息化社会之外；连续师范教育体系的管理低效，甚至无效。

五是国家对连续师范教育的基础研究和应用研究支持与鼓励不足，师范教育系统中的学术流派和科研方向发展不足。

上述问题涉及了师范教育的内容、结构、形式、途径、过程、管理、技术和活动机制等很多方面，但核心问题仍可归结为师范教育质量的问题。研究表明，20 世纪 90 年代俄罗斯的师范教育改革没有从根本上解决其与社会改革发展的不适应问题，如同俄罗斯社会转型与改革进程一样矛盾重重，而 21 世纪俄罗斯师范教育的发展前景直接取决于上述问题的解决。

---

① В. Л. Матросов, Педагогическое образование: состание, проблемы, перспективы. Москва, 2001. С. , 33.

二、俄罗斯师范教育现代化的历史机遇与时代挑战

2001 年底,俄罗斯颁布了《2010 年前俄罗斯教育现代化构想》,首次将以往教育领域的"改革"换成教育"现代化"的表述,强调俄罗斯教育的现代化任务是保持教育的基础性,保证教育的时代质量,发展和完善符合个人、社会和国家当前以及长远需要的高质量教育。这标志着 21 世纪的俄罗斯教育正进入变革的新阶段。21 世纪初俄罗斯师范教育现代化面临着来自社会、高等教育和基础教育改革等诸多因素的挑战,主要反映在以下几个方面。

1. 俄罗斯国家形态转型的新阶段:从依附走向自主发展

俄罗斯社会转型大体经历了三个阶段:20 世纪 80 年代是关于如何改变现状和冲破现存体制的争论阶段;20 世纪 90 年代初期,自由民主势力实施以西方发达国家模式为模版的激进改革;20 世纪 90 年代中后期以来,反思改革的负面影响,在西方和俄罗斯传统价值观的冲突中探索俄罗斯发展的新道路。有学者从苏联—俄罗斯转轨中国家形态和国家治理的关系这一视角提出了俄罗斯转型以来所经历的三种国家形态,即"失败国家"、"依附性国家"和"自主性国家"。① 本研究将从国家形态的变迁与教育的关系的视角考察分析俄罗斯师范教育现代化的深层动因。

(1) 依附性国家的治理失败

新自由主义经济在俄罗斯的实验不但没有带来预期的社会稳定和经济增长,相反导致了恶性通货膨胀和严重的经济衰退。1992 年俄罗斯全面推行"休克疗法",随后的 4 年里,GDP 下降了 42%,工业生产下降了 46%。② 经济的持续衰退根本性地改变了俄罗斯的阶级结构和政治生态,加深了总统—议会冲突和宪政危机。1994 年 7 月到 1995 年底,叶利钦政府实行了财团私有化改革,这场"世纪大拍卖"使俄罗斯成为一个高度"依附性国家",俄罗斯的政治经济命脉完全掌握在财团寡头手中,俄罗斯

---

① 杨光斌、郑伟铭:《国家形态与国家治理——苏联—俄罗斯转型研究》,载《中国社会科学》2007 年第 4 期。

② 许新:《叶利钦时代的俄罗斯》,人民出版社 2001 年版,第 144 页。

第二章 俄罗斯师范教育改革的回顾与新世纪的挑战

的国家治理结构处在瘫痪状态。1998年与1990年相比,俄罗斯GDP下降了50%以上,居民的平均购买力和生活水平下降了40%。① 此外,叶利钦时代的俄罗斯是一个只有"民主"没有法制的社会,旧的制度被废除,新的制度难于建立。因此,未经"改造"而"转型"的俄罗斯注定是失败的命运。

这一时期的俄罗斯教育改革处于急速变革时期,国家对教育的保障严重不足,尽管《教育法》对教师的地位和物质保障做出了规定,但由于经济保障不足,政策如同一纸空文,仅停留在"口号"层面。日益恶化的宏观经济形势和教育系统的十分有限财政保障,使这一教育改革变得更为复杂。由于教育系统的最低经费需求甚至只能保证47%,教育经费甚至不够支付教师的工资。学校的物质技术条件极度恶化,专用教室的演示设备只有65%~70%能够得到补充。②

(2) 找回国家的自主性

世纪之交的俄罗斯进入了一个新的历史阶段——"普京时代"。普京执政后,调整了社会转型的基本思路,寻求市场经济运行与公正理念结合的途径,旨在建立符合俄罗斯地域价值观的政治经济模式。普京的治国理念集中体现在他于1999年底发表的施政纲领中。普京的"俄罗斯思想"包括"爱国主义"、"强国意识"、"国家观念"和"强有力的国家政权体系"。③ 面对走出动荡、混乱和贫困的迫切需要,普京对俄罗斯国家政治、经济、教育等领域进行了大规模的整治。国家经济出现快速增长的势头,综合国力得到明显提升,人民生活得到改善。国家实力的提升唤醒了俄罗斯的大国意识,这突出体现在普京的"俄罗斯思想"之中,其目标是恢复俄罗斯的大国和强国地位,其中关键路径是俄罗斯传统价值观中的具有民族主义色彩的、指向国家主义的俄罗斯思想的实现。普京的国家主义是通过"可控的民主"和"主权民主"等概念阐释的,其内涵包括:政治单一制与经济联邦制的二元化并存的国家治理结构;国家主导下的强国家与弱

---

① 许新:《叶利钦时代的俄罗斯》,人民出版社2001年版,第459页。
② 朱小蔓:《20—21世纪之交中俄教育改革比较》,教育科学出版社2006年版,第21页。
③ 中国社会科学院俄罗斯东欧中亚研究所:《普京文集》,中国社会科学出版社2002版,第7—10页。

社会的关系;"统一俄罗斯党"主导国家杜马的政党格局;政府主导下的政治与经济的关系。这一思想在理论上填补了苏联解体造成的理论缺失和"信仰真空",也推动了俄罗斯主流意识形态和价值观的重建。

世纪之交以来,"自主发展"、"自我超越"成为俄罗斯改革的关键词。自 2000 年以来,俄罗斯 GDP 增长速度连年保持在 6%—7% 的水平,2007 年达到 8.1%,重新跨入世界经济十大经济体行列。① 随着俄罗斯经济的逐渐复苏、新的联邦主体领导选举制度及国家预算投资体系的建立,2006 年,在普京总统的倡导下,俄罗斯政府制订实施了包括教育、卫生、农业和住房建设四大优先发展项目《国家规划》,旨在提高俄罗斯公民的生活质量,这是投资于俄罗斯未来大规模的国家发展计划。目前,上述领域中正在分别实施名为《优质教育》、《健康》、《农业综合体的发展》、《普及而舒适的住房》四项规划。

这一轮教育改革处在实施《2010 年前俄罗斯教育现代化构想》的开始阶段,国家重新承担起教育的责任,主要表现在:教育系统的预算经费得到增加;教育法制化进程加快;形成了教育管理的国家—社会系统的基础;扩大了职业教育机构的学术自由;核准了扩大中等和高等职业教育入学率的各种机制;进行了更新教育内容和结构的实验,在高年级进行了引进专业教学的实验;扩大了经费的预算来源,以保证学校的物质技术基础。与此同时,俄罗斯明确了师范教育优先发展的地位,提出了师范教育现代化战略,为师范教育改革的深入创造了良好的制度和社会环境。

(3) 探寻新的俄罗斯民族精神

伴随着经济政治的转型,文化转型也成为俄罗斯社会转型不可或缺的环节,其中重塑新的俄罗斯民族精神成为文化转型的逻辑起点。当代俄罗斯政治经济改革进程中的社会心理发展轨迹表明,在俄罗斯的社会意识领域中,民族精神正在发生与历史转型时期相适应的巨大变化。整个俄罗斯正在经历一场具有历史意义的民族精神的蜕变。这种蜕变是以社会意识形态的转换为背景的——公民社会、法制国家、市场经济等价值观念便是其主要特征。

---

① 于宏建:《且看俄罗斯昨天、今日和明》,载《人民日报》2008 年 3 月 18 日。

第二章 俄罗斯师范教育改革的回顾与新世纪的挑战

20 世纪 90 年代末，俄罗斯社会问题研究中心对莫斯科大学 17 个系的大学生的法律意识的调查表明，大多数大学生认为在特定的生活状态中违反法律是正当的、有理由的；对莫斯科中学生价值取向问题的调查结果显示：只有 44％的高年级学生认为自己没有谋杀、暴力的想法，但也由此可见，高达 56％的学生具有违反法律规范和道德准则的心理。① 这一现象引起了俄罗斯社会各界的广泛思考和争论。在分析问题存在的原因时，社会普遍认为俄罗斯的市场经济改革忽视了道德心理、意识形态、社会文化的重建，造成了很多失误和社会问题，如年轻一代信奉极端主义，缺乏爱国主义精神。正如有学者认为："问题的复杂性在于，俄罗斯的政治家和经济界精英对民族精神的作用估计不足。他们认为，俄罗斯民族精神可以实现'改造'，其方式是速成、自发，实质上就是放任不管。但是，历史经验和科学分析表明，民族精神并不像护照那样易于更换。民族精神的过渡要经历一个复杂、漫长的过程，然后才能形成新的民族精神集合体。其中，民族特性中固有的价值观将同社会意识的深刻变革一同引领新的社会文化方向。"②

随着俄罗斯现代化进程的逐渐深入，俄罗斯社会越来越清醒地认识到，以经济技术为单一导向的发展战略存在不足和弊端。只有倚靠社会发展的第二要素——文化资源并支持和发展这种资源用于保障教育，以知识经济为基础的社会革新模式才会高效、稳定地运行。教育是传承文化信息并将社会文化潜力付诸实现的最主要方式。在二者相互融和的过程中，将产生统一的精神空间——民族文化教育环境。有学者认为，新的俄罗斯民族精神将会促进人们建立公民意识、民族自豪感和职业自尊心，它会培育人们对祖国大自然、祖国语言、祖国历史的深厚感情，它会将认识世界和人生的三种方式——理性逻辑的科学方式、感性形象的艺术方式、神秘价值观的宗教方式融为一体。③

---

① Лиферов А. П. Воронова О. Е, Новая российская ментальность как инновационный ресурс модернизации образования//Педагогика. 2007，№2. С., 12—22.

② Лиферов А. П. Воронова О. Е, Новая российская ментальность как инновационный ресурс модернизации образования//Педагогика. 2007，№2. С., 12—22.

③ Белозерцев Е. П, Образование: историко — культурный феномен. Курс лекций. Спб., 2004，602—603.

2006年3月，俄罗斯联邦政府教育发展报告指出国家稳定发展的主要因素中必须具有以精神示范及文化力量影响世界的能力。因此，关于俄罗斯社会意识中民族精神发展问题的研究已成为高校、社会政治及人文科学领域关注的焦点。尤其是在高等学校的实践活动中给予了积极的探索。例如，俄罗斯梁赞国立大学就成为拟定俄罗斯联邦教育机构的现代教育基本战略的实验区。该大学制定了大学生民族精神培养方案，并以多种丰富多彩的教育形式保障了方案的实施。①

——创建科学研究中心网络及旨在保护和宣传民族精神文化财富的人文研究室（以斯列兹涅夫斯基学士的名字命名的斯拉夫语文学及文化中心；历史区域志、地方志中心；研究及宣传叶赛宁遗著的科教中心；俄语远程教育试验室；教育进程管理活动创新工艺实验室，生态德育教育研究中心）。

——组建大学生精神道德教育机构，这是以梁赞国立大学与梁赞教区卓有成效合作为基础的（宗教安全问题教研室；东正教文化中心，神学教研室；从2001年建成以来已有2届毕业生的神学系；2000年建成的大学生东正教教堂；教师、大学生及教士们每年都参加圣母日的活动）。

——成立大学教育博物馆综合体，包括四个大学博物馆——地方志博物馆、梁赞国立大学历史博物馆、院士—斯拉夫史学家斯列兹涅夫斯基博物馆和伟大俄罗斯诗人叶赛宁博物馆。

——修建梁赞国立大学大学生剧院，上演古典及现代剧目。

——出版俄罗斯高等教育科学研究著作，召开学术研讨会。

——提高大学生自治机构参与学校管理的积极性，包括大学生参与各种创新性合作，社会设计活动，志愿者活动，参加慈善活动，举行传统社会文化活动（地区间大学生汇演"叶赛宁的春天"，教育及其他职业技能大赛，以学校休假营为基地，组织大学生集训班，召开圆桌会议，技能大赛、合作训练等）。

俄罗斯师范教育在新的民族精神探索和重塑中肩负着特殊的使命。近

---

① Лиферов А. П., Воронова О. Е, Новая российская ментальность как инновационный ресурс модернизации образования//Педагогика, 2007. №2. С., 19—22.

第二章 俄罗斯师范教育改革的回顾与新世纪的挑战

年来,俄罗斯师范大学积极从事爱国主义教育的科学研究,并将新的俄罗斯民族精神要素融入教学计划和课程内容之中,凸显教育活动的德育功能,将未来教师的民族精神培养作为师范教育人才培养模式改革的重要方向。

2. 高等教育国际化战略为师范教育拓展了新的空间

21世纪初,俄罗斯选择了欧洲高等教育发展范式,制定了旨在以融入欧洲教育一体化空间为目标的新的教育发展战略。伴随着欧洲教育一体化进程,俄罗斯实施的高等教育领域的"博洛尼亚改革"成为俄罗斯社会各界关注的焦点。师范教育作为高等教育的一个重要组成部分,既具师范性特征,更具高等教育的职能。博洛尼亚改革为俄罗斯实现师范教育现代化提供了新的增长点。

3. 融入欧洲教育一体化空间:俄罗斯高等教育改革的战略选择

1999年6月18—19日,在意大利城市博洛尼亚,欧洲29个成员国教育部长签署了《博洛尼亚宣言》,宣言的签署标志着欧洲教育体制改革"欧洲教育一体化进程"即"博洛尼亚进程"的开始。依据这个法律文件,在21世纪的第一个十年,欧洲将创建一个统一的教育空间。宣言提出:要更加关注教育,增加财政支持;提高欧洲公民的高等教育普及率;研究欧洲统一的高水平的教育标准;鼓励教师、学生和管理人员的流动;实行新的"358学制"。《博洛尼亚宣言》倡导促进欧洲教育一体化空间形成,并提出了改革的具体核心内容:

一是实施学士—硕士两个阶段的高等教育体制(哲学博士的培养视为高等教育的第三阶段)。

二是统一大学生获得知识和技能的数量,实行学分制(ECTS)。

三是借助于相互承认的评价指标体系来鉴定和保障教育质量。

"博洛尼亚进程"是数个世纪以来,欧洲高等教育最根本的结构变革,其目标是于2010年以前在欧洲范围内获得统一的、趋同的教育空间。这样,一方面可以促进欧洲成为社会政策富有活力的、人力资源增长的强势地区;另一方面,使欧洲的高等教育在智力、资金和声誉上更具竞争力。我们可以看出,欧洲教育一体化改革不仅是高等教育领域的改革,更是一个复杂的、规模浩大的社会变革。

  2003年9月18—19日，在柏林"博洛尼亚改革"成员国高等教育部长会议上，俄联邦教育部部长签署了《博洛尼亚宣言》，这一决定载入了"欧洲国家高教部长会议公报"并巩固了俄罗斯作为欧洲教育共同体成员国的地位，同时也宣布了未来几年俄罗斯高等教育改革发展战略——加入欧洲教育一体化空间。俄罗斯地处欧亚大陆交汇处，在其社会发展进程中，"欧化"是其历史长河的主流。普京执政后也多次强调斯拉夫文明与欧洲文明同根同源，表示融入西方是俄罗斯的历史选择。对于站在特殊的欧亚道路上的俄罗斯来说，如何迎接《博洛尼亚宣言》的挑战，是继续坚持和发展自己的民族教育体制还是积极的参与欧洲教育一体化进程，是很重要的抉择。我们认为除了地域因素和历史原因之外，俄罗斯选择融入欧洲教育一体化空间，更重要的原因是政治经济发展的现实需要。因为在政治经济全球化背景下，俄罗斯与世界各国尤其是欧洲国家在经济、政治、社会领域的联系日益密切，迫切需要在文化教育，尤其是高等教育领域里加强合作。目前，俄罗斯仍处于转型时期，经济发展前景很难确定。近年的经济发展更多地依赖能源领域的增长，其他领域继续处于疲软和衰退状态。在目前的条件下形成一个持续增长的教育服务和稳定的劳动市场还需要很长的时间。因此，融入欧洲教育一体化空间是俄罗斯与欧洲实现政治经济一体化的现实需要。

  从俄罗斯高等教育系统内部来看，传统的俄罗斯大学的人才培养模式是学术研究型的。大学提供一系列的理论知识和较少的实践技能，毕业生不能立刻进入企业的具体工作角色。然而，经济领域的变革导致了人才培养模式的变化，企业要求毕业生具备的整体综合技能在大学的理论教学和科研过程中是学不到的。俄罗斯没有规定大学生的职业技能考试，毕业生得到高等教育学历证书的即获得职业资格。随着市场经济的转型和国际化趋势的加强，俄罗斯高校的人才培养模式已经不能适应新经济和劳动力市场的需要。因此，俄罗斯把转变人才培养模式、注重职业应用型人才培养作为高等教育走出学术篱笆，为社会和经济发展提供创新型人才的重要改革措施。这是与欧洲国家即将实施的"职业资格学位"和"博洛尼亚改革"要求的人才培养模式相吻合的。因此，融入欧洲教育一体化空间是俄

第二章　俄罗斯师范教育改革的回顾与新世纪的挑战

罗斯高等教育适应新经济，转变人才培养模式的关键所在。

在教育全球化和国际化浪潮下，俄罗斯高等教育的国际交流与合作与欧美等发达国家相比明显处于劣势。俄罗斯目前的外国留学生大约9万人，其中53％是俄罗斯国家财政资助的。按照每人每年3000美元计算，总计收入143百万美元，比美国少35倍。① 这就意味着俄罗斯的世界教育服务市场在国际竞争处于劣弱。俄罗斯政府和绝大多数高校校长认为"博洛尼亚改革"是一个新的机遇，只有与欧洲各国加强合作合作，才会在国际教育服务市场的竞争中获得与欧洲的共赢。因此，融入欧洲教育一体化空间是促进人才流动，拓宽俄罗斯大学生就业市场，提高俄罗斯高等教育国际声誉和吸引力的重要措施。

近两年来，加入欧洲教育一体化空间成为俄罗斯学术界和教育领域争论和研究的焦点，归纳起来，存在着以下四种观点：第一种观点倾向于主张积极的参与欧洲教育一体化改革，认为俄罗斯高校最好的时期"金色的雨季"即将来临；在未来的教育空间中大学生、教师和研究人员可以自由流动；俄罗斯毕业证书文凭和职业资格在欧洲劳动市场得到认可；俄罗斯大学生在欧洲任何国家可以自由就业。第二种观点持反对意见，认为俄罗斯高校的"博洛尼亚化"是件悲哀的事情，必将导致严重的后果，特别是降低传统的高等教育质量系数，使俄罗斯失去其优势——教育基础性，削减俄罗斯大学在欧洲和世界教育市场的竞争力。第三种观点认为在认可俄罗斯高等教育优势的基础上要考虑俄罗斯与欧洲政治经济一体化的现实需要。第四种观点很有市场，认为"博洛尼亚进程"意味着欧洲高等教育根本改革新阶段的开始。欧洲国家高校目前对基本结构和内容于20世纪七八十年代开始改革，90年代实际上基本完成。不久以前所有欧洲大学已经实施了多层教育体制，采用学分制，并解决了职业资格认证相互承认的问题。俄罗斯加入欧洲教育一体化空间只是形式上的合作，不解决实质性问题。

总之，俄罗斯从签署《博洛尼亚宣言》起，就把加入欧洲教育一体化

---

① С. Симиров, Болонский процесс: перспективы развития в России. Высшие образование в России [J], 2004 (1): C45.

空间作为高等教育改革的目标和发展战略。同世界其他国家的教育改革一样,"博洛尼亚改革"不仅仅是俄罗斯政府主导的战略选择,更多的从大学自身倡导和社会参与的自下而上的全方位的高等教育改革。

(1) 用欧洲标准衡量:俄罗斯高等教育的特点与局限

俄罗斯高等教育创建至今已经有200多年的历史,无论在理论上和实践上都形成了自己的特色。融入欧洲教育一体化空间意味着将用欧洲的教育标准来衡量和评价俄罗斯的教育。在欧洲的教育框架下,明确俄罗斯高等教育的特点和局限是"博洛尼亚改革"成功的前提条件。

一是就业市场的独特性。俄罗斯的劳动就业市场不同于欧洲,体现着自己的独特性,主要表现为区域性。俄罗斯的劳动市场严重依赖于地方的经济和社会发展水平(俄罗斯的每个区域在政治、经济、文化上都保持很高的自治程度),市场需求的多样性要求毕业生专业设置更宽泛;个别部门和地区发展前景的不确定性导致了地区发展的极度不均衡;交通和住房费用高昂妨碍了专业人员的自由流动。所有这些特点决定了人才的自由流动在俄罗斯很难实现,《博洛尼亚宣言》主要条款在俄罗斯国内很大程度上只能停留在学术的流动上。因此,事实上,俄罗斯不可能鼓励所有形式的流动。因为俄罗斯公费资助学生(俄罗斯大部分学生是公费的)的流动将导致严重的人才和智力的流失。

二是高等教育的知识本位。有别于中世纪宗教庇护下的欧洲大学,俄罗斯的大学植根于专业教育,特别是自然科学领域。知识本位的高等教育的理论型人才培养模式已不能适应新经济和劳动力市场发展的需要。很多企业家目前担心技术工人数量不足,他们感兴趣的不是白领,而是职业技术工人——蓝领。俄罗斯大学将采取有力措施,通过与国外的合作把人才培养的基础性与在国民经济领域,特别是在信息技术领域的应用更好的结合起来。

三是实施两级学制的特点。10年前,俄罗斯就开始实行两级(学士—硕士)学位体制,而这一体制事实上并没有与现实的劳动就业市场接轨,更多的是满足教育和科学自身发展的需要,也就是说它优先定位到学术发展。但是随着这一体制的实施,它已不能满足时代的需要。现在急需在机械和其他领域实施这一学位制度,而很多大学(特别是私立大学)由

第二章 俄罗斯师范教育改革的回顾与新世纪的挑战

于 90 年代初开办了奇缺的法律学士、经济学及工商管理学士,形成了学士市场。目前俄罗斯仍不打算在近期做出行政决策来替换很多专业的一体化培养,这不仅有内容方面的原因,更取决于制度特点。因此,两级高等职业教育体制完全替代单一的体制仍需要很长的时间。对于综合大学有权选择自己的人才培养模式。比如,在莫斯科大学两阶段培养模式(经济学专业)与传统的单一的专家培养模式(物理学)并行不悖。1992 年俄罗斯颁布了《关于俄罗斯联邦高等教育多层次结构的暂行条例》,改革传统高等教育的单一培养模式(专家模式)为三级结构的多层连续培养模式(基础高等教育—学士—硕士模式)。很多大学仍保存新旧两种学制结构,其中 60% 以上的高校实行两种平行的学制系统。要与"博洛尼亚改革"中创建多层连续的高等教育培养体制,实施"学士—硕士"两阶段培养,目前俄罗斯的所有的专业,所有的培养方式还需要进一步发展和完善,为将来实行"358 学制"奠定基础。[①]

四是学年制与学分制。为了与欧洲高等教育接轨,保持欧洲的学位证书和附录内容的一致,俄罗斯将实行学分制。目前,俄罗斯实行的是学时制,学分制正处于实验和方案的研制阶段,20 多所大学作为试点单位参与了这项工作。近年来,俄罗斯研究和出台了很多现代的教学工作量的测评方法。与俄罗斯实际相对应,目前仍按照教学量来测评学生的学习总量,并记录在学位证书的附录上。俄罗斯计划在新的国家教育标准中换算单位不再使用学时,而是标准单位。

五是语言的障碍。语言作为一种文化现象和交际工具在国际交流与合作中扮演着重要的角色。在现代欧洲,英语是国际交流的主要语言。这就应当考虑选择英语作为填写毕业证书附录的语言。提高外语学习的有效性,不仅成为俄罗斯高校,甚至是中学开展国际交流与合作的重要工作。

(2) 在欧洲教育一体化进程中:俄罗斯高等教育改革的趋势

为了如期顺利地加入欧洲教育一体化空间,俄罗斯通过立法等手段来实现自己的战略目标,并提出了各项措施落实的具体时间表和责任人。

---

① В. Д. Шадриков, Новая модель специалиста: инновационная подгодовка и компетентностный подход [J]. Высшее образование сегодня, 2004 (8): C27—31.

2004年俄罗斯颁布了《俄罗斯联邦教育系统优先发展方向》纲要，要求通过立法对俄罗斯联邦《教育法》、联邦《高等和大学后职业教育法》以及其他法令做出修改和补充。这些修改要保证：（1）建立两个阶段的高等职业教育系统；（2）发展继续职业教育；（3）吸引企业主参与教育政策；（4）发展科学和教育的一体化进程。2005年又通过了两个重要文件：（1）《关于成员国学术专业的统一证书和科学教育工作者的培养和鉴定程序细则示范法令草案》；（2）《关于控制独联体成员国教育质量的标准和监控技术的协议的建议》。文件确认了俄罗斯联邦最高学位评审委员会（BAK PФ）拟订的学术专业证书为蓝本。

现在俄罗斯高等教育国际化的形式（国际流动、教学计划和合作教育组织项目协议、国外分校的建立等），仅仅是创建欧洲教育一体化的最高形式的准备阶段（各国教育系统尽可能地相互接近、相互补充等）。在欧洲教育一体化进程中，俄罗斯的高等教育正酝酿着一场重大的变革，未来的俄罗斯高等教育改革将围绕以下几个方面进行。

一是统一欧洲样式的高等教育证书附录。俄罗斯大学毕业证附录将按照欧洲的样式制作，用英语记录成绩。在全俄罗斯实行新的证书之前，首先，应修订和统一与欧洲标准相应的人才培养方向和专业目录。与欧盟国家共同研制不仅是俄罗斯的，也是全欧洲的目录。其次，要统一课程名称，以提高翻译成英文和其他欧洲语言的俄罗斯大学课程在欧洲的认可程度。最后，翻译成英文的学科专业和培养方向，并将由俄罗斯教育部确认。

二是采用学分转换系统（ECTS）。在2003年9月柏林会议上，欧洲国家的教育部长强调了学分制在人员流动和研究国际教育计划中的重要性，并指出ECTS是各国学分制的基础。俄罗斯高等教育将采取其中的一种形式来实施学分制。这两种形式分别为：第一种是形式上的学分制。教学系统本身没有任何变化，只是将不同课程应掌握的知识量，按照国家教育标准转换为学分制所要求的数量。换算使用俄联邦教育部推荐的简便的计算方法。这种形式不要求大学在组织教学方面发生任何的变化，唯一必须做到的是确定一个换算比率，以实现学时制向学分制的转换。第二种是相对的创新形式，按照学时来组织构建教学过程。评价单位的替换将会

第二章 俄罗斯师范教育改革的回顾与新世纪的挑战

导致一系列重大的变化：教师的教学科研工作和学生活动的计算系统，工资计算的方法，教学的价值和一系列大学组织教学过程的其他重要的方式都会发生变化。因此，在这一过程中大学将获得新的可能性，将创建更加灵活机动的教学体制。在新的规则下，创建新型的教学计划；研究和实施新的课程大纲，大纲中按照学分制的参数提供和检测质量；重构学年制理念；在学分制过程中掌握知识，开发实践技能和进行内容掌握的检查；在教学过程中更广泛地使用笔试测验。

三是实行两级教育（学士—硕士）体制。俄联邦颁布的《关于高等和大学后职业教育法》（1996年）确认了在俄罗斯实行两阶段教育体制，保证学士和硕士的培养的同时，保留传统的专业人才培养模式。为此，俄罗斯高等教育领域将在以下几个方面发生变化：首先，重新研究培养专业和方向目录，使之与欧洲目录接近，包括专业和方向的初步统一；参与欧盟的关于高等教育欧洲空间的综合技能资格认定的共同研究；通过新的专业培养目录生效的决议。其次，研究新型的国家高等职业教育标准，在学分制的基础上去构建标准，制定统一的换算标准，统一并翻译与欧洲一致的课程名称，重新定位联邦政府与大学之间的关系。再次，拓宽学士、硕士的非线形（不同步）教学。降低国家教育标准的要求，统一全部培养方向的课程，转变传统的按照专业形成大学生班级并把它作为组织教学过程的基本单位的认识。

四是提高教育质量，构建与欧洲相近的高等教育评价指标体系。提高质量的方法和机制的问题是大学内部管理的一个重要问题，在博洛尼亚协议中没有体现。《博洛尼亚宣言》强调只是研究质量评价的总指标，其余的工作要有大学来完成。宣言指出，欧洲国家应创建一个世界上高质量的高等教育，但他们没有研究提高质量机制及合理途径——大学的工作形式，教学方法，教学内容。主要原因是：加入欧洲成员国的大学自治程度远远高于俄罗斯的大学，并且国家不能以明显的方式影响教学过程的实施，也就是说教育部不能在他的责任权限之外采取措施干涉教学科研。但俄罗斯教育部的集权对完善大学的组织机构工作提供了可能；个别领域和带有全球化特点的工作一般都回避质量问题。如果把质量问题作为重点，博洛尼亚改革将会导致拖延欧洲一体化空间的创建，整个改革将处于危险中。所有欧洲国家简化了改革,仅留下了最重要的部分。由此可见,他们现阶段最重要的不是获得高质量,而是重建相近的民族教育体制结构和创建统一的欧洲教育空间。其中,俄罗斯作为欧洲教育一体化进程的参与者,除必须参与研究共同的质量评价指标体系之外,还必须关注科学研究经费的增加。

俄罗斯加入欧洲教育一体化空间现在仅仅是个开始,存在着诸多的阻力,其中最大的困难就是缺乏合理和相宜的资金投入来补偿支持改革;另一方面就是:教育是国家责任的支持者与自由主义理念的倡导者的不可调和的对抗,也就不可能提出任何明确的全民族的教育理论。在欧洲大学联盟和欧盟大学校长联合会的会议说明书中,表明了博洛尼亚宣言成员国自愿承担改革自己的高等教育系统义务的立场,还阐述了博洛尼亚进程的目标是使欧洲的高等教育相互接近,而不是"标准化"或者"统一化",并表现出了对自主性和多样化的基本原则的高度尊重。

(3) 俄罗斯师范教育的博洛尼亚改革的局限性

博洛尼亚改革作为俄罗斯高等教育的国际化战略影响是全方位的,其中包括师范教育的学位体制、教学过程、质量保障等方面。但是,俄罗斯师范教育具有自身的独特性,师范人才培养不是面向世界劳动市场,而是满足俄罗斯区域发展需要。正如俄罗斯学者所说:"由于师范教育实践的保守性、低收入性、语言和文化的差异等原因,师资的全球化竞争问题是不存在的。"① 此外,地方师范大学与中师积极的合作互动,也是俄罗斯特有的现象。近年来,俄罗斯师范教育还面临着由于人口下降导致的教育市场的萎缩等压力。因此,有学者认为,俄罗斯师范教育改革应从区域和制度的层面出发,完全不是"国际化竞争"的逻辑。俄罗斯师范教育将面临着如下几个方面的挑战:教育研究的全球化(欧化)导致俄罗斯教育科学独特性丧失的风险;内部的不同一性;社会基础机构的摧毁;各国传统的交叉过程中,国家缺少对健康、教育和居民社会保障的政策支持。②

---

① А. Г. Бермус, Российское педагогическое образование в Контексте Болонского процесса. Педогогика,№10,2005. С.,105.

② 同上.

第二章 俄罗斯师范教育改革的回顾与新世纪的挑战

3. 基础教育改革与教师角色的重塑

俄罗斯教育类型相当独特，分为普通教育、职业教育和补充教育三种。普通教育包括：学前教育、普通初等教育（小学 1－4 年级）、普通基础教育（初中 5－9 年级）、普通中等教育（高中 10－11 年级）；职业教育包括：初中等职业教育、高等教育、大学后教育及研究生教育。其中，高等教育又分为分三个层次：学士、专家和硕士、研究生（副博士、博士）；补充教育包括儿童、成人补充教育和补充职业教育。中小学阶段原来意义的各种校外、课外教育划归"儿童补充教育"，原来意义的各级各类业务进修、业务提高、业务再培训划归"成人补充教育"。

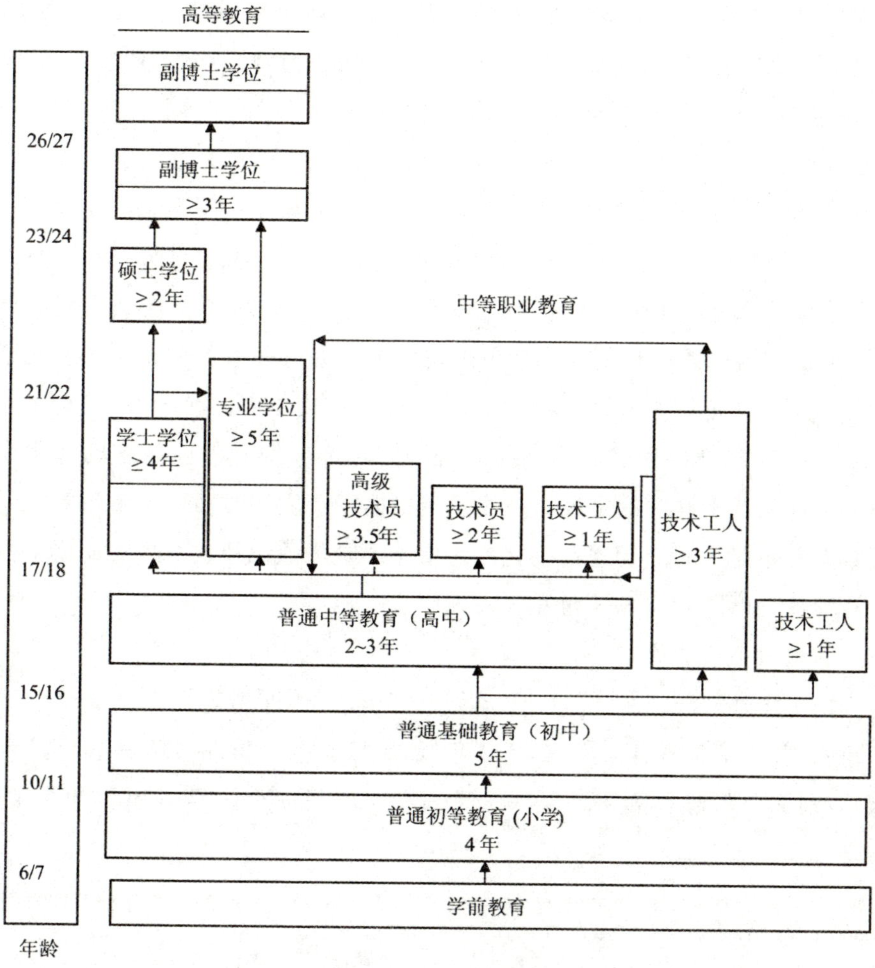

图 1 俄罗斯学制图

(1) 学前教育

俄罗斯学前教育机构近年来呈现多元化发展趋势，既有传统意义上的托儿所、幼儿园、托幼混合的一体化机构和家庭托儿所，还有幼儿园小学联合体和幼儿园小学中学联合体等形式。幼儿园是俄罗斯学前教育机构最普遍的形式，分为公立和私立两种。托儿所接收两个月至3岁幼儿，幼儿园接收4至6岁儿童，一体化机构则可以接收1至6岁儿童。2011年，俄罗斯又将私立幼儿园纳入国家财政拨款体系内，为学前教育普及提供了保障。① 2012年，俄罗斯共有学前教育机构44884所，在学儿童566.1万人。近几年出现了学前教育需求的高峰，入园、入托名额供不应求。

公立学前教育机构的教育内容一般包括：认识周围的世界（对物体、自然和生活中各种现象的认识）；游戏（情景角色游戏、动作游戏、教学游戏）；言语的发展（丰富词汇、学习正确的发音、语言的协调、口头讲述）；了解文学艺术（转述读过的内容、阅读）；学习造型艺术基础（绘画、塑形、构图）；认识基础的数学概念；学习音乐（听音乐、唱歌、韵律运动）；体育课。按照俄罗斯联邦教育法的规定，学前教育的主要任务体现在五个方面：①保护儿童的生命，增强儿童的体质；②保证儿童在智力、个性和体力方面的发展；③对儿童在发展中出现的偏差进行必要的矫正；④使儿童获得全人类的价值观；⑤与家庭配合保证儿童获得全面发展。②

2013年颁布的俄联邦《学前教育国家标准》明确学前教育的基本原则是支持儿童多样性的发展，从注重选拔向注重发展过渡；注重培养孩子与成人和同伴之间的互动；不允许将中小学阶段的纪律教育模式向学龄前儿童转移；以游戏的方式对儿童实施教育。

(2) 中小学教育

中小学教育年限为11年，包括三个阶段：普通初等教育（小学1—4年级）、普通基础教育（初中5—9年级）、普通中等教育（高中10—11年级），前两个阶段为义务教育。九年一贯制的不完全中学（小学和初中）

---

① В. А. Мау, Я. И. Кузьминов, Стратегия—2020: Новая модель роста—новая социальная политикаИздательский дом《Дело》Москва, 2013. С. 310.

② 王凤英：《21世纪俄罗斯学前教育发展及特色探析》，载《外国教育研究》2011年第5期，第58页。

第二章 俄罗斯师范教育改革的回顾与新世纪的挑战

和十一年制的完全中学（小学、初中和高中）是俄罗斯实施基础教育的主要机构。

俄罗斯小学一般接收 6－8 岁儿童入学，学业年限为 4 年。此阶段的主要任务是注重学生个性和能力的培养；发展学生的个性、创造力和对科学的兴趣，形成学习的愿望和能力；培养道德感和美感，培养对自己和周围世界的情感、态度、价值观；掌握系统的知识、能力和技能，具备完成各种活动的经验；保证学生的身心健康；优先形成基本能力和技能，为今后的学习打下基础。教学内容包括阅读、书写、初等数学和初步的劳动训练等，此外还开设促进学生全面发展的音乐、体育、舞蹈、艺术和周围的世界等课程。从 2 年级开始开设外语课。

普通中等教育分为普通基础教育（初中 5－9 年级）、普通中等教育（高中 10－11 年级）两个阶段。普通基础教育属于义务教育阶段，主要任务是让学生在获得知识、能力、技能和实践方法的基础上形成对世界的总体认识；培养学生具备现代社会必需的基本素养和能力，能够自觉地、负责地选择生活和职业道路，同时为下一阶段的侧重专业式教学做好准备。高中阶段教育的重点是使学生成长为现代社会的合格公民，对学生进行区别化和个别化教学，培养学生的公民责任感和法律意识、培养学生的独立性和首创精神、培养学生社会化的能力，既为学生继续接受高等教育做准备，还要培养学生成为适应现代社会要求的合格好公民，并使其成为适应劳动力市场需求的出色劳动力。

当前，俄罗斯普通教育学校类型上也呈现多样化的趋势，除传统普通中学外，还出现了不少新型学校，如一般重点中学、高级重点中学等。这些学校或偏重文科或偏重理科，其深度和广度远高于一般普通学校，不少是为天才儿童提供深造的有大学预科性质的学校。多元化的教育机构客观上满足了儿童多样化的教育需求，增加了儿童的入学机会。

为提高教育质量，建立俄罗斯统一的教育空间，1992 年颁布的《俄罗斯联邦教育法》首次提出要制订国家教育标准，以国家教育标准取代以往全国统一的教学大纲和教学计划，明确教育大纲内容的最低限度、受教育负担的最高限度以及对毕业生水平的要求。1994 年，俄联邦政府开始组织制定普通教育国家标准，并出台了临时标准（1998 年）和过渡性标准（2004年），目前实施的是第三代普通教育国家标准（2010年）。2015年9月1日起，俄罗斯中小学将实施新一代国家教育标准。根据国家普通教育标准的要求，俄罗斯中小学课程和教学内容也随之不断进行调整和更新，如下表显示①：

表1 基础普通教育教学计划学科内容比较

1985年基础教育教学计划学科内容		1993年基础教育教学计划学科内容		2004年基础教育教学计划学科内容	
1—4年级	5—9年级	1—4年级	5—9年级	1—4年级	5—9年级
本族语和文学	本族语和文学	俄语与文学	本族语与文学	文学	俄语
数学	数学	作为国语的俄语	俄语与文学	文学阅读	文学
周围世界	历史	数学	外语	本族语与文学	本族语与文学
自然常识	苏维埃国家和法律基础	周围世界	数学	外语	外语
造型艺术	地理	艺术	物理与天文	数学	数学
音乐和唱歌	生物学	体育	化学	周围世界（人、自然、社会）	信息学与信息技术
体育	物理学	劳动训练	生物	艺术（音乐与造型艺术）	历史
劳动教学和职业教学	化学	必选择课程	地理与生态学	工艺学（劳动）	社会学（包括经济学、法学）
必需的公益劳动和生产劳动	制图	任选课程	社会（历史与社会学科）	体育	地理
—	外语	—	信息学		自然
—	造型艺术	—	艺术		物理
—	音乐和唱歌	—	体育		化学
—	体育	—	劳动训练		生物
—	劳动教学和职业教学	—	必选课程	—	艺术（音乐与造型艺术）
—	必需的公益劳动和生产劳动	—	任选课程	—	工艺学
—	选修课	—	—		活动安全基础
—	劳动实习	—	—		体育

---

① 朱亭亭：《俄罗斯基础教育课程设置的现代化趋向》，载《现代教育论丛》2008年第8期。

第二章　俄罗斯师范教育改革的回顾与新世纪的挑战

（3）高中侧重专业式教学改革

21世纪以来，俄罗斯高中阶段教育改革出台了两项重要的改革措施：实施"侧重专业式教学"和将高中毕业考试与高校入学考试整合为全国统一考试（ЕГЭ）。2002年7月，俄教育部公布了《基础教育高级阶段实行侧重专业式教学的构想》，促进高中教学的个别化和差异化，更全面地关注学生的兴趣、爱好和能力，帮助高中生根据自身职业兴趣选择继续学习的专业方向。"侧重专业式教学"包括四个专业方向：人文科学、自然科学—数学、社会—经济学、信息—工艺学；课程类型包括：基础普通教育类课程（必修课）、侧重专业类课程（专业必修课）和选修课，所占比重为50∶30∶20。该项改革从小范围试点开始，逐步向全国推广。从2003年起，包括莫斯科在内的20座城市的266所学校先行开始试点。截至2007年4月，全俄普教机构实施"侧重专业性教学"3年以上的学校占26%，1年至3年的占9%，实施1年的占24%，尚有41%刚开始实施。这项改革也将是2020年以前俄罗斯普教领域最重要的持续性改革。①

在基础教育高级阶段（以下简称高中）实行侧重专业式教学，是俄罗斯政府在教育现代化构想中对普通高中提出的新要求。为实施新教学形式的改革，俄教育部于2002年7月公布了几经讨论和修订后的《基础教育高级阶段实行侧重专业式教学的构想》。随后，侧重专业式教学在普通学校的高中阶段逐步试行。按照《基础教育高级阶段实行侧重专业式教学的构想》的表述，"侧重专业式教学"是区别化和个别化教学的手段，它通过对教育过程的结构、内容和组织的侧重性调整，更全面地关注学生的兴趣、爱好和能力，为高中生能根据自己的职业兴趣和意向选择继续学习的专业方向创造条件。实行侧重专业式教学目标包括四项内容：保证深入学习完全中等基础教育大纲的一门或几门科目；为实现高年级学生教学内容的区别化创造条件，同时加大和拓宽建立个别化教育大纲的可能性；在保证受教育机会平等的情况下，尽可能满足学生不同的个性需求；保证基础教育和职业教育之间的衔接性，拓宽学生社会化的可能性，使中学毕业生

---

① 肖甦：《新世纪俄罗斯普通高中的教育改革：政策、措施与特点》，载《比较教育研究》2010年第7期。

对高等职业教育大纲的内容有更多的了解。①

侧重专业式教学一般要求有1至2个科目按加深难度的大纲学习,其余科目达到教学大纲规定的基础水平即可。对于选择某种或两种学科课程作为侧重专业学习的学生来说,学校可以将其非侧重专业的基本基础教育科目的学习内容适当减少;另外在可供选择课程的板块里提供更多的、适合学生兴趣选择的科目。这种教学模式具有普及性、灵活性特点,注重学生的兴趣爱好和个人选择,培养目标定位于具有完全普通中等教育水平的、有专业侧重方向的普通型人才,而不是专业精尖的特殊人才。课程结构分三部分:(1)基础性基础教育类课程,这是所有高中学生必修的课程。(2)侧重专业类教育课程,这类课程对于选择该专业的学生来说是必修的。基础教育国家教育标准联邦部分对这两种类型课程的教学内容做了规定。国家教育标准对毕业生的基础普通课程和专业课程应达到的水平由国家统一考试的成绩确定。(3)选择类课程,这是侧重专业式教学的重要组成部分,它具有两个职能:一是帮助专业科目的学习达到专业教育标准规定的水平,例如选择性科目"数理统计"有利于经济专业课程的学习;二是为本专业内教学的进一步专业化服务,有利于形成个性化的教育轨道,例如为社会—人文专业开设"商务信息"和"工商管理基础"课程,为自然科学专业开设"化学工艺学"和"生态学"课程。对于选择者来说,选课后就是必修课,但这类课程不占选择该专业的学生的必修课程数量,亦不包括在统一国家考试的范围之内。②

侧重专业式教学有多种实现形式,主要可分为学校内部专业化模式与网络状的组织模式两大类。前者以学校为独立单位,实行单一或多个可选择专业的侧重教学。后者通过教育机构之间的资源整合来实现(农村地区普遍采用此种形式),既可以一个实力强的学校为主体联合其他学校的个别资源提供多个侧重专业的教学,也可以是通过基础教育机构与补充教育机构及高等、中等和初等职业教育机构合作吸收外部补充教育资源来实

---

① Л. К. Артемова, Кадровое обеспечение профильного обучение [J],Педагогика, 2006, 10. С., 58—60.

② 肖甦、周耀慈:《俄罗斯高中阶段侧重专业式教学的改革构想及实施》,载《比较教育学》2006年第8期。

第二章 俄罗斯师范教育改革的回顾与新世纪的挑战

现。目前,在基础教育阶段,(初中)毕业班已经开始组织可选择的课程进行分专业前的培养,主要是通过增加该年级基础教学计划中可变(学校)部分的教学时数并设置成可选择性课程来实现,一般是根据各级学生不同的选择分成不同的小组进行,这样经过提前两年的按所选方向的学习,9年级毕业生就能自信地进入高中的侧重专业式教学阶段。但是由于远不是所有学校高中部都实施侧重专业式教学,所以初中毕业生还必须经过合理、透明的竞争性选拔程序才能如愿。这种选拔主要通过对申请者进行一定形式的口试和审查学生的总结性鉴定来完成。后者包括在侧重专业式教学前一年(9年级)选修课程获得的教师客观评价及学生继续接受某种专业教育的水平鉴定、学生的成绩和自我总结、该生基础教育阶段的积累性成绩档案袋。一般来说,绝大多数申请者都能如愿。

实行侧重专业式教学对俄罗斯师范教育提出了新的要求,实施者必须具有相应专业的特别培训和更高的现代化教学技能。目前俄罗斯普通学校在该项教学的师资方面尚未准备充分,多数试点地区还是由本校现有教师"客串"担任。但以此为专题的教师业务再培训将逐步展开,所有希望在分专业学校(班级)任教的教师均应持有相应的培训证书,教育科学部将对侧重专业式教学的教育工作者进行鉴定。而在高等师范教育层次也已经开始制定培养侧重专业式教学专家的内容和结构模式,包括超前制定第三代高等师范教育的教育标准草案。在按专业进行师范生培养的基础上,师范院校将根据分专业学校的要求实行必要的专业化培养和硕士阶段教学大纲。为基础教育服务,引领基础教育改革始终是俄罗斯师范教育发展所秉持的基本原则。转型之初的俄罗斯基础教育改革打破了这一常规,将师范教育置于"追赶式"境地。在短短的三四年中,俄罗斯出现了许多新型学校,如重点高级中学、初级中学、文科中学和私立专科学校,还有提供有偿教育服务的教育集团。为满足学生的不同需求,这些新型学校都纷纷制定新的教学计划和实施新的教育内容,引进各种专业知识的教学,开设选修课程。学校类型和教学内容的急剧变化,对教师提出了新的角色要求,从而导致了培养师资的师范教育和教师进修、再培训系统与基础教育改革的不同步的矛盾。

21世纪初,俄罗斯政府颁布了一系列关于基础教育改革的法律法规,诸如12年基础教育构想（2000年）、国家教育学说（2000年）、2010年前俄罗斯教育现代化构想、国家基础教育标准（2001—2004）、农村基础教育学校网络改造（2002年）条例、国家统一考试实验（2002）、实施专业教学纲要等。2001—2004年，俄罗斯教育部提出了基础教育现代化的行动计划，主要内容包括：恢复普及学前教育，旨在形成儿童的基础个性品质、身心健康和学前准备；实现基础教育内容的更新，完善教育大纲的结构和工作量，形成专业取向的教学大纲的内容；创造条件保障学生的健康；国家基础教育标准的完善和法律确认；恢复教育过程和教育活动的德育功能；针对不同教育阶段的大纲的连续性，及个人、社会和国家的需求，制定新一代基础教育国家标准；在完善操作程序和法律保障基础上，深化国家统一考试的实验，增加参与实验的地区数量，系统分析实验结果，创建教育机构办学水平和学业评价的社会中介机构；完善教育经济体制和产权制度改革；形成符合办学水平和办学形式的多层次和多渠道的资金来源；向标准拨款转型；在国家实名制教育券基础上的按人头拨款体制；改善教师的社会地位和物质状况；巩固学校的物质基础，包括信息的、教育技术，恢复国家对教育的责任。

（5）继承重视精英教育的优良传统

在大力普及义务教育的基础上，俄罗斯继承了苏联重视精英教育的传统，关注天才儿童的发展。很多重点理科中学依然运用赞科夫教学思想体系，坚持高难度和高速度的教学原则，培养理科英才，为重点大学输送超常人才。此外，俄罗斯还有一套发现和培养天才的传统体系，包括大学教授在重点高中授课，进而发现培养和选拔有天赋的学生到重点大学深造等。重视传统优势学科的难度，也是俄罗斯基础教育的特色。有国际比较研究结果表明，在中、美、俄等10个国家中小学理科教材难度的比较中，俄罗斯初高中数学教材都位列第一，物理化学生物等学科的教材难度也都名列在前位。① 俄罗斯的理科教材和教参大量被国外翻译和使用。俄罗斯青少年在国际奥林匹克竞赛中成绩令人瞩目。2011年，101个参赛国家

---

① 王庆环：《我国中小学教材难度被高估》，载《光明日报》2014年5月8日。

第二章 俄罗斯师范教育改革的回顾与新世纪的挑战

中,俄罗斯数学取得第四名、化学第三名、信息技术第二名、物理第十名。①

近年来,俄罗斯为支持天才儿童和青少年发展,出台了一系列支持计划。2006年,在国家优先发展教育工程框架下,俄罗斯开始实施天才青年支持计划。每年选拔5350个青年天才,其中包括1250个俄罗斯奥林匹克竞赛的获奖者,奖金6万卢布;4100个地区或地区间奥林匹克竞赛的获奖者,奖金3万卢布。在俄罗斯的很多地区,如莫斯科、圣彼得堡、萨马拉和车里亚宾斯克等地区都制定了吸引天才青年进入科学研究领域的支持计划,在克拉斯诺亚尔斯克等地区还有人才支持的商业基金计划。2008年俄联邦政府颁布的《2009—2013年"创新俄罗斯的科研与教育科研人员"联邦目标纲要》为促进传统的发现、奖励和支持天才学生体系的更新,每个项目投入年均经费200万卢布,联邦总预算16亿卢布。②

(6) 重视民族认同教育,重构学校德育体系

随着社会转型的深入,在反思十余年教育改革的基础上,俄罗斯的教育"非市场化"观点得到社会的广泛认同。俄罗斯意识到,培养人的精神道德品质、人性,是国家以及负责教育的所有机构的最重要的工作。与此同时,德育工作再次受到社会、国家和民众的关注。其中,在2006年俄罗斯大规模实施的四大民生国家工程的开局之年,"德育"被正式纳入到社会文化发展的最重要方向序列。2007年修订的《俄联邦教育法》则突出强调了德育的重要作用,指出"基础普通教育大纲的主要任务是保障学生的精神道德发展、教育和培养质量"。根据该法律,学生的精神道德发展、德育和社会化被作为最重要的任务列入联邦国家普通教育标准中。

2009年颁布的《俄联邦国家第二代普通教育标准》明确了普通教育体系的价值导向,具体包括:公民认同;公民社会的价值典范;建立在公民责任感和文化对话基础上的爱国主义;个人、社会和国家安全价值;国家形成和发展主要阶段的民族团结;家庭价值以及人类生活的价值。这些

---

① В. А. Мау, Я. И. Кузьминов, Стратегия—2020:Новая модель роста —новая социальная политикаИздательский дом《Дело》Москва, 2013. С. 306.

② 数据来源于2008年4月7日俄联邦政府第440号令《2009—2013年"创新俄罗斯的科研与教育科研人员"联邦目标纲要》文本。

共同的价值导向分别体现在俄罗斯学校基础教育大纲以及道德教育和社会化大纲之中。①

此外，俄罗斯还陆续颁布《俄罗斯公民爱国主义教育纲要（2005－2010）》、《俄罗斯公民爱国主义教育纲要（2010－2015）》、《俄罗斯中学生精神道德教育构想》、《俄罗斯中学生德育与社会化示范纲要》等文件，提出了公民道德教育以及学校道德教育的目标、任务、原则和实施方针，为俄罗斯公民及道德教育提供了政策依据和指导思想。俄罗斯中小学通过课堂教学、课外活动、校外活动、家庭教育等多种渠道贯彻实施，并突出强调俄罗斯民族传统价值观，重视学校与家庭、社会的互动和发挥宗教的德育作用等新特点。2012年，普京在国情咨文演讲中明确提出："没有德育，就不可能有高质量的教育。"并进一步指出，联邦政府将研究制订中小学校的现代德育教育规划，进一步发展工科教育和艺术教育，为孩子们开设各种兴趣小组、协会，举办夏季运动营、游学等活动。所有这一切都应该提供给每一个孩子，不论其家庭居住位置和财务状况。②

（7）基础教育改革要求教师角色的重塑

"教师角色"常被用来解释教师行为、教师社会地位及社会对教师的期望。担当教师这一社会角色，意味着个体必须行使和履行时代与社会对该角色所规定的职能和义务，同时，享有该角色的相关权利和地位。21世纪初，俄罗斯社会的全面现代化凸显出传统教师角色的局限性及重塑教师角色的必要性。其中，多元化的基础教育改革对多样化的教师角色转变提出了新的要求。因此，俄罗斯师范教育需要培养各种类型的教师，诸如社会教师、心理教师、咨询教师、医生教师、幼儿园、社会康复中心教师、矫正班级教师，天才儿童教师……③"现代教师应该是什么样的？"一直是俄罗斯社会各界关注和争论的一个焦点问题，也是明确俄罗斯师范教育目标和制定教师教育标准的逻辑起点。俄罗斯学界从教育社会学、教

---

① 韩莉：《新时期俄罗斯中小学德育体系的重构及特点》，载《外国教育研究》2012年第1期。

② 李海：《没有德育就没有高质量的教育》，载《世界教育信息》2013年第9期。

③ Е. В. Пискунова, Изменения в профессиональной деятельности учителя как ориентир изменений в педагогическом образовании [С], СПБ：, 2005. С. 233.

第二章　俄罗斯师范教育改革的回顾与新世纪的挑战

育心理学等视角对俄罗斯教师角色的重新定位问题进行了深入的思考和研究，这一领域的研究成果丰富了俄罗斯师范教育的理论研究。近年来，俄罗斯教师角色重塑的内容包括教师教育观念的转变、教育能力的提升和教育思维的创新等方面，强调教师应由知识的传递者向组织者、管理者、促进者、设计者和合作者的角色转变，其内涵主要表现在：

促进者角色。俄罗斯著名学者 Ю. В. 辛柯从教师活动对象的历史变迁的视角探讨了现代教师的角色。他认为，今天"教师－技术员"对于学生在文化中成长的帮助作用明显不足。[①] 近年来，有学者提出，新的社会文化变革要求将传统的教学和德育职能转变为促进学生教育的职能。促进学生教育的职能，也就是借助于教育活动方式为学生在教育过程中表现出独立性、创造性和责任感并形成其终身教育的动机提供条件，可以被看作是教师教育职业活动的主要职能。[②]

俄罗斯将全民教育理念不仅作为教育系统的目标，而且成为国家发展的最重要的任务，因为这项任务的成功解决是国家稳定社会进步和其有竞争力的保障。因此，全面教育理念中的促进学生的教育成为现实需要。

促进学生教育职能首先表现在教师应依据学生原有的经验和发展水平选择课程教育内容。因此，课程内容具有实践本位的特点并保证不仅会解决实际任务，还能促进学生能力的形成。在学生最渴望学习和准备在各种情境及自我教育中使用知识的时候将知识传授给学生。

促进学生教育同时，教师利用开放的教育环境，可以被视为教育资源的综合化。教师的任务在于协调多种教育资源的关系，形成课程掌握的空间，并理解何时，何地在生活中获取课程知识。开放的教育环境为学生创造了现实的或体验的教育条件。必须要认识到不仅是客观的课程属于教育资源，还包括交流的世界，联系和相互关系。为此，教师关注的焦点聚集在学生掌握和设计多种教育环境的表现上。教师使用开放的教育环境是为学生个性化选择教育资源创造条件。只有这样，学生在有设计个体教育环

---

① Ю. В. Сенько, Эволюция предмета деятельности учителя//Педагогика. 2007, №2. C45－52.

② Е. В. Пискунова, Изменения в профессиональной деятельности учителя как ориентир изменений в педагогическом образовании [С], СПБ：, 2005. C. 233.

境的可能性,并以此作为获取知识和经验的工具,使得儿童的生活经验在教学认知活动中加以实现,并能促进新经验的获得,然后在教学中加以使用。

促进儿童的教育职能还表现在选择多种评价方式。多种评价标准和评价资料测量学生的成就。当前,在自我评价基础上的,测量成绩的方法较为合理(公文包、成就日志、自我评价本、技术专长等)。教师为学生共同参与评价创造条件,要求学生进行自我评价,独立提出目标,修正学习过程。成就测量工艺首先要求教师诊断学生结果并调整教育过程。

设计者角色。促进儿童教育职能是与设计职能密切相关,现代教师活动的主要内容是与学生共同设计个性化的教育路径。教师的任务在于为学生的选择提供条件。首先是教学计划的补充。这不是个别教师的特权,而且是整个教育机构的任务。教师以特殊的方式组织教育环境,包括集中教师或学生集体环境资源。

管理者角色。传统的观点是从教师对教育过程的管理角度解释的。随着俄罗斯民主化进程的深入和管理方式的转变,教师有可能合理地参与学校管理决策过程,组织和实施教学改革实验,并为教学过程中的变化和结果负责,建立各种相互理解与合作的社会关系。教师的管理职能还表现在参与不同层面教育政策的制定,如教师积极有效参与学校教育大纲的设计,国家层面教育政策的制定,参与社会关于教育现实问题的讨论。

协调者角色。当前在俄罗斯参与教育过程的不仅是教师和学生。学校积极吸引家长参与学校管理,加强与职业和补充教育机构、科学文化机构的合作。这一背景下,协调教育过程主体活动更有必要,并成为教师解决教育职业任务,实现管理职能的特殊方面。教师对教育主体活动协调所负的责任是教师横向、纵向发展和职业升迁的实现基础。协调活动包括学校内部集体合作关系的形成,跨学校专业教学网络模式互动("学校——学校模式"、"学校——补充教育机构"、"学校——职业教育机构"等等),也就是教育职业活动整体风格的实现;拓展教师与社会合作伙伴的联系:家长、其他教育机构的企业主,社会组织,企业和科学文化机构。

职业者角色。在现代教育职业活动中,教师自身的职业成长成为重要教师职能。首先要求教师能够客观评价自己的能力。教师应知道自己与应

第二章　俄罗斯师范教育改革的回顾与新世纪的挑战

当具备的职业品质（自我调节、自我评价、情绪控制能力、交际及说教能力等）之间的差距。比如，校正自己的行为，使其与评价相符；具有正面的职业品质，这是给予学生一致性影响的先决条件。正面品质的形成就要求未来教师发展反思能力，在认识的能动性及自我调节的意志水平上达到很高的程度。第二，未来教师应该掌握智力活动的技能（思维、记忆、知觉、认识、注意）、操作技能、交往特别是教育交往技能。教师是榜样，学生经常是自觉或不自觉地模仿教师，仿效教师的所作所为。反思及矫正未来教师的大学生自我形象，就要求有经常性、个性化、交往性的职业训练制度的保障。第三，不断地寻找自我发展与自我实现的机会。因为，自己都不愿学习的人也不可能培养别人对学习的爱好和求知欲。第四，只有个性的教师才能培养出有个性的学生，只有有性格的教师才能培养出性格鲜明的学生。教师必须成为有个性的人，这就是非常重要的职业特征。

交流者角色。尊重、理解自己的学生。这是教师顺利进行教育活动的基本条件和必要前提。教师理解和接受学生是没有条件限制的，不取决于两者的价值观、行为与评价模式是否相符。这就要求教师了解学生的心理机制、行为及交往规律。

俄罗斯学者对教师角色的转变给予了积极的研究和探索，提出了多种关于教师角色转变的观点。辛柯还认为，"教与学"——这一教学基本关系的人文特点决定了教师角色的多样性。他不是主要忙于"自己"教学课程以及在学生面前展示他作为方法专家的一面，不是随着获取职业经验而丧失话语能力的套中人。他是诗人、是哲学家、是学者、是再一次回到文化源头的知识分子、是积极干预自己学生内心对白以及帮助学生倾听自己的充满热情话语的代表。[1]

俄罗斯著名教育心理学家 И. А. 季姆娜娅则从个性活动理论的视角分析了教师的综合职业特点并描述了教师多样性角色的图像。[2] И. А. 季姆娜娅认为，学前和小学教师首先必须具有面对低年龄阶段学生的责任感，无论在任何教学情境下都顾及学生的年龄特点，这是教师的义务和责任。

---

[1] Ю. В. Сенько，Эволюция предмета деятельности учителя//Педагогика. 2007，№2. C45—52.

[2] И. А. Зимняя，Педагогическая психология ［М］. М：,2002. C159.

对于这两个教育阶段的教师来说,他首先应该是一个秉持人本主义价值取向的教育者。在总体上,他应当努力借助于教学的课程来促进儿童的个性发展,比如儿童对母语(和外语)的学习。教师组织学生学习和掌握语言的课程,这并不是教师的最终目的,这种学习就是发展性教学理论所强调的,教学时促进儿童和小学生的个性、智力、社会性发展的工具。此外,更重要的还是教师的个性、状态,他在学前儿童和小学生游戏的教学中的参与性被完全反映在儿童的状态、行为甚至个性中,这种反映带来的影响不仅是在他的教学期间,还会体现在儿童以后的岁月中。无论哪一学科的教师,他们的心理学画像都包括以下的成分:个体的个性品质,也就是作为个人所具有的特点,主要指的是气质、天赋等;个体的人格品质,也是作为个体所具有的特点,主要指的是个体的社会性;人际交往(主体之间的互动)品质;个体社会地位的特点,也就是他在集体中的地位、所扮演的角色、具有的关系等特点;活动(职业对象的)以及外显行为的指标。上述特征及结构因素的综合就能确定每一个教育阶段,包括学前与小学教育阶段的教师的心理学画像。

  B. 列维在说明学前教师态度的品质时认为,要突出教师轻松转变社会角色(教师的角色、劝说者的角色、朋友的角色、父母的角色及其他的角色)的重要性以及他接受儿童观点的准备性。同时他又强调的:"教师的角色好像是清楚的、确定的,只有一个含义……而实际上,它本身就有隐蔽性、不明确性、模糊性,而且具有多重的角色。"① 下面引用的教师的角色示意图②说明了在对学前儿童及小学生的教学过程中,教师扮演的是保姆、讲解员、演员等角色。同时,教师要了解对于儿童来说有意义的角色、职业角色及其属性就显得非常重要。飞行员、外科医生、竞技运动员、经理、实业家等这些角色都能使儿童感兴趣甚至痴迷;胜利者的角色、赢家、领导者的角色则激起儿童的兴趣和理想。

---

① Леви В: искусство быть другим. М., 1980. C77.
② Леви В: искусство быть другим. М., 1980. C78.

第二章 俄罗斯师范教育改革的回顾与新世纪的挑战

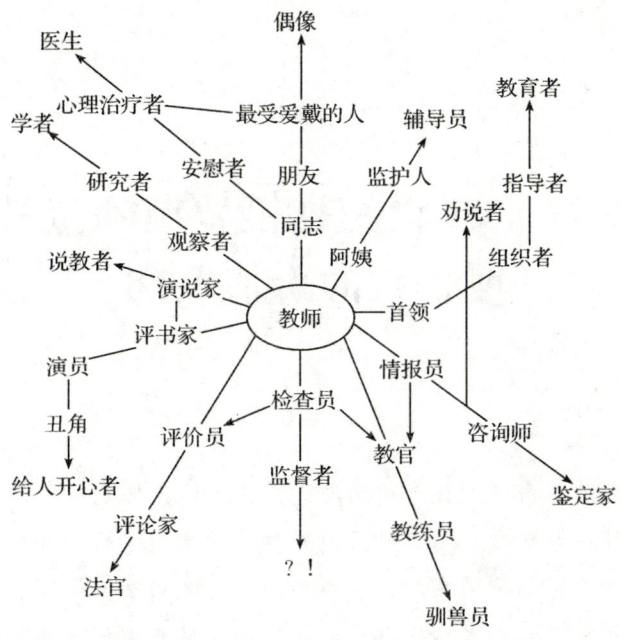

图 2 教师的角色剧目（根据列维的研究）

俄罗斯关于教师角色研究的丰富成果为师范教育培养目标的改革提供了理论的源泉。教师由传统的"知识传递者"角色向"促进者、管理者、协调者、交流者和设计者"等新角色的转变，是一个系统工程。同时，教师角色的重塑也给师范教育提出了新的课题：培养什么样的教师？通过哪些途径重塑教师的角色？师范教育必须改变的是什么？这些都成为俄罗斯师范教育现代化亟待解决的问题。

第三章 21世纪初俄罗斯师范教育现代化的价值取向

俄罗斯师范教育现代化的价值取向是指不同主体对师范教育现代性的理性认识、理想追求及其对处理师范教育领域相关矛盾、冲突和关系时所持的基本价值立场、价值态度以及所表现出来的基本价值倾向。有学者认为，教育现代化是指与教育形态的变迁相伴的教育现代性的不断增长的历史过程。教育现代性是现代教育一些特征的集中反映，它体现了教育现代化进程中教育呈现出的新特点和新性质。① 21世纪初，为回应社会转型新阶段提出的诸多挑战，俄罗斯在推进师范教育现代化进程中将教育观念的变革作为具有战略性意义的问题进行思考和探讨。在秉承教育传统的基础上，俄罗斯对师范教育的本质、功能、培养模式、教育内容和方法等进行了重新认识和定位，呈现出区别于改革初期的新特征。21世纪初俄罗斯师范教育现代性是通过俄罗斯师范教育现代化的价值取向体现出来的，具体表现在师范教育的人本主义价值观、能力本位观和全民教育质量观三个方面。

一、师范教育的重新解读：人本主义价值观

现代性就是以理性主义和人本主义两大精神为支柱所构筑的价值观念体系。现代性的基本点在于它是以个人为本位的，强调个体的主体性。现代性对个体的主体性的强调意味着在对人的理解上从社会群体本位向个人

---

① 褚宏启：《教育现代化的起点与过程》，载《教育科学》1998年第4期。

第三章 21世纪初俄罗斯师范教育现代化的价值取向

本位的重大转变，这种转变为西方现代化的全面展开提供了基本的思想前提。①

在俄罗斯师范教育转型时期，人本主义教育价值观在科学研究和教育实践中得到进一步丰富和拓展，是新教育思维的核心要素，奠定了21世纪俄罗斯师范教育改革的基调。人本主义教育价值观既是俄罗斯师范教育秉持的优秀传统，也是其现代性的典型特征。新的文化类型赋予师范教育人本价值观以丰富的内涵和时代的诠释，主要通过师范教育的个性化和人文化原则加以实践的。

1. 人本主义价值观提出的背景

社会急剧转型使俄罗斯陷入价值失范、思想真空的窘境，人本主义价值观被视为挽救俄罗斯民族危机良方妙剂。俄罗斯许多学者认为，教育的危机直接表现为人的教育的危机，其性质和规模与在现代多变的世界中人的存在和形成问题相关，与探索人与世界的和谐共生问题直接相关。教育危机还表现为教育领域文化的匮乏，技术理性至上，人文教育的"饥渴"。这一切导致知识的传授完全不考虑人的存在问题，这种情况最明显的表现就是教育的非人性化。这种危机已经严重到将教育领域视为人精神匮乏的领域。②

要想摆脱教育危机，必须建立新型的文明，而新型的教育是新文明生成的机制。社会的人本化要依靠教育的人本化。俄罗斯社会生活的民主化，把人看作是社会存在的最高价值，这不仅是挖掘和发展社会创造性潜力的条件，也是每一个公民个体存在和发展的条件。这首先使教育的人本化问题成为迫切需要解决的问题。社会主体的人本化必须以每个社会成员个体形成人本主义的世界观、思维、意识为前提。为了恢复和保证现代人世界观中理性和信念、体力和精神世界的平衡发展，教育必须要人本化、人性化。人作为文化和道德的主体，在教育领域的表现就是教育要以人的发展为本。

---

① 陈树林：《启蒙精神与现代性的关联》，载《学术交流》2004年第6期。

② Ю. В. Сенько, Гуманитарные основы педагогического образования [M], —М, Издательский центр《Академия》, 2000. С5.

为此,《俄罗斯联邦教育法》以立法形式确定了制定国家教育政策的六项基本原则:教育的人本主义性质、全人类价值、人的生命和健康以及个性的自由发展具有优先发展的性质,加强热爱劳动、尊重人的权力和自由、热爱大自然、爱祖国和爱家庭的教育;俄联邦文化和教育空间的统一,通过教育系统保护和发展在多民族国家条件下的民族、区域文化传统和特点;普及教育,教育系统要适应受教育者的水平和特点;保证国立和市立教育机构中教育的世俗性质;实现教育的自由和多元化;教育管理的民主化、国家和社会共同管理,保证教育机构的自主性。在《俄罗斯教育改革和教育领域的国家政策》和《在深化社会经济改革条件下俄罗斯教育系统改革和发展纲要》中分别指出,教育的人文化是基本原则之一,确定了更新教育人文内涵的科学方法保障领域的特殊任务。由此可见,通过立法手段和国家制定教育政策,教育的人本化、个性化、多元化、民主化等已经成为俄罗斯国家教育改革的指导思想。面向个体,为了个体的发展现在已经成为俄罗斯教育的主导价值取向。

教育人本化思想已经触及了俄罗斯国民教育系统的各个系统,首先涉及师范教育领域。师范教育人本主义价值观是俄罗斯师范教育改革和发展的主导思想和价值取向。俄罗斯师范教育现代化的基本原则与人本化、人文化、民主化、开放化的思想直接相关。人本化已经成为俄罗斯师范教育发展的基本原则之一,而且也是最具有决定意义的主导原则。在俄罗斯所参与的一系列国际教育设计中,其中一项就是《师范教育的人本化和人文化》。

转型之初,俄罗斯教育学界就师范教育改革的理论问题进行了积极深入的讨论。在1992年召开的全俄教育管理机关领导会议上提出个性化师范教育观,明确了师范教育转型的理论基础和发展战略。个性化师范教育观来源于维果斯基和达维多夫等学者提出的人的历史文化观和活动观理论,其教育学要义在于提出一种发展性、活动性的教育模式。这种师范教育培养模式的主旨在于力图改变教师培养局限于学科教学技能的训练,强调促进未来教师的个性发展及个性教育观的形成。个性化师范教育观提出了师范教育改革的民主化、区别化、可选择性、一体化的原则;认为儿童的个性是教育过程的核心;教师、学生和家长具有选择学校、教学计划和教材的权利。

2. 俄罗斯高等师范教育改革的人本取向之内涵和意义

人本主义承认人是自我发展的主体；承认人作为个体的价值，关注人的自由权、幸福权、社会保障权及能力和个性的发展权；创造条件以保证个体能自由选择并对自己的选择负责，促进个体充分的自我实现。教育的人本取向意味着教育要面向人，承认人作为个体存在的意义和价值，强调师生作为教学过程参与者双主体的平等地位，追求学生的个性和创造性潜能的充分发展，重视受教育者的健全完整人格的培养。俄罗斯教育家和学者们普遍认为，教育人本化的理念是人本主义思想在教育领域的反映和拓展，它涉及到教育目的、教育内容、教学方式和方法等各个环节。教育人本化认为教育现代化必须要同时考虑国家的、社会的和个体的需求，为学生个性的充分彰显和自由发展提供条件保障，保证受教育者获得一般文化、社会道德和专业能力的可持续发展和协调统一的发展。有学者指出，人本教育的使命就是保护并发展每个个体的个性和独特性，防止和避免对生活、自然界和文化产生疏远或敌对的态度，最大限度地满足人在自我实现、精神、社会和职业形成等方面的最高需求。①

人本教育的顺利实施首先要求具有人文精神、人文素养高素质的教师队伍。高等师范院校作为教师培养的基地，其改革和发展的人本取向具有特别重要的意义。这是由师范教育的人文特性和使命决定的。俄罗斯学者辛柯认为，人文性是教育活动的本质属性，师范教育的教育思维当然也不例外。② 师范教育作为教育的工作母机，从事师资培养，其职业活动的对象是具有主体性的人，这种"人—人"系统职业活动的特性决定师范教育具有普遍的人文性。以在课堂教学和课外工作中完成教学、培养和发展三项任务的辩证统一为基础，师生之间积极地价值、意义交往和互相影响，

---

① Н. Н. Никитина, Н. В. Кислинская, Введение в педагогическую деятельность [M], —М.: Издательский центр《Академимя》, 2004. С81

② Ю. В. Сенько, Гуманитарное определение стиля нового педагогического мышления [J], Педагогика, 1999 (6): 21.

最大限度地挖掘和丰富他们的精神和道德潜力，是师范教育的人文基础。① 因此，师范教育必须实施人本教育，而非技术至上。师范教育的人文性不仅在俄罗斯人文教育家的经典著作中早有指出，而且也是现代教育思维的本质特点。

3. 人本主义价值观的实践

21世纪初，俄罗斯师范教育对人本主义价值观进行了积极的实践。俄罗斯高等师范教育现代化的人本取向的发展趋势主要表现为以下几个方面。

（1）实施教师培养的个性化和差异化

教育的人本化发展趋势要求必须更新未来教师职业培养的理念，改变大一统的培养模式，揭示教师职业社会化和自我发展的心理、教育条件。师范教育朝人本化方向发展的首要条件是利用个性化、差异化、文化学、认识论的方法及其他具有个性意义和职业指向的方法，计划、组织和实施教师的培养，保证毕业生个性的形成，使其具有宽广的文化、科学、社会和职业潜力。谢尔盖耶夫指出，现代教师职业活动的性质要求全新的教育思维，即思维的个性化优于同一化，个体的教育兴趣高于标准的教学大纲，自我发展、自我教育胜过统一掌握和知识灌输。② 俄罗斯教育的个性化的趋势主要表现在：学校根据学生的兴趣和需求，为学生的天赋和能力倾向的自由发展创造条件。教学考虑学生个体已掌握的知识、主观经验和兴趣意向，制订个性化的教学计划、设计和创新活动，扩大了学生选择学习路线的自由度。人本教育的实施特别要求既要考虑学生的个性特点，也要考虑教师的个性特点，在此前提下整个教育教学过程要循序渐进地个性化。教学过程个性化和差异化主要通过自由选课、个性化的教学方式和方法来实现。随着教育差异化的深入展开，学校制订了多样化的可供选择的教学大纲。在当今俄罗斯的任何一所学校，同一个学科存在几种各不相同

---

① И. Ярмакеев，Гуманитарные смыслы педагогического образования [J]，Высшее образование в России，2006（1）：С. 45.

② Н. К. Сергеев，Учебно－научно－педагогический комплекс как форма реализации непрерывного педагогического образования [J]，Педагогическое образование и наука，2001（2）：С. 47.

第三章　21世纪初俄罗斯师范教育现代化的价值取向

的教学大纲，学生可以根据自己的兴趣和能力进行选择。在教育人本化的条件下，教学被视为不仅是向学生传授知识的过程，也是组织和管理学生掌握知识并达到个性的发展和完善这一教育基本目标的过程。教学不仅是人个性发展的条件，同时也是人个性发展的基础和手段。

（2）强化师范教育内容的人文化

美国哈佛大学《零点项目》课题组通过二十余年的跟踪研究得出苏联空间技术的领先发展，就是得益于人文教育与科学教育的良性互动。① 俄罗斯教育专家们一致认为，教育人文化是实施教育人本化的基本途径，因为，人文化问题的解决能保证和加快精神道德教育、公民教育和伦理教育的进程。解决教育人文化问题可以采取以下两种方式：分散式和强化式。② 所谓分散式就是要在教学计划和教学大纲中增加人文学科的比例。强化式是指将人文教育与专业教学相结合，重新审视各个专业的培养内容，将人文知识和人文精神融入到专业教学的内容中，使人文教育问题成为专业教学的研究对象，必须将人文教育与科学教育相结合，使自然科学知识和人文知识在学生的意识中达到统一并形成多种稳固的联系。可以说，以上两种途径各有利弊：前者简单，但是要想取得实效，必须要改变人文学科信息灌输式的教学方法。后者则比较复杂，但是有助于培养和形成大学生的人文意识和人文精神，使未来的教师学会人性化地探索和解决未来职业活动中的各种问题。

为此，俄罗斯高等师范教育的改革与教育内容的更新密切相关，指向形成未来教师的一般修养和教育修养及职业综合素质。培养大纲由三个学科系列组成：一般文化学科（占总学时25%）、心理教育学科（占总学时18%）、专业学科（占总学时57%）。除了最新的科技信息，人文个性化的知识和能力、创造性的活动经验、对世界及人的情感价值态度、道德伦理关系等同样是教育内容的组成部分。研究和分析俄罗斯高等师范教育的第二代国家教育标准可以发现，制定教育内容的价值取向已经发生变化，

---

① 沈致隆：《哈佛大学"零点项目"的启示》，载《高等教育研究》，1997年第2期。
② В. А. Козырев, Педагогический университет как источник образовательных процессов в высшем педагогическом образовании: Монография [M], —СПб.: Изд－во РГПУ им. А. И. Герцена, 2005. С., 17

过去一直占绝对优势的技治主义的教育内容被人文主义的教育内容取而代之。总体来看，人文学科在俄罗斯高校任何一个专业的培养大纲中都占有越来越大的比例。目前俄罗斯教育和科学部正在思考和着手制定第三代国家教育标准，进一步完善课程结构，旨在培养新型的教师。

(3) 发展师生间平等对话的双主体关系，实施人性化的教学和培养方法

教学内容的人文化对实施教育人本化是非常必要的，它为解决教育人本化的一般问题奠定了基础，但仅此一点是绝对不够的，还不能解决专业人才培养过程人性化这一中心问题。除了教育人文化作为实施教育人本化的重要措施外，还必须研究实施教育人本化的其他途径。只有在教学和培养的整个过程中利用人性化的教学和培养方法，从而保证学习活动的主体在职业、个性和社会适应性三个层面来研究教育的人本化问题，才能从根本上解决人本教育的问题。教学主体之间的对话是现阶段俄罗斯教育研究的热点问题之一。高校的教育实践表明，大学师生间人性化的关系决定教学、培养过程的人本性质。由传统教育学中教师的权威而导致的教师业务水平低下是教育者和受教育者之间关系疏远的主要原因。只有把民主化和人本化理念作为学校发展的指导思想，回归和复兴朴素的关心、爱护和仁慈等人类的情感，才能真正改变师生关系。①

人性化作为教学原则被写入新世纪的俄罗斯《教育学》教材，包括教学内容和教学方法的人性化，运用具有个体指向性的教学技术和策略，使教学过程适应大学生的个体的实际能力和水平，使他们的认知、情感和智力领域得到个性化的发展。人性化的教学和培养方法要求教学过程中必须考虑学生的内在本性，提高和重视学生个体的价值，把仁爱和正义放在首位，重点关注学生的精神发展。著名的俄罗斯学者、科学院院士阿莫那什维利指出，合作教育学有助于实现教育过程人性化和民主化的目标，促进大学生形成相互理解的精神和善良的情感。② 对话式教学被认为是组织教育互动的主导原则，变阐述科学知识为构建鲜活的知识是师范教育培养过

---

① И. П. Подласый, Педагогика. Кн. 2, —М.: Гуманит. изд. центр ВЛАДОС, 2003. С., 13

② Ш. А. Амонашвили, Размышления о гуманной педагогике, —М.: Издательский Дом Шалвы Амонашвили, 2001. С., 43

第三章 21世纪初俄罗斯师范教育现代化的价值取向

程中形成双主体关系的最重要的条件。在教学过程中教师需要把学生放在一个平等的位置上,必须摒弃自己是知识权威的想法和个人专断的做法,做到言之有理、行而有据。学生是学习活动的主体,教师是学生学习的促进者和引导者。教师和学生只有保持双主体的关系,才能保证教师在设计和构建教学过程中考虑大学生的个性特点、动机和兴趣。教师要充分考虑学生的需要,创造条件,激发学生兴趣,使大学生成为教育过程的积极参与者,成为教育活动的主体。

(4) 完善大学的人文教育环境

良好的校园环境是大学生人文素质滋生和养成的土壤。改善和加强大学的人文教育环境是教师职业培养系统有效运行,使未来教师能独立地、创造性地解决问题,形成人本主义价值取向的前提。大学的人文环境不仅是指整洁幽雅的空间环境,而且更重要的是创设和形成良好的文化和心理氛围。因为,人的潜能的实现与否与人所处的自然环境和文化环境有着紧密的关系。鉴于此,对大学生个体的人性化的态度问题一直在引起进步教育家的关注。缺乏人性化的教育势必会扼杀学生的创造力,使学生的个性消失殆尽。俄罗斯的许多学者已经明确指出,只有在舒适的心理条件下才有可能培养知识渊博并敢于创新的公民。充满人性化的教育环境和良好的心理氛围能增强学生的自尊心和自信心,促进学生的自由选择、自由展示和自我发展,有助于个体优势的充分发挥,形成主动探索的性格和灵活应变的能力。大学教师要关注学生的存在和情感,努力给学生创造一种民主、和谐、宽松的对话氛围,使教学过程不仅是知识传授的过程,同时也是师生之间平等交流的过程。在以人为本教育理念的指导下,教育过程要指向发展人的个性天赋和才能,创设合理的发展环境,使教师的个性得到和谐的发展和充分的彰显。

回顾教育发展的历史,我们不难发现,每在教育领域出现危机的时刻,教育思想总是回归到人本化的理念,特别强调教学和培养的道德基础。在21世纪的今天,教育家们同样把探索摆脱教育危机的途径与发展人文修养、教育的人文化、社会环境、教育态度和个性的人本化联系在一起。重新审定教育的价值和目的,世界各国的学者、哲学家、教育家一致认为,改变人自身,挖掘和发展人的精神潜力,提高人作为个体的作用和对整个人类命运的责任感,使人生活和活动的各个领域人本化是摆脱全球危机的有效途径。因此,社会人本化的问题在今天具有极强的时代迫切性。无须证明,教育的人本化对整个社会的人本化具有导向和促进作用。师范教育承担着为基础教育输送师资和为社会发展服务的双重使命,更是任重而道远。

师范教育将结束培养学科教师的历史使命,其新的任务是培养完全合格、全面发展、有丰富个性的大学生,要求未来的教师要成为具有创新精神和创造性工作能力的多面手。具体而言,未来的教师应该既能向学生传授知识,用自己的人格魅力感染和有意识地影响学生,又能不断完善自己的智慧修养,对科学、教育、社会和文化的进步保持一种开放的态度。师范教育朝人本化的方向发展要求必须把未来教师的个性及其需求、动机、目标、态度视为大学教育过程的最高价值。这种趋势决定师范教育系统的培养目标、教育内容、教育技术和方法、评价方式和标准等各个环节都要进行改革。

二、人才培养的职业取向:能力本位观

21世纪初俄罗斯的教育理论和实践范式均发生了实质性的转型。高等教育的职业主义特征既反映在国家的法律法规中,也体现在人才培养模式中。在《2010年前俄罗斯教育现代化构想》中提出"培养具有专业水准的、职业竞争能力、有技能的、有责任感、能够自如掌握专业并能进行相邻专业的职业转换,同时,具有不断职业成长潜能的人才是当前俄罗斯高等教育人才培养的关键"。同时,俄罗斯教育现代化的方向在很大程度上是由博洛尼亚宣言决定的,包括在俄罗斯教育现代化构想中引进"能力"的概念和向毕业生的能力模式的转型。

1. 博洛尼亚改革与高等教育的重新定位

随着俄罗斯高等教育博洛尼亚进程的全面推广和深入,能力本位的人才观成为俄罗斯人才培养的方法策略。在博洛尼亚宣言的框架下,把能力作为现代高校毕业生在社会生活和劳动中必备的准则。传统的人才"技能"(квалификация)意味着工作岗位和教育目标之间职能的一致性,遵

第三章　21世纪初俄罗斯师范教育现代化的价值取向

循使学生掌握技能或者是知识、技能、技巧的标准。"能力"要求在人的能力发展过程中面向各种形式的复杂和无法预见的状况，并预见到自己工作的结果，同时要对其负责任。

在俄罗斯学者的著作中，对职业能力的形成是职业教育的目标这一观点给以积极地探讨，也说明能力本位的人才培养模式改革是教育现代化的方向之一。俄罗斯学者 Ч. Н. 彼得洛夫娜认为能力是一个有益的范畴，为毕业生职业活动和质量评价指标的提出提供了可能性。"能力"与"职业化"是两个内涵相近的概念。大学可以保障毕业生的职业准备和能力，但却不能形成在长期劳动活动中才能实现的职业化。选择能力的重要原因是这个范畴可以将量的分析和质的评价结构化，甚至是明确个体发展的方向。①

В. И. 米赫耶夫、Ю. Г. 达图尔、Г. А. 巴尔多夫斯基等学者认为能力观是为了解决与高等教育质量评价及其指标体系构建相关的复杂任务而提出的。指标体系应在国家教育标准中加以明确，并应体现俄联邦教育科学部、俄罗斯劳动部和其他相关用人单位对人才的需求标准。

И. А. 季姆娜娅等学者认为能力观是获得新的教育质量的方法。它不会减少传统的教学过程中获取知识—技能—技巧（ЗУН）的意义，开启了个性化教育观基础上的改善人才培养质量的前景，形成大学与劳动的互动关系，拓展培养目标，教学目标更具体化，差异教学，教学过程的工艺化和积极化。

在签署俄罗斯博洛尼亚宣言之前，在俄罗斯基础教育、普通教育和中等教育国家标准中都出现并积极地使用了"能力"理论。在有关初等和中等职业教育的现代化文献中也经常提及能力这个概念。在俄罗斯，"能力观"有自己的"前博洛尼亚"历史。按照大多数专家的看法，在这方面俄罗斯的改革实践实际上丰富了欧洲博洛尼亚改革的经验。其实，能力观这一思想不是什么新鲜的东西，它与苏联时期提出的"知识—能力—技巧"的三位一体思想很接近，但有学者认为苏联时期提出的这一思想缺乏一体

---

① Ч. Н. Петровна, Обеспечение качества подготовки инженеров в Рыночных условиях на основе конмпетентностного подхода. Красноярк—2007, С., 3

化结果。

近十年，特别是在《普通教育内容现代化战略》和《2010年前俄罗斯教育现代化构想》颁布以后，在俄罗斯对教育结果的评价出现了急剧的重新定位。从"预备性"、"教育性"、"普通文化"、"德育"转向学生的能力和能力。《普通教育内容的现代化战略》研究人员指出，"俄罗斯学校在能力观方面的快速的全面的转型，不应该谈快慢的问题，而是应该在深入的研究分析的基础上提出中期的前景"。

俄罗斯学者认为传统的职业技能的概念内涵过于狭窄，而"能力"更能反映出在现代生产中认识和信息源加强的趋势。文献分析表明，能力概念具有复杂性、多样性特点，在此方法基础上的教育过程和结果也同样具有这些特点。B. B. 克拉耶夫斯基认为能力是指从学校毕业的年轻人为谋求个人幸福和社会安宁而承担个人责任的意愿和能力。整个教育系统和每个教育工作者都应当为此付出努力，以促进学生独立性和自我教育能力的发展，并使他们能够在依靠法律知识和运用国家法律体系的基础上学会捍卫自己的权利。必须发展学生的合作和创造能力，使他们善于容忍他人意见，善于进行对话并找到有意义的妥协办法。可见，学校工作的最主要任务是帮助人们在诸如智力、交际、信息方面获得以及其他领域获取主要的专业能力。具备这些能力可使人们解决日常生活、职业生活或社会生活中的各种问题。[①]

近年来，职业取向的能力观成为俄罗斯高等教育转型的新趋势，并被视为是一种符合俄罗斯传统教育价值观（教育要帮助学生去了解世界科学的发展情况、领略人类的精神特质并具有社会参与积极性）的教育观念。

2. 教师职业能力观

俄罗斯教师职业能力观是影响21世纪初俄罗斯师范教育现代化重要价值取向，这一观念是基于解决教育劳动市场提出的新的要求和博洛尼亚改革的趋势提出来的。

---

① B. B. 克拉耶夫斯基：《教育学原理》，张男星、曲程译. 教育科学出版社，2007年版，第49页。

第三章 21世纪初俄罗斯师范教育现代化的价值取向

（1）教育劳动市场与师范教育的冲突

俄罗斯现代师范教育中存在着两个重要的特点：一方面是为所有人提供宽泛的个性化教育路径，而另一方面是社会需求和劳动市场对师资的要求的不确定性。Б.Э.维可多洛夫娜认为当前俄罗斯教育劳动市场是失衡的，对师资的需求，即教育机构对各科教育专业和技能人才需求得不到满足。首先，师范教育或按窄的专业实现，如培养学科教师；或是按宽专业实现，如培养学士和硕士，其职业活动的领域和职业技能在国家层面尚未明确。①

俄罗斯师范教育与发展性教师职业相脱节加剧了教育领域中企业主和工作人员在合同和协议基础上的契约关系的形成，在评价教师职业活动的职业预备水平中，其职业能力的评价程序成为更加突出的矛盾。当前，俄罗斯师范教育与发展中的劳动市场之间存在诸多的矛盾：

• 教育劳动市场作为各种技能和专业师资提供和需求的形成机制与师范教育满足需求的可能性之间的矛盾；

• 教育劳动市场对于教师职业能力要求不断增长与对师范毕业生的要求不协调一致；

• 对教师个人职业素质要求的提高和传统的职业定位，即青年人在师范教育系统中的职业选择形式之间存在着矛盾；

• 教育机构对教师教学活动的责任和职能领域的拓展与这一要求相关的教育机构名额分配形成的现实可能性之间存在矛盾。

• 教师职业发展中的终身职业培养、提高和继续教育与教学科研和方法保证的缺乏与要求创建和实现各样的职业教育计划、个性化内容和师范教育过程之间的矛盾。

• 教师职业发展与教育科学、师范教育理论和和方法的薄弱之间存在矛盾。

因此，俄罗斯学者认为，研究俄罗斯师范教育内容和过程的革新，必须以教师职业本质的变化为前提，加强师范教育与劳动市场关系的考察。

---

① Профессиологические основы педагогического образованию СПБ.，2008. С. 3.

(2) 职业发展模式的选择

在对各种职业模式的众多研究中,俄罗斯学者多以 C. Л. 鲁宾斯坦的关于两种生活方式的立论为基础:适应行为模式与职业发展模式。适应行为模式的基本目的在于形成人"投入"到周围现实的能力。在职业发展的模式中,基本重心向形成"走进"日常实践的能力转移;发现、认识和评价各种不同的问题,根据价值定向建设性地解决这些问题,把任何困难看作是继续发展的动因。如果职业培养的适应模式旨在对外部变化做出迅速的反应,那么职业发展的模式则旨在预测和考虑未来的变化。①

俄罗斯学者认为影响职业教育发展的因素有许多,首先是经济因素。但是在复杂的现代社会,把所有变化只归结为经济因素,并首先归结为现存的劳动市场的绝对现代需求的趋向,是不可以的。当今,作为独一无二的、无与伦比的、准备承担"社会发展方向责任"的人本身的觉悟获得越来越大的意义。职业教育的价值—目标定向在于促进完整的个性特征的形成,该特征表现为人的职业发展的直接指标。

在改革之初,俄罗斯师范教育完全是按照适应模式的逻辑运行:社会中出现对人权的兴趣,那么在标准中就引进相应的课程;注意生态问题,同样也是如此;宣布向市场经济转移,在标准中又引进了新课程。这一切的实施背离了未来职业活动的具体情况。

针对教育活动,Г. С. 苏霍布斯卡亚和 Ю. Н. 库柳特金在著作《教师思维》(莫斯科出版社,1990 年)中对此也给予精辟阐述。作者们把教育思维看作是一种将教育思想运用到具体情境的能力,能够在具体现象中发现其共同的教育本质。他们还证明:教师的思维表现在解决别出心裁的问题,在于构建教育作用的新方法,在于设计教育体系。根据所解决问题的功能的范围和类型,分为理论的和实践的教育思维。理论教育思维旨在揭示新规律、原则、培养和教育的规则。实践思维在活动过程中发挥功能。它的基本任务是改造现实。这些思想也得到 A. A. 韦尔比茨基的发展,他证明必须建构具体的而不是学院式的职业教育,目的不在于传授现成的知

---

① Компетентностный подход в педагогическом образовании,СПБ. 2004,С. 6.

第三章 21世纪初俄罗斯师范教育现代化的价值取向

识,而是学会寻找这些知识并且将其运用到模拟现实职业情境的场景中。①

俄罗斯研究者证明,现代社会职业教育更新的基本方向在于:寻找未来人才在学习过程中工作态度形成的途径,该途径能够促进职业活动的完整体系的经验的积累、体系作用的形成、解决新的问题和任务。

(3) 教师职业能力观

俄罗斯学者依据发展模式的逻辑,借助"职业能力"的概念对职业培养的成果加以描述。他们将职业能力理解为确定专门人才利用知识、职业和生活经验、价值取向来解决现实职业活动情境中出现的职业问题和典型职业问题的能力的整体的特征。"能力"在这种情况下被理解为不是"禀赋",而是"本领"。"有能力",即"会做"。才能是个性的心理特点、特性、品质,是顺利完成一定活动的条件。能力总是表现在活动中,无法"看到"没有表现出来的能力。所以,能力更够清晰地、完整地表达出毕业生的培养质量,具有可操作性。②

教师的职业能力表现在解决职业问题的时候。此时起到重要作用的是表现能力的具体情境。能力的特性就在于它能够只表现在具有人的价值观的有机的统一中,即在个人极其感兴趣的活动的情况下。在实践中有个性价值的活动内容可能取得具体的成果(产品)或者行为方法。

俄罗斯学者们认为,如果把职业培养理解为职业发展的过程、掌握未来职业活动经验的过程,那么可以说,有能力的专门人才能够面向未来,预见变化,旨在独立接受教育。人的职业能力的重要特点就是能力的实现在现时,但是目标却是面向未来。

在教师职业能力观的相关研究中比较有权威性和代表性的研究成果是俄罗斯国立师范大学学者们的观点。③ 在研究中,他们把职业能力理解为关键的、基础的和特殊的能力的综合。

关键能力对于任何职业活动都是必需的,在快速变化的世界它与个人成就相关联。当今,关键能力具有特殊的意义,首先表现在利用信息、交

---

① Компетентностный подход в педагогическом образовании, СПБ. 2004, С. 8.
② Компетентностный подход в педагогическом образовании, СПБ. 2004, С. 8.
③ Компетентностный подход в педагогическом образовании, СПБ. 2004, С. 9

57

际（包括用外语交际）、个人在社会中运用社会法律基础等基本理论解决职业问题的能力。

基础能力反映一定职业（师范的、医学的、工程的等）活动的特点。对于职业教育活动来说，基础能力将是在社会发展的一定阶段对教育体系具体要求的情况下"构建"职业活动所必需的能力。

专业能力反映职业活动的具体学科领域或者跨学科的特点。可以把专业能力看成是关键能力和基础能力在学科领域、职业活动的具体领域的实施。

学者们还认为这三种能力相互联系并且同时发展。这形成个人教育活动的风格，营造完整的专家形象并且最终保证具有一定完整个人特征的职业能力的形成。关键的、基础的和专业的能力是相互作用的，表现在不同的情况下利用一定的教育空间解决各种复杂职业问题的过程中。

学者们认为，知识范式中的教师基本上不与学生打交道，而与课程打交道并且主要任务是教授课程，以此来取代对学生个性、学生个人发展的影响。为了顺利解决普通教育现代化的任务，教师应该按照新的方法思考自己的职业活动。针对普通学校改革的战略任务，俄罗斯国立师范大学提出形成现代教师基础能力的五组任务：

——在教育过程中读懂孩子（学生）；
——构建旨在取得具体教育阶段目标的教育过程；
——确立与教育过程其他主体、学校伙伴的相互关系；
——营造和利用以教育为目标的教育环境（学校的空间）；
——设计和实施职业自我教育。

解决上述职业教育问题的经验将成为实施学校改革战略任务的基础：

◆构建发展性的适合各种年龄的教育。（发展性教育被理解为旨在发展每个孩子以及他的现实的前进的个人定向教育。此时，知识和技能与其说是单独的目标，不如说是发展过程中的手段。因此每个年龄的自我价值原则获得特殊的意义，该原则为提高一定年龄的孩子的所有才能提供条件，作为实现下一步发展阶段的支柱。）

◆教会学生在每个年龄发展阶段通过以下方式解决社会和个人的重大问题、完成生活上的重要任务：①掌握新的类型的活动；②掌握新的解决各种类的活动问题的方法。

第三章　21世纪初俄罗斯师范教育现代化的价值取向

◆依赖下列观点支持个性的自我发展：①意识到每个个体及其个性独特性的自我价值；②每个个体发展潜力的无限性，包括他的创造性的自修的潜力；③内部自由优先于外部自由。加强个性教育目标首先要加大选择潜力和形成选择的综合方法。

在上述分析的基础之上，学者们提出了未来教师职业能力形成和发展的逻辑：

第一阶段旨在未来职业活动中发展关键能力。

第二阶段，学生"致力于"职业问题以及掌握解决问题的方法，这有利于在关键能力的基础上形成基础能力。

第三阶段是在发展基础能力的基础上特殊能力的形成阶段。

第四阶段是发展专业能力阶段。

教师职业能力观要求将整个职业教育过程建立在划分职业教育任务的基础之上。基础能力反映对职业活动基本任务的理解，而关键能力表明解决基本任务的途径。专业能力针对具体科目教师、补充教育系统教师、脱产班主任等职业教育活动的特点落实基础能力和关键能力。

三、基础教育的现实诉求：优质教育质量观

提升教育质量是世界各国教育改革的共同目标。21世纪初俄罗斯的社会文化背景发生了重大的变化。俄罗斯正逐步走向开放的法制的市场经济国家，个人对自身利益、社会发展的自由度和责任逐步提高。人才成为俄罗斯国家发展的主要资源，成为保障国家稳定及竞争力的核心要素。上述变化对教育质量提出了较高的要求。《2006—2010年俄联邦教育发展构想》认为，当前俄罗斯的教育没能对公民的成功、高效的经济和国家竞争力的形成起到促进作用，不能认为是"优质教育"。正如俄罗斯国立师范大学教育学教研室主任 А. П. 特利亚皮岑娜所言：至目前为止，没有一个国家满意自己的教师培养质量，师范教育是人才培养体系中最"薄弱"的环节。①

---

① А. П. Тряпицына, Социальная роль кафедр педагогики на современном этапе развития отечественного образования. Современное образование. Известия Российской академии образования. 2006, No 3. С 52.

21世纪初，俄罗斯的教育质量取向发生了重要的变化，教育质量的基本任务不仅要反映国家的、社会的要求，还要满足个人对优质教育的需求。教育任务被分成的三类：一是体现社会发展的利益，培养高技能的人才，形成具有创造性和积极性的公民；二是源于人类发展的利益，形成和完善人的创造潜能和精神世界；三是个人利益和社会利益的有机结合。① 新的教育质量观强调质量的多元性、多维性、多模型性。

经过十余年的改革，俄罗斯师范教育的目标、机构、内容和教学条件都有了很大的改善，但仍是教育系统中"最薄弱的环节"。俄罗斯师范教育的社会经济指数显示出，师范院校毕业生在劳动力市场的声誉和竞争力较低，培养的教师不能满足新型教育的需要。21世纪初，俄罗斯明确提出为现代学校培养教师是俄罗斯师范教育现代化的重要原则之一。因此，俄罗斯师范教育质量保障的基点是基础教育改革的理念和诉求，其中优质全民教育质量观具有特殊而深远的意义。

全民教育质量观注重学生运用学校知识解决生活问题的能力。俄罗斯学生对知识掌握的水平高，但运用知识的能力不足。在现代条件下，教育质量改善的最重要途径，就是改革教师的职业活动。因为教师是教育现代化的主体，改革的命运掌握在教师的手中，没有他们的积极参与教育不能发生有效的变革。为解决全民教育质量保障问题，明确师范教育的内容是最为重要的。因此，我们将从俄罗斯的现代教育质量观、全民教育现状来分析优质全民教育观对俄罗斯师范教育改革的影响。

1. 优质教育质量观的内涵

21世纪初，影响俄罗斯教育质量的社会文化要素包括：信息化；开放社会的形成，保证人的生存空间的拓展和大量个体环境的交叉；公民社会的形成，提高了人对于生活责任的自由度；新的个性文化类型形成（积极性、独立性和个人的责任、解决问题的能力、道德行为及选择判断力）；终身职业化（意味着人的一生要不断的学习，再学习）等。新的教育质量观是一个多元的视角，我们将从国家、社会、教师三个层面去揭示现代俄罗斯的教育质量观的内涵。

---

① Е. В. Коротаева, Качество подготовки будущего педагога, Педагогика. 2006，№9. С61.

第三章 21世纪初俄罗斯师范教育现代化的价值取向

俄罗斯国家质量观是通过法律加以表达的，主要指教育现代化的方向和机制。俄罗斯普通中等教育的主要目标是培养个性全面发展的公民，熟悉俄罗斯及世界文化传统，了解现代生活的要求和价值体系，有积极的社会适应能力和独立生活的选择能力，适应最初的工作及继续职业教育，实现自我教育和自我完善。俄罗斯学者认为探讨和分析符合现代社会要求的教育质量，必须明确教育质量由以下的方式决定：确定优势；没有不足；不断完善的能力；目标适切；符合最低标准；国家竞争力；其中，最有意义的是两个概念——目标的适切性和国家竞争力。因为，任何国家的教育政策都旨在通过教育改革来保证国家竞争力。显然，教育质量就被理解为"目标适切的质量"。由于教育目标的表述总是反映着社会文化的变革，因此，对于教育质量的理解是确定的。20世纪90年代末俄罗斯普通教育内容现代化的战略目标概括为："质量、普及和高效"。

随着俄罗斯教育国际化进程的深入，借鉴国外的经验，特别是采纳有关国际组织的观点成为新的俄罗斯教育质量观的重要组成部分。"优质教育"成为俄罗斯近年来教育改革的关键词，并被纳入到俄罗斯的《国家规划》之中。俄罗斯计划在2008年向教科文组织提供42万美元用于教科文组织的"全民教育"计划。"优质教育"是在2000年达喀尔"世界教育论坛"上提出来的。2004年9月在日内瓦召开的国际教育大会也以优质教育为主题，优质教育正成为世界范围内新的教育热点。教科文组织作为联合国系统内最重要的智力合作机构，从全球的高度，综合考虑世界各地区、文化和社会背景的差异，综合当代国际教育的各种现实与矛盾，认为应以更为宽广的视野来看待优质教育。他们认为，仅在正规教育，认知发展或一种全球文化等方面达到优质教育是不能被21世纪的学习型社会接受的。人们对教育已突破了传统的单一内容，希望教育也能在个人、家庭、社会和全球各个层面为人类的持续发展、和平与安全以及生活质量作出贡献。优质教育除了要关心一系列与之直接相关的传统指标，还要特别重视其他一些领域，如全民教育、民主与人权、教育为可持续发展服务等，并将以上内容纳入优质教育范畴。

（1）优质教育即全民优质教育

《世界人权宣言》等国际准则性文件宣告，享有教育是人的一项基本权利。从准则条文中可以看到国际社会所期望的教育性质（即教育质量）。基于《世界人权宣言》等准则，教科文组织倡导把优质教育视为人的权利，把"权利"作为进行一切教育的核心和出发点。只有建立在尊重人权基础上的优质教育，才有令人满意的质量。

全民优质教育应具备以下特征：身心健康营养良好和有学习积极性的学生；训练有素并具有主动学习技能的教师；符合要求的设施和学习材料；可以用当地语言讲授并依据师生知识和经验设置的课程；激励学习、友好热情、无性别歧视、健康和安全的环境；对知识、技能、综合能力和价值观等学习结果的明确定义和准确评估；社会多方参与管理以及尊重地方社区和文化。

（2）实施优质教育的三个视角

联合国教科文组织认为，在具体实施优质教育过程中，可以从以下三个方面进行思考。

首先，应把教育当作是"学会做……"优质教育必须满足各个方面的学习需求，必须让人能够在一生中学习各种东西。优质教育应符合"德洛尔报告"中确定的四个教育支柱：学会认知（承认每个学习者在构建个人知识的同时，把当地文化和外来文化结合起来，形成新的日常知识），学会做事（应用所学知识，尤其是在生存手段方面），学会共同生活（获得美好生活所需的主要能力。这些能力最重要的包括促成和平、尊重和接受多样性，理解人权、理解和应用普遍价值、推行民主、促进和平和文化间理解等），学会做独立的自我（教育不应是只为了国家或民族发展、或无情的全球化的利益，教育应做个人学习或寻找、构建和运用解决各种问题的知识）。此外，优质教育应提供改造社会的方法。

其次，应注意优质教育的关键领域。在学习中，影响质量的主要因素为：学生、教师、教学内容、过程和环境。第一，优质教育通过使用一系列方式去寻找学习者并帮助他们学习。第二，优质教育要注意保持足够的师资数量、师资培训能力、教学能力、创造能留住和吸引教师的工作条件。第三，教育内容是决定质量的因素之一。第四，教育过程是影响质量的重要因素，但常常被忽视，如：怎样使学生发现问题并予以解决，同一个学习群体中不同的学习者受到的待遇如何，教职工的待遇及其工作、家

第三章　21世纪初俄罗斯师范教育现代化的价值取向

庭和社会如何投资等。第五，学习环境是决定质量的主要因素。虽然物质环境的重要性易为人理解，但社会心理背景同样值得重视，以杜绝性别歧视、体罚、苦役和刁难等作法。

最后，应建立良好的管理体系，以确保学习过程的透明性，政策的正确性和法规的合理性。

新教育质量观具有如下特点：

一是从先前将低水平的教育结果视为学生自己能力不足或学习动机低下等原因，那么现在关注的质量问题强调首先要创建教育条件，让每个孩子找到自己的教育路径，那样，教育质量的结果视角的变革成为必然，即不仅是考察毕业生的分数。

二是教学不仅能使儿童获得知识，形成技能，还能促进儿童的情感和创造力的发展、价值观和态度的形成，这些品质对于培养积极、有责任感的公民来说是必须具备的条件。

三是被世界普遍接受的并在俄罗斯得到广泛推广的教育质量观：教育仅仅是量的特点不能解决现代性任务，必须明确的是优质教育及如何保障它。因此，从教育质量范畴看，教育应被理解成为过程和结果的综合体。

在俄罗斯普通教育纲要中，新的教育质量是指它与国家发展目标的适切性，在教育计划中体现为教育不仅是指学生掌握一定量的知识，还要促进它的个性、认知及创造能力的发展。

（3）关于教育质量——多方的观点

俄罗斯国立师范大学 Е. И. 皮斯库诺娃教授通过调查和访谈的方法对当前俄罗斯不同教育主体的教育质量观进行了系统的研究分析，旨在揭示出俄罗斯教育质量的现状特点。[①] 我们将借助于这一研究对当前俄罗斯教育质量观的多元性和矛盾性的特点给予进一步地分析。

教师的观点

Е. И. 皮斯库诺娃教授首先对教师关于影响教育的社会文化因素的观点进行了调查，主要包括以下 5 个方面：（见图 3）

---

① Е. В. Пискунова, Подготовка учителя к обеспечению современого качества образования для всех: опыт россии, Спб., 2007, С., 16—17.

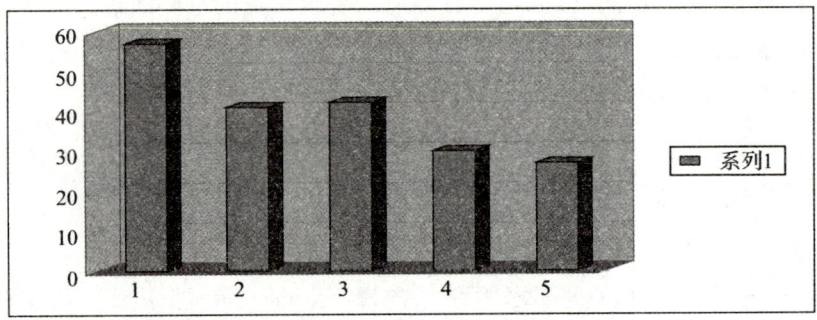

图3 影响教育改革的主要因素（教师观点）

1——信息技术发展——57％

2——人的积极性、独立性和责任感——42％

3——家庭经济和社会地位的加强，地方教育团体——42％

4——共同行动意义的增加——29％

5——较大的继续教育可能性——28％

研究表明，近十年俄罗斯教育质量实际上没有什么改变；教师仍然处在传统的知识范式中，对于绝大多数（70％左右）教师来说知识的传授仍占据主导的地位，并用"发展认知能力"来加以补充的占74％，还有"准备升大学"占50％。这些都有损于另外一些指标，如"社会互动经验"（20％）、"社会活动经验"（26％）。在强调学校教育的知识取向方面，17％的老师还认为，现代学校传授的知识不足。（见图4）

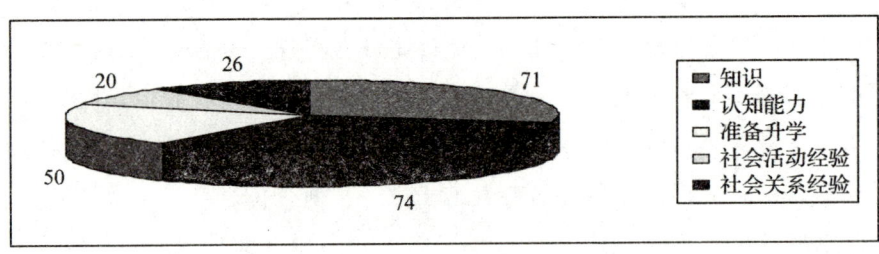

图4 现代教师的教育职业活动方向

研究表明，现阶段俄罗斯社会和学校发展中，教师的教育理想（教师的使命）中儿童人本主义价值、道德价值在职业价值中占主要地位。俄罗斯学者平斯基将教师职业中的这一理想用概念"优先目标"加以阐释，并认为俄罗斯教育中优先目标尚未实现，因为大多数教师仍在传统的知识范

第三章 21世纪初俄罗斯师范教育现代化的价值取向

式中工作。① 为此,教师要彻底转换自己的职业活动目标。

学生、家长的观点

在这项研究中,关于俄罗斯学校应培养什么样人的问题调查中,学生认为:学校应首先培养学生独立解决各种生活问题的能力,使学生形成自己的态度和一定的个性品质,发展学生的认知需求(求知欲)和可能性,并保证对未来劳动活动的准备。对于这一问题的家长的调查分析表明,家长与学生的观点基本一致,但家长更关注知识和具体的学业成就,而学生更倾向于个性潜能的发展。(见图5)如果将学生及家长的观点作为社会对教育系统的期望,就可以认为这个期望与学校教育的人本主义思想相一致,它的作用在于形成个性潜力,这个期望指向个人成就的获取。

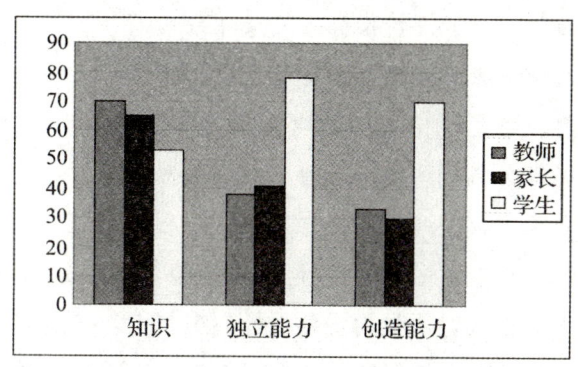

图5 教师、家长和学生关于教育成果的取向

从以上分析中可以看出,俄罗斯教师职业目标与学生的价值取向(表现在知识本位上)不相符。80％初中毕业生和高中学生认为,学校应教会学生独立思考和学习,为发展学生的创造力提供一切条件。其中,一个毕业生写道:"学习一切现代生活中需要的东西。"——来自一个毕业生的随笔。结果清楚显示出,学生对于社会变化更为敏感,他们期待学校培养其独立生活的能力。

在 E. 皮斯库诺娃教授的研究中还提出一种教育发展趋势,即近年来俄罗斯教师的职业价值观体系是稳定的,并反映出职业活动的人本主义取向。但系统内部发生了一些变化,其中包括教师德育价值意义的下降(从

---

① А. А. Пинский, Образование свободы и несвободы в образовании, М., 2001.

2000年的76％下降到2004年的69％)。① 皮斯库诺娃认为教育价值的降低，主要表现在职业目标的变化，其中包括前面提及的教师知识本位价值取向，使得教师的职业目标定位于向学生传授知识并将评价的中心放在学生对知识的理解上。在现代社会教师的目标应定位于促进学生的教育，教师要关注自己的教学，并提供和创造各种条件使学生理解并接受全人类价值，从而实现教育的德育功能。

上述研究证明，俄罗斯教师与学生、家长的教育质量观存在着明显的分歧。教师认为，孩子获得发展首先要通过学校教育的知识传递来实现，学生能力和兴趣的发展是知识获得的必要条件。因此，社会期望与教师的目标定位之间存在着分歧。这个冲突说明教育过程实施是复杂的系统，其中包括学生、教师、学校评价指标的复杂体系。

（4）俄罗斯学校教育与现代教育质量观的冲突

今天，世界教育领域中关于教育应成为优质的观点已经达成一种共识，但在实践中很少有所体现。当前，俄罗斯学校的教育质量观仍然是结果的视角，在实践中存在两种评价方式：

第一个是学业成就的视角。学业成就是教育系统最清楚的目的，因此，考试成绩水平是教育质量的主要指标。事实上，学业成就这一指标的测量也相对更容易些。在俄罗斯主要通过ЕГЭ（全国统一考试）或学生的集中测试来实现。因此，俄罗斯联邦考试分数通过一定的换算方法转换成传统的五分制，另外一种方式就是考查。但仅仅依据成绩这个指标，不可能完全改善教育的质量。因此，应采用更积极的办法。

第二个是情感价值观的视角。依据学校教育的主要目标来发展学生的情感领域，对全球价值和公民社会的支持，向未来一代传递共同的、民族的价值观而提出的世界各国采取不同的方式来实现这个目标。与学业成就相比较，上述目标成果水平很难测量。目前对于儿童的情感发展、价值观和态度、行为的评价在俄罗斯仅是初步的尝试。

除此之外，近年来俄罗斯还十分注重学校质量的外部评价，通过考察

---

① Е. В. Пискунова, Подготовка учителя к обеспечению современого качества образования для всех: опыт россии, Спб., 2007, С., 18.

第三章　21世纪初俄罗斯师范教育现代化的价值取向

毕业生成就、继续教育和劳动市场等指标,其中最具特点的是:学校追踪毕业生的成就并采用"毕业生成就"指标来评价教育质量。

(5) 国际比较中的俄罗斯教育质量

近年来的教育质量的国际评价,包括跨国研究,远离了课程知识的掌握,走向了超越课程的技能、学生解决生活中问题的能力(不仅是认知和学习)的考察。由 OECD(经济合作组织)组织的"国际学生评价项目"(PISA),是继 TIMSS(第三次国际数学与科学测试项目)之后,全球范围进行的又一项大型学生学习质量比较研究项目。PISA 计划在 32 个国家(包括 28 个 OECD 国家及 4 个非 OECD 国家)中抽选 26.5 万个 15 岁青少年,以纸笔测验衡量这群初中学生的阅读能力、数学能力和科学能力,希望了解即将完成义务教育的各国初中学生,是否具备了未来生活所需的知识与技能,并为终身学习奠定良好基础。2000 年有 43 个国家参加了 PISA 测试,2003 年为 41 个国家,2006 年有 58 个国家。PISA 是一项定期的、动态的监控方案,每三年进行一次评价。PISA 测验主要从三个方面进行:"阅读基础"、"数学基础"、"自然科学",特别关注对学生各科学习策略的掌握及在生活中运用相关知识能力,甚至是学生跨学科技能评价。在阅读方面,研究将人的能力理解为理解书面文字及其反思能力,采用相关内容来达到自己的目标,发展知识的能力,积极参与社会生活的能力。研究为期三年,每个周期主要关注(2/3 时间)上述三个研究方向中的一个。2000 年主要是"阅读能力",2003 年是"数学能力"、2006 年是"自然科学基础"。2000 年和 2003 年俄罗斯教科院在其发布的教育质量研究报告中描述了俄罗斯学生学业成就的结果,并在分析基础上做出一个关于 21 世纪初俄罗斯"教育质量"水平的结论。

《报告》认为,在 2000 年和 2003 年的 PISA 测验中,俄罗斯学生在现实生活中运用知识能力的水平的结果,说明俄罗斯的教学体系在保障学生大量的知识传递时,没能培养学生走出教学情境解决问题的能力。但俄罗斯在参加第一、二个计划周期中已取得了丰硕的成果,2000 年 PISA 结果在社会上掀起关于质量的广泛争论,特别是关于普通中等教育内容的更新,促进了俄罗斯教育范式从知识本位向能力本位的转型。①

---

① Основные результаты международного исследования образовательных достижений учащихся ПИЗА—2003, Центр оценки качества образования ИСМО РАО. 2004. C17.

PISA 的测试结果引起了俄罗斯社会的关注。比如，2001 年 PISA 公布结果，在参与测试的国家中，俄罗斯学生在三个方面的测试分数都落后于 OECD 的平均分之下（见表2），与芬兰、挪威、英国等欧洲国家相距甚远。这一结果在俄罗斯引起轩然大波，俄罗斯政府开始实施教育改革，比如统一教育标准、建立最低要求，加强学前教育、提早入学年龄，增加教育投入、调整优先投资项等。在 40 个参与国的比较中，俄罗斯学生的数学能力排名较靠后（大约29—31 名），但这个平均指标还不能完全说明俄罗斯学生在国际测试中的结果，实际上仅落后于排名占前 6 位的国家和地区（香港、芬兰、韩国、荷兰、列支敦士登、日本），其中一半的题目俄罗斯学生的表现不低于甚至高于 OECD 的中等水平国家。按总体指标俄罗斯的排名靠后，高出俄罗斯的国家 26 个，与俄罗斯相差无几的国家 4 个，低于俄罗斯的国家 9 个。（见表3）俄罗斯学者在分析原因时强调，因为线性数学、统计、概率目前没有纳入到俄罗斯学校的必修计划中，还有知识测验条件的不适应等。俄罗斯在 2003 年 PISA 测验中，学生数学能力水平测试中水平不高说明中学缺乏对教学内容实践部分应有的关注，结果导致在俄罗斯学生实践知识和能力的不足。俄罗斯教科院的质量报告认为，俄罗斯学生用跨学科知识解决生活问题的能力不足是由于课程目标特别僵化、学校课业与现实生活脱节等原因造成的。

表2　俄罗斯与 OECD 成员国的中等分数国家相比较

高于平均水平的国家 （17 个）	中等平均水平国家 （4 个）	低于平均水平的国家 （19 个）
中国香港、芬兰、韩国、荷兰、日本……澳大利亚、瑞士、丹麦、法国	奥地利、德国、伊朗、斯洛伐克	波兰、西班牙、美国、俄联邦、匈牙利、意大利、希腊、土耳其、突尼斯、立陶宛

资料来源：Основные результаты международного исследования образовательных достижений учащихсяПИЗА－2003, Центр оценки качества образования ИСМОРАО. 2004. C.17.

表3　俄罗斯在所有参与国中的排名

排名在俄罗斯之前的国家	与俄罗斯相近的国家	落后于俄罗斯的国家
中国香港、芬兰、韩国、荷兰、日本、加拿大、保加利亚、澳门、瑞士、澳大利亚、捷克、丹麦、法国、瑞典、奥地利、德国、波兰、西班牙	拉脱维亚、美国、意大利	希腊、土耳其、印度尼西亚、突尼斯

2. 俄罗斯全民教育质量的现状

众所周知，教育是社会文化条件的反映，П. Н. 卡林诺夫斯基在分析现代俄罗斯社会特点时指出，由于各地区发展的规模及发展的不均衡性等原因，俄罗斯存在三种类型的文明：传统社会（农村），技术或工业社会（工业城市）和后工业信息社会（大城市、大城邦）。由于地缘政治和历史的原因，俄罗斯不同地区的生活差异较大，表现出各自的独特性。① 我们的任务在于揭示当前俄罗斯全民教育质量的现状。

（1）儿童入学率较高

俄罗斯目前的学龄前儿童入学率较高，当然，与苏联学校 100% 相比较有一定的差距，从整体上，俄联邦统计报告中显示（适龄儿童入学率约在 90% 左右，不同的区域间存在差异，最好的是西北区 96%）问题较大的是乌拉尔区 78%。（见图 6）

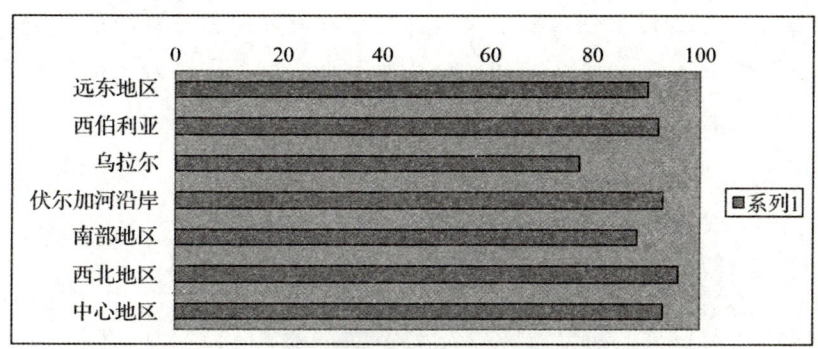

图 6　适龄儿童入学率

从表 4 可以看到儿童接受学校教育的情况：大约 30% 的居民受过基础的义务教育，其中一半以上毕业于高中，仅有或没有初等教育的居民数量指标是令人担忧的，其中还包括一半多的文盲。在现代条件下，当教育对于社会进步的意义愈来愈大，表中提供的数据，说明了俄罗斯教育存在的危机，因为现代国家发展水平的计算还采用成年居民的识字率这项指标来说明。

---

① Ю. И. Калиновский, Философия образовательной политики, М., 2000.

表 4　居民受教育水平分布情况（2002 年）

区域	高中	初中	小学	小学没毕业	文盲
全俄	17.54	13.76	7.71	0.99	55.87
中心区	16.42	12.18	7.13	0.81	49.65
西北地区	14.88	12.3	6.11	0.59	47.57
南部地区	21.89	14.84	8.35	1.37	61.66
伏尔加河沿岸	17.4	14.55	8.67	1.13	58.35
乌拉尔	16.89	14.22	7.38	0.87	54.71
西伯利亚	17.33	15.12	8.69	1.21	55.92
远东地区	17.84	14.17	5.57	0.58	59.93

资料来源：Е. В. Пискунова. Подготовкаучителякобеспечениюсовременогокачестваобразованиядлявсех：опытроссии. Спб.，2007. С.，27.

从实现全民教育纲要思想的角度而言，有一些重要的、典型的指标，如第二年现象、失学规模、儿童弃学的原因和结构等，反映出不是每个学生都在学校里觉得很舒服的，学校没有针对每个学生的成就，教育成果也不总是为每个孩子的发展创造条件。图 7 的数据表明，学生在每个受教育阶段的第二年，由于学习不成功的原因，即不能顺利掌握学校的计划，就会导致不良行为和辍学等问题的出现。

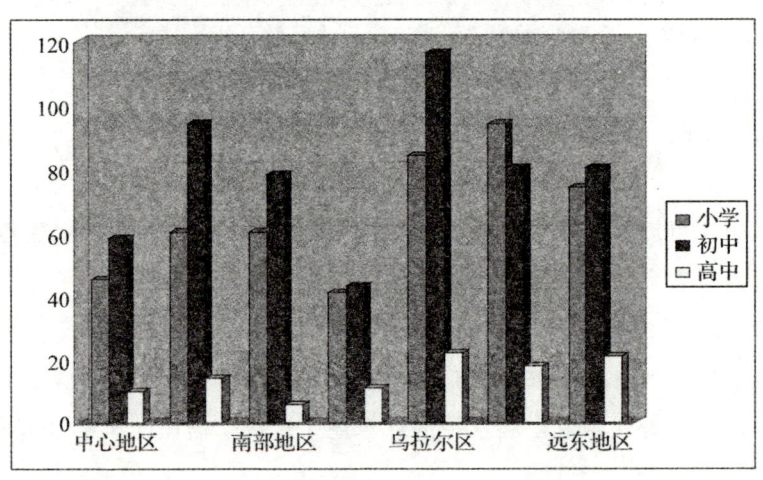

图 7　完全中等教育阶段二年级学生所占比例（每 1000 位高中生）

普通教育失学的情况反映在表 5 中，并与入学率相对比表 5 "普通教育失学率"指标本身不是最有效的指标，因为学生失学的原因很多，常常

第三章 21世纪初俄罗斯师范教育现代化的价值取向

是学校的原因,准确地说是学校不能左右的原因,如居住地的变迁。这种情况下,教育机构常常完全不掌握儿童未来教育路径的信息。俄罗斯"教育统计"的首页没有提供义务教育阶段学生辍学的结构和数量,仅提供了初中学生辍学率这一数据。(见表6)

表5 2004年普通教育失学率(2004年)

区域	总失学率	1—3(4)年级
全俄	7.27	7.38
中心区	6.42	6.72
西北地区	7.82	7.72
南部地区	7.87	7.41
伏尔加河沿岸	5.76	6
乌拉尔	7.91	8.41
西伯利亚	8.79	9.09
远东地区	9.11	8.93

资料来源:Е. В. Пискунова. Подготовка учителя к обеспечению современого качества образования длявсех: опытроссии. Спб., 2007. С., 30.

表6 初中辍学率百分比(2004年)

区域	学习不成功	实现普通教育进入职业教育机构	学习不成功之外的不良行为	转学到其他专门机构和教养院	参加工作,没有继续学习	辍学后,既不工作也不学习
全俄	2.8	0.22	0.3	0.33	1.39	0.56
中心区	2.11	0.22	0.22	0.24	1.16	0.27
西北地区	4.08	0.48	0.48	0.46	2.01	0.66
南部地区	2.79	0.04	0.3	0.15	1.3	1.01
伏尔加河沿岸	2.75	0.24	0.26	0.43	1.49	0.33
乌拉尔	3.71	0.21	0.58	0.51	1.86	0.55
西伯利亚	2.61	0.26	0.17	0.33	1.2	0.65
远东地区	2.54	0.26	0.42	0.38	1.07	0.41

资料来源:Е. В. Пискунова. Подготовка учителя к обеспечению современого качества образования длявсех: опытроссии. Спб., 2007. С., 31.

(1)教学设备陈旧

我们注意到俄罗斯学校的技术状况。近年来,俄联邦教育机构需要维修的教学楼数量在减少的同时,状况良好的教学楼数量在增加(见图8)。

但是，总体情况是比较疲惫不堪的。事实上仅一半的教育机构有较好的教学楼（大约50%多），两年来仅有3%的增长点，应维修教学楼比率达到40%。虽然政府加大了对教育基础建设的经费投入，但情况仍不容乐观。例如，圣彼得堡很多学校的教学楼已有上百年的历史，其中一部分已被列入国家历史文物保护计划内，不可能完全进行维修，可能仅是修复，需要一大笔的拨款，那样的楼在圣彼得堡中心区就有一半以上。

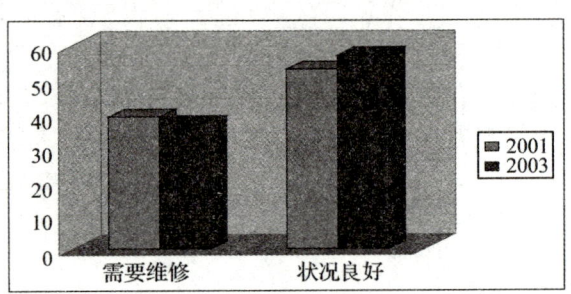

图8 良好教学楼的数量

（2）图书馆藏书不足

用图书馆藏书的数据来说明学校的资源基础是很好的指标。（见表7）

表7 图书馆教材数量与学生的比率

区域	2001年	2003年
全俄	23	22
中心区	28	27
西北地区	23	22
南部地区	17	14
伏尔加河沿岸	26	25
乌拉尔	24	23
西伯利亚	20	19
远东地区	22	21

资料来源：Е. В. Пискунова. Подготовка учителя к обеспечению современого качества образования длявсех: опытроссии. Спб.，2007. С.，33.

表中数据显示，当前俄罗斯学校图书馆仅能保障1/5的学生对图书的使用。

（3）儿童健康问题引起社会关注

优质教育是特别积极的结果，与此相关的思考是教育环境和教育过程

第三章 21世纪初俄罗斯师范教育现代化的价值取向

怎样影响和保障儿童的健康。(见表8)

表8 儿童及未成年人患病率(选取10000居民中的适龄对象)

0—14岁儿童 (1999年)	0—14岁儿童 (2000年)	15—17岁未成年人 (1999年)	15—17岁未成年人 (2000年)
1393	1479.9	863.9	909.3

资料来源：Е. В. Пискунова. Подготовка учителя к обеспечению современого качества образования длявсех：опытроссии. Спб.，2007. С.，34.

目前，俄罗斯儿童患病率和慢性病人数在不断增长（特别是精神、骨骼和视力方面的疾病）。虽然大多数孩子的疾病是先天的，但医生认为，15%—30%的小学生患病是由于教育的原因，其中包括不好的设施、没修缮的教学楼、第二次转学（见表9）、学生学业负担过重和学校中成年人与儿童相互关系紧张等。

表9

区域	2000年二、 三次转学	2004年二、 三次转学	2000年第 二次转学	2004年第 二次转学
全俄	20.8	16.1	20.7	15.9
中心区	15.8	10.7	15.8	10.7
西北地区	12.1	7.22	12.1	7.22
南部地区	25.1	23.6	24.7	22.5
伏尔加河沿岸	20.1	13.7	20	13.7
乌拉尔	27.1	21.0	27.0	20.9
西伯利亚	24.6	19.8	24.4	19.8
远东地区	26.2	20.9	26.2	20.9

资料来源：Е. В. Пискунова. Подготовка учителя к обеспечению современого качества образования длявсех：опытроссии. Спб.，2007. С.，34.

(4) 教育拨款逐年增加

在教育机构资源保障方面用教育拨款的数据特别具有说服力，近年来俄罗斯学校的生均拨款逐年递增，（见图9）从2000年到2003年增长2倍多（从4320卢布至10450卢布）[①] 显然，这是一个积极的趋势。

---

① Качество образования в контексте программы ЮНЕСКО《 Образование для всех》：российское видение. СПБ, 2006. С. 15.

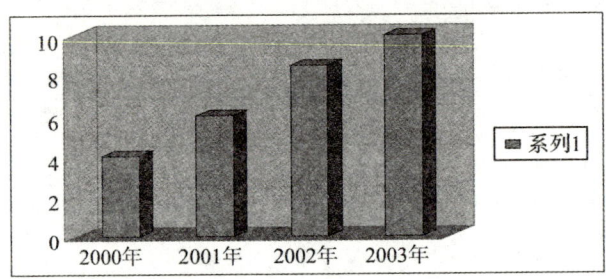

图 9　经费投入（以 1000 卢布为单位）

但就世界范围内比较而言，俄罗斯的情况不是很好，OECD 的统计数据（见表 10）显示俄罗斯处于第三类国家，教育拨款最低。但 PISA 的教育质量研究清楚显示，教育结果不直接取决于国家拨款，韩国和希腊拨款相同，但韩国进入了前六名，而希腊处于第三十位，这意味着教育质量是由具体的教育机构和具体的教师怎样工作决定的。

表 10　世界各国教育拨款比较（2003 年）

	占国民生产总值（比率）	占公债预算支出的比率	生均拨款与居民人均 GDP 的关系
平均值	5.0	12.6	20.3
Ⅰ类	5.6	12.7	22.7
Ⅱ类	4.4	11.8	20.7
Ⅲ类	4.2	12.0	14.8
俄罗斯	3.8	10.7	18.0

资料来源：Е. В. Пискунова. Подготовка учителя к обеспечению современого качества образования длявсех: опытроссии. Спб.，2007. С.，35.

今天，俄罗斯将教育视为全民教育过程所有主体自由进行文化创造的多维空间。因此，新的质量观和全面教育现状对教师的教育职业活动和教师培养提出了新的挑战。新的教育质量观要求为毕业生在现代社会的成功生活提供有力保障。因此，必需加强教学主体观的实现，保障每个孩子积极独立设计自己生活的权利。为此，教师的角色将发生实质性的变化，从传递知识和活动方式转向每个学生智力和个性发展路径的设计，并按照个性化的教育路径给学生以教育与支持。

今天，俄罗斯特别关注基础教育改革，这就要求重新审视师范教育。师范教育不仅仅是新学科的增加、新课程的开设、教学期的延长还有基础

第三章 21世纪初俄罗斯师范教育现代化的价值取向

设施的现代化,更要从俄罗斯全民教育的特点出发为基础教育培养新型师资。同时在人才培养方面要求师范大学毕业生应具备如下能力:

——灵活适应快速变化的生活情境,独立获取必需的知识,并能在实践中加以运用解决各类问题,在一生中有可能找到属于自己的位置;

——独立的、批判性思考,会预见现实中的问题并能应用现代技术探索合理解决的途径,清楚了解在什么地方,以什么方式获取知识并加以应用,并能产生新思想,创造性思考;

——加工信息能力(会收集分析信息,提出问题解决的假设,做总结,多种解决方案的比较,提出策略,下结论、解决新问题);

——成为不同社会团体中易于共事和交流的人,能够在各个领域工作,缓和和解决冲突;

——在发展自身道德,智力和文化层面基础上独立工作。①

---

① Е. В. Пискунова, Подготовка учителя к обеспечению современого качества образования для всех: опыт россии, Спб., 2007, С., 35.

第四章 21世纪初俄罗斯师范教育现代化的制度安排

21世纪初俄罗斯师范教育现代化的整体制度安排体现在制度的设计、实施和保障机制等方面。其中,俄罗斯的现代师范教育制度是从两个层面建构的,一是宏观层面的战略设计,包括师范教育的目标、结构、内容和方法等;二是微观层面的国家教师教育标准,它是维系师范教育战略与改革行动的介质,是质量保障体系的重要组成部分。本研究将从教育政策的定位、教育改革的任务及保障机制三个纬度去考察21世纪初俄罗斯师范教育现代化的目标、实现路径及其未来走势。

2002年俄罗斯教育科学部颁布的《2010年前教育现代化发展纲要》是关于俄罗斯教育现代化发展的纲领性文件,为教育现代化奠定了法律基础。2006年俄联邦教育发展国家委员会又发布了重要报告——《教育的创新发展是提高俄罗斯竞争力的基础》(以下简称《报告》),在总结2001年—2005年教育改革经验与不足基础上,提出了关于教育现代化新阶段的发展思路和具体措施。这一报告是分析当前俄罗斯教育政策走向的重要法律文本,创新发展是报告的关键词。

《报告》明确了形成统一的、全民族的俄罗斯教育超前创新发展战略,并以此保障国家有质量发展基础上的国家生活的新质量。该报告旨在协调实现这一战略中的国家权力和社会的共同行动。2001年—2005年期间俄罗斯教育现代化目标的实现克服了20世纪90年代的教育危机,俄罗斯的政治及社会经济状况与2001年相比发生了根本性的改变。在这一背景下,《报告》强调教育现代化的步伐不仅不能放慢,而且,强调必须在2010年

第四章　21世纪初俄罗斯师范教育现代化的制度安排

前实现前期提出的现代化任务。同时,提出了更长远的目标:走向国内教育发展的新视界并保障其具有世界水平的竞争力。报告的主题即是从"追赶式发展"转向具有世界领先水平的教育竞争力的打造。

21世纪初,俄罗斯政府颁布的涉及师范教育现代化战略及其具体措施的重要法律文件有三个:一是2001年俄罗斯教育部颁布的《2001年—2010年俄罗斯连续师范教育体系发展纲要》(№1818,2001年4月24日起执行);二是2003年俄罗斯教育部颁布的《2010年前师范教育现代化发展纲要》(№1313,2003年4月1日起执行);三是2006年俄联邦教育发展国家委员会的报告《教育的创新发展是提高俄罗斯竞争力的基础》中的关于《俄罗斯师范教育的根本现代化》的阐述。本研究将通过对上述政策文本内容的解读来透视俄罗斯师范教育现代化的国家政策,从而进一步揭示俄罗斯国家的师范教育现代化制度的价值取向及其实现策略。

一、俄罗斯师范教育现代化的战略定位

经过十余年的改革,俄罗斯师范教育体系的连续性、衔接性及整体性的特征日益凸显,但仍没有从根本上解决师范教育与社会改革发展之间的矛盾。问题涉及师范教育的内容、结构、形式、途径、过程、管理、技术和活动机制等很多方面,但最核心的问题是师范教育质量的改善。为此,俄罗斯教育部颁布了《2001年—2010年俄罗斯连续师范教育体系发展纲要》,《纲要》明确了师范教育在俄罗斯教育发展中的优先地位,为实现真正意义上的职前职后一体化的现代化师范教育体系奠定了法律基础。

1. 俄罗斯师范教育现代化的目标

2001年俄罗斯教育科学部颁布的《2001年—2010年俄罗斯连续师范教育体系发展纲要》首先明确了21世纪初师范教育改革的目标,提出了连续师范教育体系变革的新思想,突出了师范教育体系的基础性、百科性、一体性、灵活性、实践性、连续性和动态性的特点。《纲要》提出了俄罗斯师范教育改革的目标:

• 在创造法律的、经济的和组织的条件的基础之上,发展历史上形成的复杂的师范教育体系,形成教师的职业能力和社会积极性及创造个性,

提高师范教育质量,在社会文化变迁和教育范式变革的背景下优化师范教育的管理机制。

- 旨在提高师范教育的质量,在国内传统和现代经验基础上更新内容和结构,保证职业教学和德育的统一,平衡国家、社会和个体在连续师范教育体系中的优先地位,提高师范院校在新经济和社会文化条件下解决国家和社会任务的作用。
- 提高师范院校毕业生在劳动市场上的竞争能力和职业流动性。

2003年4月1日颁布的《2010年前师范教育现代化发展纲要》是对《2001—2010年发展连续师范教育纲要》的补充。该纲要进一步明确了俄罗斯师范教育现代化的目标是在俄罗斯实现教育现代化的条件下建立有效的动态发挥作用的师范教育体制,预期成果是形成教师教育的职前、职后一体化的新体系,培养符合社会需要的师资。

2. 师范教育体系的根本现代化

经过几年的实践,俄罗斯教育现代化政策的局限性和非系统性逐渐显露出来。俄罗斯教育科学部在反思前一阶段教育政策问题的基础上,认识到最初制定的现代化计划的严重不足,并且承认有必要从完善教育计划的内容和结构、教育技术、教育过程的质量管理、制度改革方面采取一些重大的补充措施。其中,2006年俄联邦教育发展国家委员会的报告《教育的创新发展是提高俄罗斯竞争力的基础》对教育现代化的目标和措施给予了系统的阐述。促使俄罗斯教育现代化政策调整的原因主要来自以下三个方面。

一是最初的改革计划在相当大的程度上是在教育经济领域的专家的垄断控制下形成的,其中最关键的一些概念是建立在教育服务的消费者市场的理念基础上。① 随着"教育非市场化"社会共识的达成,俄罗斯高等教育的教育内容问题(人本主义、基础性、跨学科性、整合性、创造性),以及包括信息技术在内的教育技术的完善问题,科学和创新活动的发展问题,高等学校与社会和国家关系的和谐问题,高等学校内部生活的民主化问题,结构改变和制度改革问题,有效管理问题,积极的国际合作问题成

---

① 朱小蔓:《20—21世纪之交中俄教育改革比较》,教育科学出版社2006年版,第235页。

第四章 21世纪初俄罗斯师范教育现代化的制度安排

为教育现代化政策调整和关注的重要内容。

二是2003年俄罗斯加入博洛尼亚进程,并承担了在欧洲教育一体化背景下进行必要的改革的义务。在教育共同体中既承认博洛尼亚进程的目标(文凭和资格的可比性和相互承认,保证大学生和教师的流动,提高自主性和竞争能力以利于智力潜力的整合),也承认达到这些目标的方法(两级学位体制,实行学分制,建立相等的认证程序,毕业证书的新附件)。

三是2004年教育行政管理体制改革导致教育管理机构的重组,建立了教育科学部,其职能是制定并贯彻教育政策,原来的业务管理和资源保证职能转给联邦教育署,质量监测的任务委托给新成立的联邦教育督察处,它将负责对教育和科学领域进行督察。

因此,俄罗斯新的教育政策制定的范围应进一步拓展,包括立法、内容、组织和经济等各个方面的措施,既要对以前的教育现代化纲要作出重大补充,又要结合现实情况修改原先的设想。这些内容反映在作为国家教育政策实施基础的《教育的创新发展是提高俄罗斯竞争力的基础》中,并包含了教育的结构、内容和技术的改革、管理体制的改革、教育活动主体实施和法律形式的改革以及财政和经济机制的改革。

当前,教育已成为各国保障经济增长、社会稳定、公民社会发展的重要因素,这些都是经济和社会发展不可或缺的条件。《教育的创新发展是提高俄罗斯竞争力的基础》这一报告认为,俄罗斯的教育系统必须要迎接21世纪文明的挑战,保持和巩固作为世界主要国家的竞争力。2006年在俄罗斯举办的"八国峰会"上,教育现代化问题被列入常项日程。同样,教育被俄罗斯视为社会现代化的主要工具,教育的发展创新成为更加现实的任务。《报告》首先明确了21世纪初俄罗斯教育政策的战略定位:

• 教育政策旨在满足政治的、社会的、经济的和教育的发展需要。在政治方面:明确国家和社会的教育责任,扩大国家和社会的支持,加强区域在教育发展中的作用;在联邦和区域层面开展教育创新发展的国家和公民社会的全方位和完全的合作。在社会方面:满足后工业社会对教育需求的增长,形成提高居民教育动机的综合措施。保障宪法规定的所有公民的受教育权;创建有效的弱势儿童保护的社会支持系统。在经济方面:为全面满足公民的、社会的、国家的需求，为国家社会经济发展创造条件。完善高技能人才培养的劳动市场，不断提高人才的职业水平和职业流动，保障俄罗斯世界水平的竞争力。在教育方面：转向俄罗斯教育系统的稳定的创新发展，旨在达到符合世界标准的高水平成就；创建与知识经济社会要求相符的、不断提高教育质量和竞争力的机制。

- 教育的平等普及。有质量的全民教育是基础的现代文明的标准。
- 教育的终身性是个人生活成就、民族富强和国家竞争力的基础。
- 教育是公民社会形成的要素之一。
- 提高区域在教育创新发展中的作用。
- 俄罗斯与国际教育空间的一体化。

上述教育政策的价值取向同样适用于作为高等职业教育的重要组成部分的俄罗斯师范教育。在2006年俄联邦教育发展国家委员会的报告《教育的创新发展是提高俄罗斯竞争力的基础》中提出了关于"俄罗斯师范教育的根本现代化"的思想，并从当前师范教育发展中的矛盾分析入手，对师范教育的根本现代化的必要措施进行了具体的阐述。

二、高等师范教育国家标准的制定与实施

20世纪90年代初，为回应社会转型给师范教育带来的新的挑战，促进师范教育质量的提升。在观念更新的基础上，俄罗斯颁布了一系列关于师范教育的法规，制定了师范教育的相关制度，以全面规划和引导师范教育的改革和发展，采用立法手段促进师范教育的转型，实现在国家教育政策指导下的师范教育的制度化。其中，制定和实施《高等师范教育国家标准》是俄罗斯师范教育现代化的重要举措。

1. 俄罗斯高等师范教育国家标准的制定与实施

俄罗斯学者认为，国家教育标准是一个参数系统，作为教育政策的法律文件，反映着教育的国家理想（对毕业生的要求和教育内容）并观照了社会及个人实现这一理想的可能性（教育过程的技术保障）。《标准》的制定旨在为高等教育的质量管理和监控提供法律依据，为保持和巩固统一俄罗斯的教育空间创造条件，为大学生在学期间的自由流动和毕业生在劳动

第四章　21世纪初俄罗斯师范教育现代化的制度安排

市场的就业提供保障。①

（1）《标准》制定与实施的阶段及特点

1992年颁布的《俄联邦教育法》中首次出现了教育标准一词："在俄罗斯联邦确立实施国家教育标准，它以一定的程序确定了基础教育大纲必修内容的最低限度、学生学习负担的最大限度、对毕业生培养水平的各项要求等。"制定俄罗斯《高等师范教育国家标准》的工作主要由俄罗斯教育部负责和总体协调。参与制定标准的成员包括专家、学者和俄罗斯重点师范大学的教师。师范专业由莫斯科师范大学和俄罗斯国立师范大学牵头并进行了大量的研究和论证。1994年4月，俄罗斯颁布了第一代师范教育标准。2000年4月，颁布了第二代师范教育标准。第三代标准2008年推出。

第一代国家标准

1994年俄联邦政府在《高等职业教育标准》中明确了师范教育的基本要求和具体标准。《标准》要求师范教育内容的创新应与高等学校的发展相适应，为师范教育改革及教学过程中教学法和教学计划研制提供了政策的支持和法律的依据。因此，师范教育标准涉及的不仅仅是教学内容本身，教育大纲、教学水平的要求和指标问题。按照俄罗斯学者的观点，教育标准具备的两个特点使它成为社会转型期俄罗斯教育机构人才培养的基本范式：一是对教育内容的最低限定性。二是对教育水平的鉴定性。前者为不同形式和类别的教育机构进行同一专业和科目的教学内容划出了统一的起点限度，后者为评价学生掌握学习以及监控人才培养质量规范了基本要求空间。这就为新时期的人才培养提供了一个有明确界定的多维立体空间，打破了传统的统一教学大纲和教学计划带来的局限。②

第二代国家标准

经历了5年多的实践，第一代《标准》已经不能适应师范教育改革和基础教育发展的需要。在新的社会条件下，师范教育改革的背景发生了显著的变化，诸如师范教育研究的新进展为确定教师所应具备的知识、技能

---

① Н. Ф. Радионова, Стандарт образования как средство повышения качества подготовки специалиста [M], Подготовка специалиста в области образования СПБ, 1994. C. 35.

② 肖甦：《俄罗斯教育10年变迁》，北京师范大学出版社，2003年版，第105页。

和意向提供了较为科学的依据；俄罗斯社会在制度、人口、种族构成方面出现了很多新的变化；现代信息技术的迅速发展，使得基础教育在学生群体结构、教学模式、教学方法和手段等方面出现了新的变化，对教师素质的要求也更加全面。这些在客观上都要求对师范教育的专业培养做出相应调整。因此，从1998年开始，在广泛征求意见和局部实验的基础上，俄罗斯教育部重新修订了《标准》的内容。新的师范教育培养标准对原有的标准作了简化，在修订师范教育国家教育标准（ГОС ВПО）过程中突出了相邻专业的整合，明确了一系列的核心专业，并以此作为国家教育管理层面上标准化的核心。这种做法缩减了高等师范教育国家标准中内容要求，同时拓展了大学的权利范围。新的高等师范教育国家标准还突出了职业活动的综合性特点，对师资、教学、方法和教学过程的物质技术条件都提出了具体要求，有利于师范教育的质量的保障。

目前实行的第二代国家师范教育《标准》涵盖了教育学的7个方向（学士、硕士）和59个教育学专业标准。标准的结构和内容不仅反映了教学技术和科研的最新成果在师范教育中应用的特点，而且与基础教育的国家标准保持了应有的连续性和协调性。

2. 俄罗斯高等师范教育国家标准的功能及制定原则

《标准》强调其功能在于保障教育过程中各类主体（个人、社会、国家、区域、教育机构、国际社会）的利益。因为主体间利益常常存在不协调和冲突的现象。那么，教育标准作为一种社会标准必须具有满足教育过程中多主体需要的功能，主要体现在：

教育的人本化功能。《标准》明确了师范教育应达到的基本水准和职业培养的要求；为解决大学生的权利和义务提供可能，在完成国家要求的基础上实现个人的教育需求，并为大学生提供选择教育路径的足够信息。

提升教育质量的功能。《标准》规定了每个学生所要达到的最低培养标准，从而促进俄罗斯整体教育质量的提升。

社会调节功能。在俄罗斯教育转型过程中，构建统一的教育空间是教育改革的重要目标和任务。因此，《标准》要保障解决区域、人口等一系列的社会问题的解决，诸如居民流动的可能性、教育文凭的认可等，从而发挥社会调节功能。

第四章 21世纪初俄罗斯师范教育现代化的制度安排

教育管理功能。《标准》的实施杜绝了教育质量和职业培养评价体系的研制过程中的唯意志论,它是在收集大量信息的基础上完成的,同时还为不同层面(教师选择适宜方法、学校矫正和修改教学大纲和教科书、区域标准内容的变化)的决策提供了支持。

为保证《标准》功能的实现,在研制过程中遵循以下原则:观照教育多主体的可能性和需求;加强与基础教育等不同层次和领域标准内容的衔接和协调;在继承传统基础上的创新;对毕业生的要求和职业教育内容最低量原则;在一定时期内标准的稳定性原则;技术性和可检测性原则等。

3. 俄罗斯高等师范教育国家标准的内容

高等师范教育国家标准制定原则体现了俄罗斯个人本位的师范教育理念及师范教育发展的目标的选择。其中,《标准》的大部分内容是对教师培养结果的描述,师范教育标准实际上就是社会对于一名合格教师的要求的反映,是社会对未来教师的要求的具体体现。因此,师范教育《标准》应具有时代性和前瞻性。

(1) 核心内容

师范教育的内容包含着三个重要的因素:个体发展的必要性、教育教学活动、课程的培养。因此,在师范教育《标准》中提出了一系列关于普通文化、教育心理学的和具体课程知识和技能要求,并按照不同的知识和内容构建了相应的三个课程和教学实践板块。

一是普通文化培养旨在提高学生的人文、生态、经济、思维和认知文化水平及市场经济条件下人的实践活动能力;它由多门课程组成——世界观方法论方向的逻辑学、人类学、哲学;价值观方向的道德与伦理学、宗教学;历史文化方向的文明史、科学史、艺术史;社会经济方面的经济学和贸易、社会学、政策学和法律;自然科学方向的现代自然科学理念、数学、生物学;社会交际方面的语言学、信息学;生物方向的体育、植物学等。这组课程多以选修课和社会实践课等教学形式,既有国家规定的又包括区域和民族的内容。

二是教育心理学培养要求学生掌握基本的教育和心理文化、会使用多种交流技术及提高教学实践中的管理和协调能力。学生在教学过程中能设计新的教学情境,在多样化基础上实施个性化教学策略。这一组课程包括：职业方向的教育学导论、心理学导论、个性发展基础；理论方法方向的教育学理论及体系、教育史、发展心理学；活动方向的教育技术学、教育心理实践。

三是课程的培养要求深入研究与现代科研水平相适应的内容，或者是与专业教学相应的知识领域和活动。

同时，俄罗斯师范教育标准还要求实现专业的综合化。在学士《标准》中还为学生选择同一方向的两个专业提供可能。比如数学和物理、地理和生物、心理学与教育学等等，这对于农村学校教师的培养尤为重要。

（2）以"032500 地理专业"标准为例

为更直观地说明和解读俄罗斯国家师范教育《标准》的结构及内容，我们援引朱小蔓主编的《20—21 世纪之交中俄教育改革比较》一书中的案例—"032500 地理专业"的具体标准来加以说明。①

• 学习期限：《标准》要求的学习期限为 5 年，成绩合格者将获得国家颁发证书"地理教师资格证书"。

• 技能要求：《标准》给出了师范大学"毕业生技能资格评价"的指标，包括：要求教师的课堂教学技能、教学方法和技术的运用、专业知识的掌握、法律意识及教师将要解决的职业任务等方面。

• 职业活动形式：《标准》规定了地理专业毕业生未来职业活动的基本形式，包括教学－教养活动、科学－教学法活动、社会－教育活动、德育、文化－教育活动、协调发展的活动；管理活动等。

• 考生的要求：《标准》规定了大学的入学要求：报考人必须具有中等普通教育或中等职业教育毕业证书。

• 教育内容：《标准》分别列出"032500 地理专业毕业生培养基本教育大纲要求"和"地理教师基本教育大纲的最低限度内容和要求"。它们规定了常规教学过程，毕业生必须获得的专业技能水平。依据《标准》，师范大学独立制定教育计划，包括教学计划、教学实习计划。《标准》确

---

① 朱小蔓：《20—21 世纪之交中俄教育改革比较》，教育科学出版社 2006 年版，第 405—406 页。

第四章　21世纪初俄罗斯师范教育现代化的制度安排

定了教育大纲内容的最低限度要求，以及实施条件和掌握期限。

基础教育大纲包括的课程有：国家部分、民族区域部分并以必修选课和选修课的形式体现。基础教学大纲为大学生提出了以下系列的课程：普通人文和社会－经济课程（ГСЭ）、普通数学和自然科学课程（ЕН）、普通职业课程（ОПД）、学科课程（ДПП）、选修课程（ФТД）。《标准》还规定了掌握基础教育大纲的期限、学习要求和实施条件。地理教师掌握大纲的面授教学时间是 260 周，其中包括：

◆——地理教学（包括科学－研究工作，实习等）共 156 周
◆——考试 27 周
◆——实习（野外实习和教育实习）不少于 29 周
◆——总结性国家鉴定，包括毕业生论文答辩工作，不少于 8 周
◆——假期（包括毕业考试后的 8 周）不少于 38 周

• 教学量要求。《标准》规定教学量最大限度为 1 周 54 学时，包括所有课堂教学和学生自学。其中，面授的课堂教学总量，平均不能高于理论教学时期的 1 周 27 学时（不考虑体育和选修课）。

• 考核评价。考核强调学生理论水平和实践能力想结合的原则。课程和实习都采取总结性评价（考试分为"优秀"、"良好"、"及格"、"不及格"；考查分为"合格"、"不合格"）其中，毕业鉴定还包括毕业生的论文答辩和国家统一的专业考试。

• 质量保障。《标准》对教师、教学法、技术－材料提出了总的要求，以保障教学过程的质量。《标准》的关键部分是"质量标准"并列出了对毕业生的普通和职业（师范的、学科的）训练要求。

4. 第三代国家教育标准的研制

随着俄罗斯教育现代化的深入及加入博洛尼亚进程的需要，俄罗斯在 2008 年出台新的国家教育标准。2007 年 2 月 1 日，俄联邦教育科学部举行了部务委员会，会议的议题是"根据劳动力市场要求和高等教育国际发展趋势，研究制定新一代国家教育标准，分阶段转向高水平高等职业教育"。工作组领导人 Н. О. 罗齐娜做了报告。

（1）新标准的必要性

职业教育国家标准存在着不符合社会及劳动力市场的需求、不符合世

界高等教育发展趋势的问题。俄联邦总统普京向联邦会议提交的两次国情咨文中提到了解决该问题的重要性:"我们必须把教育标准贯彻到实践中去,并且教育内容应该符合世界最高标准"(2004年);"政府应该整顿秩序,包括职业教育大纲在内,并且应该与商界和社会各界代表共同做这项工作,因为教育是为他们培养人才"(2006年)。

2004年12月9日,在政府通过的俄联邦教育体系发展的优先方向中强调指出,要制定新的保障教育普及性、基础性和实用性的教育标准,因为它是高等职业教育现代化的前提。俄联邦中期社会经济发展纲要(2006—2008年)中的"发展人力资本和提高生活质量"部分阐述了问题的实质——"教育系统没有完全适应劳动力市场的需求。因此,俄联邦政府发展教育的优先方向应当包括以下几个方面:俄罗斯教育现代化的法律保障;与现代劳动力市场相适应的职业人才培养结构和内容;高质量教育服务普及性的提高;独立的教育质量评估(监督)体系的建立。"为此,首要措施是向多级的高等职业教育体系转变,并根据现代技术对不同类型人才的需求制定新的教育标准。①

由用人单位参与制定的各级职业教育的国家新教育标准规定了一整套措施来实施俄联邦2010年教育体系优先发展方向。2004—2006年教育科学部的主要工作是国家政策的系统实施。

目前俄罗斯的高等职业教育体系包括:按530个专业培养的专家文凭(通常学制5年)和按120个学科方向培养的学士、硕士阶段。50%的高校具有培养学士的资格。根据不同的培养方案完成高等教育计划。该方案符合现行的联邦法《高等和大学后职业教育法》。劳动力市场对学士学位的认可程度暴露出一些问题:认为该级教育缺少技能等级鉴定,学士培养规模过于稳定,被批准的学士教育大纲不断增加,而同样被批准的专业教育大纲则不断减少。

目前除了医学、服务和信息安全领域,高等职业教育的所有领域都设立了学士和硕士培养课程(文凭专家培养占84.2%,学士占11.7%,硕

---

① Н. О. Розина, разработке нового поколения государственных образовательных стандартов// Высшее образование в России, 2007, №3. С. 3—9.

第四章 21世纪初俄罗斯师范教育现代化的制度安排

士占 4.1%)。统计时将学士的培养列入专家培养中,授予毕业生学士学位的比例也是大约 10%。① 由此可见,与传统的专家培养一样,高等职业教育体系通过了学士和硕士培养大纲的核准阶段。

教育科学部认为,2010 年前推行多级的高等职业教育是高等教育领域进行综合改革的关键。在现代科技发展阶段,工艺和知识更新速度很快,大学从一年级开始花五六年时间培养各领域专业面较窄的专家是不经济的。因此,推行宽泛的学士培养计划更能适应迅速变化的劳动力市场需求,随后再在硕士阶段、在生产部门或在补充职业教育体系实施专业化教育。

这种较有弹性的体系成为技能结构与社会需求相适应的教育大纲的基础。根据雇主资料统计,在这种现行的文凭专家培养体系中,近 50% 的毕业生毕业后立即转向职业培训或提高技能水平。

由于年轻人 17 岁时就考入大学,他们还很少有意识地根据自己未来的职业方向来构建教育计划。而多级的高等职业教育可以让年轻人起初先接受宽口径的培养教育,而后在高年级阶段(19—20 岁)再有意识地选择专业化的教育课程。而第一级高等职业教育毕业后(获得高等职业教育文凭),他们可以根据劳动力市场的变化重新调整生活规划,是继续接受硕士教育还是利用补充职业教育提高技能水平。②

(2)新标准草案的准备

为了推动多级高等职业教育的进一步发展,2006 年 12 月教育科学部与联邦执行权力机关达成一致,同意将法律草案提交俄联邦政府。该草案规定,硕士和文凭专家教育被视为同一等级教育(第二级),而学士是第一级,这实际上又回到了 1994 年俄联邦政府第 940 号决议规定的状态。

同时,该法律草案没有出台之前,教育科学部已经迈出了促进学士和硕士培养发展的步伐:

• 2006 年 3 月 22 日俄罗斯教育科学部颁布了保障实施硕士培养计划

---

① Н. О. Розина, разработке нового поколения государственных образовательных стандартов// Высшее образование в России, 2007, №3. C. 3—9.

② Н. О. Розина, разработке нового поколения государственных образовательных стандартов// Высшее образование в России, 2007, №3. C. 3—9.

高校的学术自由的62号令；

• 俄罗斯教育监督局认证委员会通过了简化学士计划认证程序的决定；

• 在优先国民教育计划中评定创新教育计划时，教育科学部把学士和硕士的培养作为高校创新潜力的最重要指标；

• 根据世界经验制订有竞争力的学士和硕士培养大纲被视为南方联邦区和西伯利亚联邦区创建的联邦大学的最重要任务。

俄罗斯教育科学部采取的这些措施为多级高等职业教育的进一步发展创造了有利条件。为了保证职业教育内容与经济和社会领域现实需求的联系，并加强职业教育实用知识的广度和提高其教育质量，俄罗斯制定了一系列法律草案和法规：

• 关于给予雇主协会代表参与劳动力市场预测和跟踪调查权力等方面的联邦法律草案提交俄联邦会议国家杜马；

• 批准雇主参与国家职业教育标准的制定；

• 建立国家职业教育标准委员会，其成员包括雇主协会代表；

• 发布关于根据雇主要求改变现行国家职业教育标准机制的信函；

• 在职业教育机构评定委员会中设立企业代表和雇主协会代表；

• 在职业教育体系中发展国家社会组织与雇主协会的合作；

• 在联邦教育发展专项纲要框架内，2006年雇主和学术界完成了一系列教育标准化方面的草案，在联合制定职业和教育标准方案方面也有重大进展。

2007年教育科学部同雇主协会打算研究联邦国家教育标准的鉴定和协调问题：这是教育标准准备的新阶段，以前缺少这一步骤。

教育科学部的主要任务是设计制订高等教育新标准样本方案以及确定如何扩充培养方向示范目录。专业划分方面已投入了大量工作，因为根据有关多级高等职业教育法律法案规定，各专业大纲要保持其连续性。该项研究在联邦教育发展专项纲要方案和2005－2006年高校科研潜力发展计划的框架下进行。

许多重点大学积极参与该计划的实施，其中不仅有高校的教学方法联合会，还有实施现行国家高等职业教育标准时间相当长的高校。如罗蒙诺

第四章 21世纪初俄罗斯师范教育现代化的制度安排

索夫莫斯科国立大学、鲍曼莫斯科国立技术大学、圣彼得堡国立工业大学、克斯金莫斯科国立纺织大学、国立高等经济学校,还有巴什基尔、沃罗涅日、乌拉尔、远东、卡巴达尔-巴尔卡尔、符拉基沃斯托克国立经济与商务大学等 30 所以上的综合大学。

俄罗斯教育监督局的专家们积极参与形成标准化新思想的工作。汇总的成果提交俄罗斯教育科学部国家职业教育标准委员会,该委员会成员包括学术界、各部的代表以及雇主。

(3) 与第一、二代标准的区别

根据俄罗斯现行法律,国家教育标准是保障:

● 高等教育质量;

● 俄罗斯联邦统一的教育空间;

● 对教育机构进行客观评价的基础;

● 对外国高等教育文件等效性的确认。

1992 年俄联邦《教育法》(第七条) 规定,国家教育标准是制定基本教育大纲所依据的文件,后来又作了修正。根据现行法律,国家教育标准由三部分组成:联邦部分、民族区域部分和教育机构部分。

根据上述法律 1994—1996 年期间制定和实施了第一代高等学校标准。

1996 年通过了联邦法《高等院校和大学后职业教育法》,该联邦法扩充了国家教育标准的联邦部分,和对于必要的基本内容及毕业生培养水平的要求一样,联邦部分包含了实施基本教育大纲所应具备的条件等重要的规定。

2000 年实行了第二代高等职业教育标准。

必须指出的是,无论是第一代还是第二代,国家教育标准都极大地扩大了高等学校在制订教育大纲过程中的学术自由(学士和文凭专家培养大纲中由 1988 年的 10% 增加到 2000 年的 30%—40%,同时硕士培养大纲中学术自由度占 70% 左右)。

与此同时,工作组认为它们没有改变基本教育大纲设计的质量水平:培养内容占第一位,而其目标放在最后(见表 11)。

表 11　俄联邦在制定培养计划过程中高校学术自由变化图

苏联标准教学计划 （1988 年）	第一代国家高等 职业教育标准 （1994—1996 年）	第二代国家高等 职业教育标准 （2000 年）	联邦国家教育 标准方案 （2006 年）
高校自主决定内容占 教育大纲的 12%	高校自主决定内容占 教育大纲的 15%—20%	高校自主决定内容占 教育大纲的 20%—40%	高校自主决定内容占 教育大纲的 30%—50%

资料来源：Розина Н. О. разработке нового поколения государственных образовательных стандартов// Высшее образование в России. 2007. No 3, с. 6.

在大学学术自由条件下，2006 年 3 月 22 日俄罗斯教育科学部颁布的第 62 号令在制定硕士大纲中迈出了一大步。该命令赋予大学制订跨学科和实践定向计划的权力，以培养各领域创新活动的高水平专家。

工作组认为，尽管国家教育标准实施了十余年，但它们没有完成俄联邦《教育法》规定的要求，即形成联邦和民族区域部分以及教育机构部分的统一的文件。实际上，在由国家机关制定的联邦部分框架之外，标准变成了教育大纲，但是教育大纲所确定的对教育过程的要求并未处于国家水平上。

2006 年，教育科学部根据俄联邦《宪法》，就制定实行联邦国家教育标准的法律草案展开工作。该法案没有划分若干组成部分，但为教育机构确立了必要的自由来使所有有关主体参与制定基本教育大纲。

高等职业教育新标准样本方案吸收了制定第一、二代标准时积累的所有的好经验，但其重点不是严格规定教育内容，而是确定毕业生的所学范围以及学识和能力。因此，该标准使俄联邦高等职业教育结构与欧洲高等教育结构相接近。

联邦国家教育标准样本方案进一步扩大了高校制定培养内容方面的自由度。工作组认为，学术自由应该赢得国民、学生和国家的信任，以高质量教育证明其正确性。如果高校在认证时不能证明自己具备制定高质量教育大纲的能力，应该责成其按照示范基本教育大纲的机制来运行。

高等职业教育联邦国家教育标准希望以按照培养方向制定的标准作为各级教育大纲的总领，各级大纲在基础部分相互一致并统一起来，不再划分联邦、民族区域和高校组成部分。这样在保留基础性的同时解决了大纲通用性的问题。学术界代表与企业主联合会代表应该根据职业标准（在其

第四章　21世纪初俄罗斯师范教育现代化的制度安排

存在的情况下）共同规定对高校毕业生的要求。俄联邦高等教育在专家技能鉴定与培养模式的协调配合方面已经积累了大量的经验。

高等职业教育联邦国家教育标准与培养方向（专业）目录有机联系在一起，该目录提出了标准的数量和多样性：现在高等职业教育体系有500多个标准。标准如此之多并且它们之间常常不一致或者重复，这导致在组织教学过程和保障科学方法方面，在经济上和组织上都缺乏效率。工作组的任务是制定相应的方案，以保证标准的数量尽可能的少，并保障高等学校的自由和学生的多样化。遗憾的是，学术界的一部分人至今还没有意识到该项工作的必要性。

目前，俄罗斯已根据2002－2004年制定全俄教育专业分类表的经验，为第三代国家高等职业教育标准制定了培养方向和专业目录。俄罗斯教育科学部已将该分类表用于教育大纲新的分类（2005年1月12日俄罗斯教育科学部第4号令）。

因为关于实施多级培养的法律草案预见到保留按俄罗斯联邦政府确定的专业目录连续培养的可能性，制定了建立该法案的原则。于是，学术界、教育科学部与雇主紧密合作在制订各级高等职业教育专家培养内容的新方法方面完成了大量工作。目前仍需要解决的任务是：[1]

1. 与雇主一起分阶段制定联邦国家教育标准方案；
2. 在确认国家教育标准方案之前创建鉴定方法；
3. 在扩大高校学术自由的环境下完善基本教育大纲质量的检查体系；
4. 确定培养各级高等职业教育专家的规划和拨款机制；
5. 制定实施高等职业教育各级教育大纲的条例。

新一代教育标准体现了俄罗斯重视教育结果，而不是教育过程的新的教育文化。同时，对实行创新计划的高校提出了新的要求，2006年几乎每一所创新高校都成立了特色研究中心，建立了更新教学方法的保障机制，因此，创新高校发展战略完全符合高等职业教育大纲标准化的新思想。俄罗斯第三代国家教育标准将会为满足个人、社会和现代劳动力市场

---

[1] Н. О. Розина, разработке нового поколения государственных образовательных стандартов// Высшее образование в России, 2007, №3. С. 9.

的要求的人才培养机制的构建创造有利的条件。

三、俄罗斯师范教育现代化的任务

上述三个法律文件不仅从政策目标上设计了俄罗斯师范教育现代化的走向，而且，还从结构、内容和方法上规定了俄罗斯师范教育现代化的优先任务。主要包括以下几个方面。

1. 构建现代化的连续师范教育体系

《2001年—2010年俄罗斯连续师范教育体系发展纲要》主要从打造现代化师范教育体系的角度来实现师范教育的变革，具体任务包括：

第一，完善师范教育的内容，保证各级师范教育的连续性，深化师范教育的职能，突出其职业取向。面向12年普通中等教育改革，加强个性化教育，满足天才儿童、弱势儿童及农村边远地区对师资的需求；

第二，教学的集约化和个性化，实现包括信息化的现代教育工艺，发展大学生的自我教育、自我组织和自我管理文化；

第三，发展连续师范教育体系的科学研究基础及学术流派的科研活动，促进科学教育的一体化，实施创新方案；提高师范教育教学、科研和教学法成果出版的质量和数量；

第四，完善教育培训和进修体制；成立独立的师范教育效能评价研究所；监测师范教育质量，形成师范教育体系的统一的信息空间。

第五，恢复和巩固教师职业声誉，加强国家和社会对教师的支持和资助；巩固和发展师范院校的资源、物质技术和法律法规的保障；扩大师范院校的资金筹措渠道。

2. 在优化结构基础上，完善师范教育的内容和方法

《2010年前师范教育现代化发展纲要》进一步强调了师范教育应面向教育劳动市场，培养符合社会需要的师资。明确具体的提出了俄罗斯师范教育现代化的基本方向和任务。

（1）优化结构并完善教师职业培养组织

针对已有的人才储备和教育体系发展的前景，建立教育人才需求变化预测体系；建立就业调节体系，使高校毕业生能够留在学校；使师范学校

第四章　21世纪初俄罗斯师范教育现代化的制度安排

的物质—技术基础和信息保障不再落后于现代发展水平；维持师范教育和科学师范教育综合体，保证师范教育的连续性；在联邦主体和联邦各地区范围内制定国家教育管理部门和各级示范院校的相互协作体系，保证师范教育的普及和质量的提高；建立并实施现代化的对各级各阶段的连续师范教育的质量监督；优化师范教育管理机构，包括各联邦主体的管理机构．其目的是有效解决教育现代化的任务；保证师范教育体系优化及现代化进程。

（2）师范教育的内容和形式的完善

明确与教育现代化任务相一致的教师职业技术能要求；由于普通教育内容和技术的更新，应修改教师培养的内容，首先是体育、社会人文课程和外语；由于小学教学纲要具有选择性而且小学早期要进行外语教学和信息技术教学，因此应修改小学教师的培养内容和形式；为了保证高中侧重专业式教学，要建立教师培养、再培养和职业技能提高体系；社会教师在教学过程中使用外语和信息设备；形成一种使教师在不同的民族和政治文化环境中开展教学活动的人才培养体系；研究并审定在普通学校中对大学生进行实践培养的现代模式；更新大学生培养的形式和方法，使他们适应在不同类型的学校完成教育任务；寻找对教师进行理论和实践培养的方式，使其在普通教育结构和内容更新的条件下能够在设施不全的农村学校开展工作；确定补充职业教育（进修、职业再教育、技能提高）的内容，保证在职教师能够完成教育现代化的任务；探寻并实施有效的补充职业教育的方式，包括网络教育和远程教学；探寻并采用现代的内容和方式，以提高中等、高等和补充职业教育学校教师的职业技能，目的是使这些教育工作者能够完成教育现代化的任务。

（3）师范教育改革的科研及方法的保障

改革高等和初等职业师范教育标准，目的是保证各水平、阶段教育的连续性并强化师范教育的实践取向；更新职业培养方向名录和高等职业教育专业。考虑到教育系统、社会和国家的未来需求，对师范教育部分的中等职业教育专业进行分类；明确专业划分、专业培养侧重点、硕士研究生纲要、补充职业教育及侧重于教育学的教学纲要明细，目的是提前完成教育现代化的任务；由于各阶段的师范教育具有不同的特点，要对教育心理和课程培养提出相应的要求；就确定教育学、心理学、课程教学法优先发展的学科方向开展研究，目的是协调科研与提高发挥师范教育系统的科学潜能的有效性；采取措施维持并促进有发展前景的基础科学和应用科学研究，发展已形成的学术流派和教育系统优先发展的学科方向；制定并采用新的方法对从事无人照管和无人监护的孤儿的预防问题的教育工作者进行实践性培训，并对其个人及家庭给予教育心理学的支持；加强教师的基础培养，形成他们在教育心理学和课程领域从事研究活动的能力；培养教师采用新的测评教学质量的方法；为师范教育体系制定新一代的教育心理学和课程教学的教科书；为教育学各专业建立联邦级的教学法综合图书体系，包括电子书籍；建立教学方法参考资料综合体系，为教师解决教育问题做好准备；为补充职业教育制定教学法综合体系，目的是完成普通教育现代化的任务。

3. 提高质量是师范教育根本现代化的关键

俄罗斯师范教育的质量问题备受政府和社会各界的关注和指责，质量保障问题成为21世纪师范教育现代化的迫切任务。在2006年师范大学校长联合会年会上，俄罗斯教育科学部部长富尔先科说，中小学教师不应仅是传授知识的专家，而且应该是育人专家。那些将从事教师职业的人，尽管已拥有大学文凭，但还必须拥有接受职业进修和再培训的发展潜力。教师不仅应具有较高的专业水平知识，还应该成为学生的人生指导者，"他要热爱自己的工作；知道怎样和学生、家长沟通……在网络技术速发展的今天，他应该教会学生如何学习、如何寻找、组织和利用各种信息。此外，教师还应该引导学生去参加奥林匹克林赛和各类竞赛；培养他们的自信心，不怕竞争，不怕失败。"[①]

随着高等教育扩招、收费制度的建立及分校的增加，俄罗斯师范大学的质量问题令人堪忧。富尔先科指出，目前俄罗斯师范学校中存在一种"古怪"现象，不少师范大学里都开设了很多非师范专业。这种情况应该得到改变。在谈到当前存在于各地的数不胜数的不同所有制的大学分校

---

① 江燕：《俄罗斯教育现代化进程中师范教育的任务》，载《基础教育参考》2007年第10期。

第四章 21世纪初俄罗斯师范教育现代化的制度安排

时,他指出,绝大部分的分校都不能提供良好的教育质量,但对每个分校存在的问题要分别处理。如果分校不能确保教育质量,应追究其母校的责任。①

2006年"俄联邦教育发展"国家委员会报告——《教育的创新发展是提高俄罗斯竞争力的基础》中的第3.5章《俄罗斯师范教育的根本现代化》对当前俄罗斯师范教育现代化的特点和不足进行了深入的分析,并在总结前期经验基础上,提出了深化师范教育改革的具体措施。

报告首先分析了当前俄罗斯师范教育现代化的主要矛盾。

一是俄罗斯历史上形成的师范学院客观上扮演了文科院校的角色,毕业生不仅有教师,还有国家、职业联盟、社会政治和其他结构需要的其他社会人文专业人才。

二是在现代社会生活中社会人文领域的广泛分化背景下,高校及社会、人文教育专业的教育大纲类型更加多样化,师范院校的社会和经济效能没有得到充分发挥。

三是师范学院的全面"大学化"加剧了师范院校办学目标与职能目标之间的冲突。这些机构过去形成的教育活动内容和形式之间的矛盾,从而导致:一是不属于师范教育固有的、权宜专业的增长(法律、经济、管理等——特别低水平的培养),二是原有师范教育的削弱,三是师范大学毕业生不到基础学校工作数量的增加(70%—80%)。这一切使师范大学不论是在职业方面,还是从国家财政拨款的使用上都特别的低效。与此同时,这种状况完全是符合师范大学的小团体利益,造成了数量的过剩,妨碍了师范大学摆脱教育活动的非专业形式、集中精力解决培养符合社会和俄罗斯各级教育需要的现代教师的任务。

四是能力范式的师范教育尚未有效实施。"师范教育改革应当走在基础教育改革的前面,但目前没有做到。到现在为止,师范大学基本上仍继续为明天的学校复制昨天的教师。"

《报告》认为除优化师范教育的制度结构外,最本质的方式应是师范

---

① 江燕:《俄罗斯教育现代化进程中师范教育的任务》,载《基础教育参考》2007年第10期。

教育内容的更新。信息社会教师的新作用不仅在于他的教学，还在于帮助学生探索和掌握知识、文化价值和信息资源，创建社会心理氛围和交际环境，促进学生有意识地选择未来的生活和职业道路。师范教育的创新发展应引领学校的发展。

为提高师范教育质量，保障师范教育现代化的实现，《报告》认为应从以四个方面实现师范教育的现代化。

优化师范教育网络

将现有师范大学分成两种类型：将培养大量国家和学校必需的各种专业的教师的院校更名为师范学院或将其作为教育系纳入到综合大学。同时，创建一批联邦层面的师范大学，其主要任务：保障教育，包括师范教育的创新发展，教育科学与教育实践的一体化，从事科研－方法的研究和教育研发，为师范教育机构培养师资；

——继续培养非师范专业的社会人文人才的高校独立出来或并入综合大学；

——上述师范学院的区分应符合师范教育内容和实施的现代需要，并且要针对人口状况和地区特点，由隶属联邦政府的国家－社会职业委员会独立指导下完成。

地区师范学校和师专也按类似程序进行，为此，将创建独立的联邦主体领导下的独立的国家－社会职业委员会。

师范教育内容的更新

在2006－2007年研制新一代高等师范教育国家标准时，应当重点关注以下几个方面：

——实质上提高教育心理学、哲学－文化学和生理卫生学学科的比重；

——强调实践取向的教学—掌握创新形式和方法，学习的、德育的、组织实施的、设计的工艺，心理咨询工作和交际。

——为更全面地满足普通学校（尤其是农村和郊区学校）的需求和提高优质教育的普及性，按照主要学科与补充学科（按照学生的意愿允许选择1－2门）相结合的原则培养未来的中学教师；

——初等学校教师培养除主要课程的内容和教学法培养之外，还要按

第四章　21世纪初俄罗斯师范教育现代化的制度安排

照音乐、美术、戏剧、技术、应用和民间创作方向选择至少1－2个专业；

——实施俄语和至少一门外语的语言教育；

——拓宽教授民族文化和语言教师的培养；

——实现全方位的计算机的、信息－多媒体技术及数据库的应用教育；

——在所有的师范教育机构创建相应的物质技术设施。

在师范教育系统中组织实施新的教育过程

2006－2007年完成不同专业的师范教育的各种模式，包括：

——四年制的新的师范教育标准内容的掌握；

——年度必需的教育实践（进修），包括关于教育实践中自身教育活动经验思考的技能工作报告的撰写和答辩，甚至是通过国家考试；

——为满足区域需求及有效教育实践的组织实施，在师范大学创建基础教育创新和资源方法中心；

——为具有非师范高等教育的人提供从教的可能，在师范大学进行师范教育的资格鉴定。

创建教育和管理人员的连续补充职业教育系统

适应社会经济的快速变革、信息技术的变化、知识更新速度的加快和连续师范教育对教师提出的要求及教育和管理人员从5年转向3年的培养阶段，对教师职后培训的需求日益提高。

现有的教师进修体系

俄罗斯各地区都设有教师进修学校，从中央到地方，形成了一个完整的教师进修体系。最后一级的国家教师进修学院是这一体系的塔尖，它是俄罗斯第一所针对职业进修成立的教学机构，也是目前俄罗斯教师进修系统中的最高学府。第二级是各地区（即联邦主体）的进学院，第三级即最基层一级是各城市所开设的市立教学法研究指导心。在这个体系中，国家教师进修学院起着主导作用。4万多名教学法专家在全俄2500所市立进修学校中以最直接的方式分为中小学教师提供教学法指导，帮助他们解决问题、提高职业水平。[1]

---

[1] 江燕：《俄罗斯教育现代化进程中师范教育的任务》，载《基础教育参考》2007年第10期。

改革与完善现有教师进修体系

在俄罗斯教育发生重大变化的近十几年，这些培训机构的服务性再度加强。国家教师进修学院院长尼基金认为，"这个培训体系链条中的任何断裂，都会对国家教育政策的执行产生影响。这也是我们为什么不愿意对这个教师进修体系进行激进改革的原因"。他还认为，"保存现有的教师进修体系，并不是停滞不前，而是要对教师进修进行改革和完善。改革和完善首先要从法律法规入手，目前针对教师进修体系的文件仅有1995年俄联邦政府颁布的《教师进修机构条例》，应该对该条例进行更新，制定出适应形势发展的新规定。俄罗斯已经建立了一套不错的教师进修体制，未来3—5年将是对师范补充职业教育进行深思熟虑的完善时期"。目前，许多联邦主体都在对本地区进修体制进行改革和完善。

尼基金在《完善俄罗斯教师进修体系的途径》报告中提出建议：

第一，发展各级各类教育工作者进修培训课程优秀组织工作的竞赛。各种机构和组织都可以参与竞争。竞争机制既可以巩固进修机构的地位，也使得参与者必须拿出自己的优势来。

第二，以各地区定额财政来支持组织进修活动。

第三，以网络为基础，建立科研机构、大学、进修学院以及其他教育机构相互之间的咨询协作模式。

第四，建立一个教育行业内的国家级中小学校长职业再培训项目。项目正式名称可以称为《变化条件下的学校管理》。在学校自主权越来越大的背景下，学校负责人的作用十分关键。现代社会对校长们提出了更高的要求：要具有瞬息万变的环境下做出正确决策的能力；要精明强干，懂得如何利作有限的资源；要具有深入全面的相关法律知识。为了保证中小学校长职业再培训项目的现代化水平，必须要将整个师范界最精锐的力量吸引到这个项目中来。他甚至提出要建立一所国家教育管理学校。

第五，将职业进修和加强身体健康有机结合，在进修学院开设"教师职业外身心疾病预防学"学科，尽最大努力去减轻教师在职业和生活上的负担。以前很多进修学院都曾经开设过"教师职业身心疾病预防学"，希望国家能尽快在进修学校中恢复该学科。

第四章 21世纪初俄罗斯师范教育现代化的制度安排

四、俄罗斯师范教育现代化制度实施的保障机制

俄罗斯师范教育现代化战略任务的实现直接取决于保障机制的有效性,本研究将从教育政策有效性的关键条件——人才的、经济的、管理的和法律的等纬度去揭示俄罗斯师范教育现代化的保障机制。

1. 提高教师的职业水平、社会地位和物质状况。

当前,由于很多经济上的原因,教育系统的人员潜力处于不能满足需要的状况。最主要的原因是教育领域的工资严重不足,目前仍处在国家最低水平。教育经济政策中的一个重要的共识:教师工资低于平均水平的国家不能获得发展。不解决教师的工资问题,教育质量和教育发展都是奢谈。

表12 教职人员平均月收入(2005年1—12月)

工资收入	工业	经济	健康保障和社会服务	休闲、文化和体育	教育
卢布	9031	8931	6215	6635	5959
比率	100	99	69	75	66

资料来源:2006年俄联邦教育发展国家委员会:《教育的创新发展是提高俄罗斯竞争力的基础》报告,2006年3月。

绝大多数校长和教师认为,教师的物质状况非常低。统计资料表明,3/4多的居民同意上述观点。1991年教育领域的平均收入达到经济领域的71%,2005年这一指标是65.4%。俄罗斯中小学教师的工资则低于平均工资的49.7%,幼儿园教师的工资是平均工资的40,5%。一半的教育工作者月收入低于3000卢布。[①] 同时,教师社会保障的不足导致退休保障、医疗服务和居住条件改善的缺乏。退休金改革构想和现行法律基础没有为退休教师提供足够的保障。

国家方面的标准财政改革给包括师范类高校、俄罗斯中小学和技术学校以沉重的打击。根据2005年9月1日的情况,大学教授的月工资约

---

① Государственного совета 《О развитии образования в Российской Федерации》: Доклад 《Инновационное развитие образования—основа повышения конкурентоспособности России》,2006.3:С.,31.

6000卢布（相当200美元）。新教师——师范大学毕业生的工资定额为月3500卢布（相当于120美元），低于社会工资水平的最低限度。大学生的学习条件需要改善：大部分学生（特别是来自边远地区的）因极低的生活助学金（月600卢布）不得不边学习（说得好听是有价值的学习）边去挣"生活费"（在大部分条件下，他们的工作是与未来的教师职业毫不相干的）。师范院校的大学生并未因支付学费而得到任何专门的优惠：师范大学与国内其他高等院校一样，除了免费的（预算内的）学额外，越来越普遍地根据合同（有偿）招收学生。正是工资太低使得教师的缺乏日益加剧：许多有经验的大学教师因财政的原因，去从事商业活动和其他领域的活动，"人才流失"——移民国外，达到了相当的规模，而首先是有前景的青年人流入国外。①

《报告》提出了一系列措施，如创建俄罗斯《教育法》设想的关于教师的国家社会保障体系；优化师资结构；研制经济组织的和法律机制，防止由于管理人员和教辅人员增长以及师资队伍老化产生的潜在的师资结构失衡的后果。（补充）

2. 增加国家财政投入，鼓励地方政府、社会组织和个人分担机制

2001年颁布的《2010年前俄罗斯教育现代化构想》奠定了新时期教育经济现代化的基础。《构想》提出，2006年至2010年提高教育领域的资金保障应该初见成果。具体措施：（1）增强政府的责任，包括教育预算支出在国内生产总值中所占的比重应从3.5%提高到4.5%，联邦预算中教育拨款的增长应每年不少于2.5%，也不低于全国预算的10%；（2）给予税收优惠；（3）达到经费渠道构成的有效再分配（"教育投资的私人经费在国内生产总值中由1.3%增长到2.5%"，这里说的是较大力度地用预算外资金补充预算内资金）。②

目前国家财政拨款依然是高等教育的最主要经费来源。俄罗斯政府保

---

① 朱小蔓：《20—21世纪之交中俄教育改革比较》，教育科学出版社2006年版，第412页。
② 朱小蔓：《20—21世纪之交中俄教育改革比较》，教育科学出版社2006年版，第405—406页。

第四章 21世纪初俄罗斯师范教育现代化的制度安排

证教育财政预算的优先性，逐年提高预算资金的额度，尤其是增加了高校用于购买设备、信息化、提高教师技能水平、基本设施建设和改革实验区的专项拨款。根据2003年俄罗斯国家杜马的决议规定，2006年前教育投入不低于总预算的4%。2001年教育经费在国家各项社会性开支中增长最快，2002年教育预算超过了国防预算。2003年和2004年的联邦财政拨款均比上年增长了19.5%和20.6%。①

表13　俄罗斯联邦教育系统预算支出一览　　（百万卢布计）

		1995年	1996年	1997年	1998年	1999年	2000年	2001年	2002年	2003年
长期债务预算	百万卢布	57.3	83.8	112.6	99.7	147.6	214.7	277.8	409.4	475.6
联邦预算	百万卢布	9.0	11.4	16.4	14.6	20.9	38.1	54.5	81.7	99.8
	%	15.7	13.6	14.6	14.6	14.2	17.7	19.6	20.2	21.0
联邦主体和地方（市）的预算	百万卢布	48.3	72.4	96.2	85.1	126.7	176.6	223.3	327.7	375.8
	%	84.3	86.4	85.4	85.4	85.8	82.3	86.4	80.0	79.0

资料来源：《统计年鉴》．国立高等经济学校统计年鉴，2005年第60页。

鼓励地方政府分担部分高教经费。俄罗斯在促进教育经费来源多元化方面进行了积极的探索，力图构建起教育利益相关者的分担机制。俄罗斯政府改变了20世纪90年代的在教育经济领域中不作为的"非常之举"，重新承担起教育的国家责任。高等教育的区域化政策，扩大了联邦主体和对高等教育的责任，教师的工资和教学过程的资金保障由联邦主体和市级政府负责。一些师范大学也从联邦的转向区域的财政和管理计划，由于地方财政保障不足，一些师范大学面临倒闭。

随着师范教育优先发展战略的确定，俄罗斯师范教育的国家投入发生了积极的变化。尽管资金不足问题时常困扰俄罗斯教育界，但是俄罗斯师范教育一直实行免费政策，而且还为学生提供助学金和奖学金。为吸引更多的优秀人才从事教师职业，俄罗斯师范大学将实行教育贷款制度。如果学生毕业后从事教师职业，贷款将由国家偿还。2003年以来在落实师范

---

① 刘淑华：《世纪之初俄罗斯高等教育现代化的新进展》，载《比较教育研究》2005年第6期。

教育优先发展战略过程中，国家加大了资金投入力度。仅就"师范教育现代化措施"科研项目就拿到了5000万卢布，还有一批师范大学获得了5000万卢布的竞赛奖金。2004年，用于购买教学实验设备的经费达到3000多万卢布，装备师范大学多媒体教室的费用达到1.18亿卢布。此外，俄罗斯还通过实行"实名制国家财政券"改革，扩大自费生比例，吸引预算外资金投入，吸收外国留学生等措施积极筹措资金，弥补国家投入不足。

3. 创建师范教育创新发展的国家—社会管理体系

俄罗斯社会和经济的转型要求彻底改变教育领域的行业性管理。从1992年《联邦教育法》开始，重新划分了不同层次教育管理机构的管辖范围，这种新的划分方式大大缩减了联邦中央管理机构在日常性直接管理方面的权限，但却基本保留了其制定和实施全国性教育政策的职能，联邦管理机构在依法调节教育领域各种关系方面仍起主导作用。《教育法》还强调将个人的教育需求和该地区的经济、教育文化的可能性结合起来，明确了教育政策的社会性取向。因此，社会团体积极参与教育管理成为完善俄罗斯联邦教育体系的一项重要任务。

俄联邦《教育法》第2条要求教育管理的民主原则，提出了国家与社会共管形式是国家政策的一项最重要原则。该条款的精神在《高等和高等后职业教育法》（第15款主要涉及高等教育领域的社会组织和国家、社会联合体之间的关系）第12条第15款中得到了进一步的发展并具体化。许多调节教育领域法律关系的地区性法令条款都很重视发展教育管理的民主化。目前，俄罗斯已经广泛吸引社会团体，首先是教育过程的参加者加入到这项管理工作中。①

在俄罗斯《高等及高等后职业教育法》中明确了参与教育管理的几种组织形式：教育工作者大会、科技工作者大会、其他领域的代表和学生大会、选举代表机构——学术委员会（第12条），"高等学校教学法联合会，科学方法、科学技术及其他委员会类型"的国家社会联合体以及还没有命

---

① 朱小蔓：《20—21世纪之交中俄教育改革比较》，教育科学出版社2006年版，第58页。

第四章 21世纪初俄罗斯师范教育现代化的制度安排

名的具体的大学生社会组织（第15条）。①

这些组织的活动促进了教育管理文化水平提高，改善了管理机构的管理效果，而且使这些组织的活动展现出了一些民主化的发展态势。有俄罗斯学者认为，管理领域社会成分的增加与学校自治权力的扩展的联系非常明显。②

在俄罗斯师范教育现代化过程中，非政府组织的作用日益增强，为师范教育改革提供了组织保障。目前，在俄罗斯师范教育领域中发挥重要作用的国家－社会组织有：师范教育委员会、教学法联合体和教学法联合体的协调委员会、师范大学校长联合会等。

师范大学教学教法联合体（УМО）是由全国师范大学相同专业的著名学者和教学经验丰富的教师代表组成，对于组织、领导、监控及评估本专业的教育教学活动享有绝对的权利。尤其在师范教育的转型时期，УМО在研究制定师范教育发展战略、研制师范教育标准、推广教学经验、提升人才培养质量、保障国家师范教育政策的实施等方面发挥了重要的作用。

全俄教师进修学校负责人和师范大学校长联合会是俄师范教育界非常好的一个传统，被视为教育现代化进程中职前职后一体化的重要保障。2006年5月29日至30日，俄罗斯教科部在圣彼得堡市举行了全俄教师进修学校负责人和师范大学校长年会，讨论了现阶段师范教育和教师进修领域中亟待解决的一些问题，明确了俄罗斯教育现代化过程中师范教育的任务。会议就师范教育的创新问题；教育现代化过程中对科研及教学－科研人员的培养和考核；师范大学对普通教育现代化过程的科研和教学法的保障；教师进修体系的现代化等问题进行了广泛的讨论。俄罗斯国家教师进修学院院长 G.M. 尼基金作了题为《完善俄罗斯教师进修体系的途径》报告；赫尔岑师范大学校长波尔多夫斯作了题为《发展师范教育是普通基

---

① 朱小蔓：《20－21世纪之交中俄教育改革比较》，教育科学出版社2006年版，第58页。
② Общественное участие в управлении школой. Школьные советы, —М.：Альянс Пресс，2004. C. 14

础教育现代化必不可少的条件》的报告。①

在 2006 年 6 月 9 日俄联邦第八届校长联合会上，师范大学的代表高度评价了师范大学和国家－社会组织在连续师范教育体系中的作用。会议讨论了为普通教育改革培养师资的现实问题。同时强调说明，俄罗斯建立了涵盖所有类型和形式的独特的教育人才培养体系。会议特别强化了师范教育的基础科学研究，加强其实践取向，形成独立的国家教育质量评价系统。②

会议强调了师范大学归属联邦政府管理的重要性，并认为高等学校现代化应从实际出发，针对当前师范院校区域化管理改革的不良现状，确保师范大学有效培养师资问题的解决。

会议还广泛地讨论了师范教育现代化问题，赞成俄罗斯在加入波罗尼亚进程中进行的教育改革工作（包括教育过程中非线性组织的试验、学分制的推广和评价方面的试验、个性化的教育理念等）。教育界赞同符合欧洲和世界师范教育的发展趋势，强调获得师范教育的多样化形式。还特别强调师范教育专业培养的重要性。校长们还提出了组建由用人单位、政府代表和师资消费者组成的师范大学和学院发展联合会的建议。

师范大学代表向俄联盟校长大会和联邦政府提出如下建议：

——在反映民族特点的众多"教育"方案中，优选出"师资教育创新"的发展方向；

——进行合理的教育拨款（用于增加工资报酬，进行现代化试验，购买实验设备、基础的物质技术资料，其中包括数字载体的文献等）；

——要保护和发展师范教育系统，以及对其规划的一系列措施，不允许擅自改专业和取消师范大学；

——为实现俄联邦总统普京于 2006 年给其议会的咨文，政府要制定已婚大学生家庭的社会保障体系；

——请求出台国家关于儿童和青少年的德育政策和青年政策。

与会者同时建议俄联邦教育科学部将师资培养作为重要的工作方向，

---

① 江燕：《俄罗斯教育现代化进程中师范教育的任务》，载《基础教育参考》2007 年第 10 期。
② 马特洛索夫：《高等师范教育现代化》，载《教育学》2006 年第 10 期。

第四章 21世纪初俄罗斯师范教育现代化的制度安排

与此相关的工作有：

——与师范教育委员会共同研究制定巩固师范教育优先发展的综合措施，以此保障所有层次的师资培养；

——将2007—2008年联邦教育发展纲要中增加"为了创新教育的师资"一个补充的优先方向；

——在教育科学部科研计划中设计提高师范教育和职业师范教育质量方案；

——在初等和中等职业教育的发展任务的基础上，制定"俄罗斯职业教师"专用纲要；

——在连续师范教育经验的基础上，研究制定保障俄罗斯进入欧洲教育一体化的法律基础；

——为了保障基础教育和培养科研师资力量，要形成大学与专业学术组织的一体化机制；

——研究制定支持多样化教师教育计划，在保存多阶段连续体系中的师范专业的多阶段培养；

——制定师范教育质量保障的措施（包括法律标准的，组织实施的，财政拨款的）系统；

——继续研究开发连续师范教育的法规保障的综合体。

师范大学校长们还建议师范教育的国家社会组织：

——鼓励教育学术界和师范大学的重点学术流派积极参与研究俄罗斯现代教育制度改革的合理方向；

——加强现代师资培养模式的研究和采用的协调活动，总结师范大学的建议和第三代高等师范教育国家标准的草案的讨论意见；

——促进师范教育作为有效职能领域和国内教育系统基石的合理形式，积极宣传师范大学解决教育实际问题的经验；

——吸引用人单位参与师资职业培养质量的评价和职业标准的制定，包括用人单位代表，作为师范大学和一些学院的教育发展联合会成员的雇主和消费者。

建议师范大学：

——积极参与优先的"国家教育规划"的实施；

——积极参加联邦教育发展目标纲要和科研计划的竞赛;

——积极参与博洛尼亚背景下的新一代国家教育标准的讨论,并要充分考虑本国教师培养的传统;

——为了提高教师的技能,继续加强师范教育专业机构的网络互动;

——加强教师的基础培养,发展他们的创新技能;

——为了完善师范大学生的理论和实践培养,要加强教育质量检查;

——完善大学和中小学的协作机制,激发大学生对于教育活动的动机;

——关注教育过程中的德育要素以及培养教师解决德育任务。

4. 实施国家教育规划,引导师范教育的创新发展

随着俄罗斯经济的逐渐复苏、新的联邦主体领导选举制度及国家预算投资体系的建立,近些年来,在普京总统的倡导下,俄罗斯政府开始关注直接决定公民生活品质的领域,这些领域主要包括教育、卫生、农业和住房建设。为了解决这些领域中存在的问题,从2006年开始,俄罗斯开始推行《国家规划》,旨在提高俄罗斯公民的生活质量,这是投资于俄罗斯未来大规模的国家发展计划。目前,上述领域中正在分别实施名为《有质量的教育》、《健康》、《农业综合体的发展》、《普及而舒适的住房》四项规划。

《有质量的教育》作为国家规划的重要组成部分,其任务是促进教育质量的提升和教育的创新发展。2006年,俄罗斯教育科学部举办了"全国高等学校创新性教学计划竞赛",获胜者可得到几亿至十几亿卢布不等的资助。竞赛选出了17所优胜学校,其中有3所师范大学的创新性计划

教师掌握着改革的命运。由于日益加剧的人口危机,俄罗斯的中小学生数量正在逐年减少,这有可能导致中小学的裁减和教师的竞争上岗。教科部部长富尔先科提出,应该将最优秀的教师留在教学岗位上。他指出,目前教师这一职业的社会地位正在逐步提高,这也正是实施国家教育规划的成效之一。评选优秀中小学教师和班主任的活动正是国家教育规划的一个项目,旨在激励中小学教师和班主任的职业积极性,吸引他们加入教学现代化进程中来。

评选优秀教师是俄实施《国家教育规划》以来对中小学生产生直接影

第四章　21世纪初俄罗斯师范教育现代化的制度安排

响的一件大事。评选工作十分严格和专业，获奖者可以获得一定数额的奖金。俄政府希望每年评选出1万名优秀中小学教师。由他们来带动身边其他教师，形成一支优秀的教师队伍。政府认为，优秀教师只要获得一定的资助，就能创造出比坐在办公室埋头研究教学方法的学者们更多的价值。但是，如何合理运用评选优秀教师这一机制来发掘学校的发展潜力是目前俄罗斯教育领域要解决的任务之一。教师进修体系如果不能把这些优秀教师"挖掘"出来并加以利用，就不是一个好的体系。师范大学也可以以这些优秀中小学教师为典范，让大学生，即未来的教师能学习这些优秀教师书育人的方法。《国家教育规划》框架内优秀中小学教师的评选办法，也应该成为各地方政府考核教育工作者的一个基础，这个评选办法应该是完全透明、客观的，同时还要兼顾社会上对教师劳动看法。在这种考核基础上有可能找到一个客观的（教师）行业劳酬分配办法，创建一个被社会承认的具有影响力的师范教育界。

《国家教育规划》的基础是通过竞争机制来评选优秀中小学和小学教师。教师业务进修提高的关键在于学习中小学和优秀教师的创新经验。创新经验不能仅以竞争机制来挖掘，还应从教学法研究奉身入手。教师进修过程中应该要吸收优秀中小学和中小学教师的经验，吸收在竞争中已被广泛认可的新的教学方法和技术手段。2006年俄罗斯评选出3000所优秀中小学和1万名优秀中小学教师，这3000所学校将成为全国中小学教育工作者的进修基地，而1万名优秀教师则将成为优秀教学法的传播者。

实施《国家教育规划》的目的是要吸引更多的青年专业人才加入到教师队伍中来，提高教育质量，加强中小学的德育工作。为了鼓励年轻人报考师范大学。俄教育部目前正计划两年后将师范大学生的助学金提高到国家最低生活水平。2006年，师范大学优等生的助学金比2005年提高40%。①

---

① 江燕：《俄罗斯教育现代化进程中师范教育的任务》，载《基础教育参考》2007年第10期。

第五章　俄罗斯师范教育政策调整的动因与策略

21世纪初，为适应社会转型的需要，俄罗斯制定并实施了师范教育现代化战略。近年来，基于对国情的复杂性及师范教育规律的认识，俄罗斯师范教育的政策做出新的调整。本章在分析政策调整动因的基础上，着重探讨当前俄罗斯师范教育发展的新策略及其措施。为回应社会转型的挑战，俄罗斯制定并实施了旨在促进师范教育转型的现代化战略，这一战略是通过教育部的法律文件《2001—2010年俄罗斯连续师范教育体系发展纲要》和《2010年前师范教育现代化发展纲要》加以表述的。通过对文本内容的分析，我们可以看出俄罗斯师范教育现代化战略的初衷即是通过师范教育体系的开放和师范教育内容的更新实现师范教育现代化的目标。

经过几年的实践，俄罗斯师范教育现代化战略的局限性和非系统性逐渐显露出来，阻碍着俄罗斯师范教育现代化的进程和战略目标的达成，为此俄罗斯师范教育政策也在不断地对师范教育现代化战略加以修正和调整。俄罗斯教育科学部在反思前一阶段教育政策问题的基础上，认识到最初制定的现代化纲要的严重不足，并且承认有必要从完善纲要的内容和结构、教育技术、教育过程的质量管理、制度改革方面采取一些重大的补充措施。2006年，俄联邦教育发展国家委员会发布了对于俄罗斯教育现代化具有重大意义的报告——《教育的创新发展是提高俄罗斯竞争力的基础》（以下简称《报告》），《报告》对师范教育现代化问题给予了高度关注，专门设有一章"师范教育体系的根本现代化"阐述当前俄罗斯师范教育改革中存在的问题并提出了解决问题的必要措施。这个报告是我们分析

第五章 俄罗斯师范教育政策调整的动因与策略

当前俄罗斯师范教育政策的重要依据。对于俄罗斯师范教育这一新的发展趋势的研究可能有助于反思我国的教师教育改革和教育政策的选择。

一、俄罗斯师范教育政策调整的动因分析

一般而言，师范教育政策的调整应当依据对教育改革中存在的问题的判断及对师范教育规律的认识更新。下面我们就从这两个方面来探讨俄罗斯师范教育政策调整的原因。

1. 俄罗斯师范教育存在的内在矛盾分析

与世纪之交的社会背景相比较而言，俄罗斯当前的政治及社会经济状况发生了重大的改变，培养新型教师成为深化教育改革的迫切任务。虽然俄罗斯教育现代化战略克服了 20 世纪 90 年代的教育危机，但师范教育仍然是教育系统中最"薄弱的环节"。《报告》认为当前师范教育存在着以下三个方面的问题。

一是师范教育没有取得其应有的社会和经济效益。俄罗斯历史上形成的师范学院客观上扮演了文科院校的角色，毕业生不仅有教师，还有国家、职业联盟、社会政治和其他结构需要的其他社会人文专业人才。俄罗斯教育部部长富尔先科认为，目前俄罗斯师范学校中存在一种"古怪"现象，不少师范大学里都开设了很多非师范专业，这种情况应该得到改变；① 此外，培养的大多数毕业生是靠预算资金学习但却不到中小学工作，仅 2003 年中、高师培养的"多余的小学教师"人数达到 19282 人，培养费每年按 577 美元计算，相当于浪费 1000 多万美元，这些问题使师范大学不论是在就业方面，还是从国家财政拨款收益方面都特别低效。②

二是师范教育的"大学化"、"综合化"改革弱化了师范教育质量。俄罗斯教育界和学术界在系统分析和深刻反思的基础上，对师范教育"综合化"和"大学化"改革所导致的师范教育优秀传统的丧失和师范教育弱化

---

① 江燕：《俄罗斯教育现代化进程中师范教育的任务》，载《基础教育参考》2007 年第 10 期。

② Н. Г. Калинникова, Итоги реализации Программы модернизации педагогического образования и основные направления на 2004 год. http://www.eduhmao.ru/info/1/3692/23114/

等问题进行了理性的批判和矫正。其中,《报告》认为20世纪90年代开始的师范教育的"大学化"、"综合化"改革加剧了师范院校办学目标、教育活动内容和形式之间的矛盾,从而导致如下后果:非师范的、应景专业(法律、经济、管理等培养水平特别低的专业)的增加;原有师范教育的削弱,独立师范教育机构数量的减少(师范大学由原来的105所缩减到76所)。①《报告》还认为师范大学的小团体利益造成了毕业生数量的过剩,而且师范大学没有集中精力解决好培养符合社会和俄罗斯各级各类教育需要的新型教师的任务。

三是师范教育没有承担起培养基础教育需要的新型教师的责任。俄罗斯多元化的基础教育改革对教师角色和教师的职能提出了新的要求。基础教育类型的多样化需要师范教育提供各种类型的教师,诸如社会教师、心理教师、咨询教师、医生教师、幼儿园和社会康复中心教师、特殊教育教师、天才儿童教师等。其次,俄罗斯高中实行的侧重专业式教学改革,对师范教育的层次和人才培养模式均提出了更高的要求。此外,俄罗斯农村教师在师资数量和质量方面都存在资源短缺的问题。《报告》指出,师范教育改革应当走在基础教育改革的前面,但目前没有做到。到现在为止,师范大学基本上仍继续为明天的学校复制昨天的教师。

2. 师范教育政策调整的认识论基础

俄罗斯师范教育改革一直是在关于师范教育的本质规律的探讨和争论中进行的,近年来俄罗斯对于师范教育的战略地位、功能和师资培养模式进行了深入系统的理论研究并给予了新的诠释,为当前师范教育政策调整提供了丰富的理论源泉和依据。

一是强调师范教育的国家安全战略地位。21世纪初,俄罗斯就将师范教育置于优先发展的战略地位。2006年,《报告》强调教育现代化的步伐不仅不能放慢,必须在2010年前实现前期提出的现代化任务。同时,提出了更高的目标:走向国内教育发展的新视界并保障其具有世界水平的竞争力,并将师范教育置于影响国家安全的重要战略地位。有学者认为:

---

① В. Л. Матросов, Модернизация высшей педагогической школы [J], Педагогика, 2006, №10. С. 56—58.

第五章　俄罗斯师范教育政策调整的动因与策略

"师范教育具有多样化社会组织活动的特点，未来社会发展的前景取决于师范教育的成就。师范教育在很大程度上决定着国家的安全。"① 在强调师范教育战略地位的基础上，保留和继承传统师范教育体系的观点逐渐成为主流声音，正如俄罗斯国立师范大学教育学教研室主任 А. П. 特利亚皮岑娜教授："谁都不会怀疑师范教育在解决国家、社会和人本身发展任务的特殊重要性。显然，在现代条件下应提升师范教育作为独立的职业教育形式的意义，这也是俄罗斯联邦教育改革的根本所在。"②

二是达成师范教育的"非市场化"社会共识。俄罗斯最初的教育改革方案多出自主张教育市场化的经济专家之手，改革设计是建立在教育服务的消费者等市场逻辑基础上。俄罗斯教育改革的市场化取向导致了教育改革过程中的教育传统被摧毁、教育国家责任的缺失等消极后果，主要反映在德育体系被摧毁、社会教育中的儿童、青少年休闲组织被破坏等方面。近年来，在反思前期改革的过程中，教育的"非市场化"主张得到俄罗斯社会的广泛认同，并提出"按照文化模式构建新的师范教育，因为现行的师范教育体制不能保证把毕业生朝着有利于儿童德育的方向培养。师范院校缺少德育必需的环境：缺少人道主义的文化环境，缺少丰富的教育情节，德育组织遭到破坏尚未恢复，缺少职业培训所必须的内容和反思的空间等。未来的教师实际上不与儿童们交流，不与自己的老师们探讨道德精神方面的教育问题。因此，师范院校面临着转型：或者转向实践取向的教育模式，它的中心是教育者的教学工作；或者在师范大学毕业后研究并实行专门的教学大纲，其目的是朝着儿童道德精神方面的教育方向培训教师"③。

三是突出俄罗斯师范教育的继承性、专业性和独立性特征。近年来，俄罗斯在肯定师范教育的优秀历史传统基础上，注重继承和发扬教育理论研究与实践相结合，突出教师培养的教学－德育性，重视未来教师培养的

---

① Е. В. Пискунова, Изменения в профессиональной деятельности учителя как ориентир изменений в педагогическом образовании [С], СПБ.：Герцена, 2005. С. 233.

② А. П. Тряпицына, Социальная роль кафедр педагогики на современном этапе развития отечественного образования [J], Известия Российской академии образования. 2006. №3. С52.

③ 杜岩岩、王德武：《俄罗斯德育的反危机策略》，载《中国德育》2007 年第 11 期。

实践环节等有益的经验。此外，在教师专业化和师范教育人文化理论的指导下，俄罗斯将师范教育视为特殊的职业教育类型，明确了个体本位的教师教育观和师资培养的能力范式。有俄罗斯教育专家认为，提高教师培养培训质量的核心仍在于真正认识教师培养过程的特殊性，教师职业工作的特殊性（与微妙的孩子们打交道，这不仅需要渊博的知识和职业技巧，还需要很高的人文素质），教师工作面向的特殊性（是所有社会阶层和所有居民活动中的每一个家庭、每一个个人的服务者，中小学学校体系是社会生活中最大众的、责任最大的、最费力的部分）。[①] 实践证明，俄罗斯师范教育体系的开放并没有提升教师培养的质量，师范院校在教师培养中的经验和贡献具有不可替代性。为此，俄罗斯师范大学校长联合向教育部建议，要保护和发展师范教育体系，不允许擅自取消与超越师范大学的专业特色。

二、俄罗斯师范教育政策调整的基本策略

近年来，基于上述改革中存在的问题和对师范教育基本规律的重新认识，俄罗斯政府对世纪之初制定的师范教育现代化战略进行了及时的调整，积极引导师范教育的改革发展。当前俄罗斯师范教育政策调整的基本策略：在师范教育体系上，稳妥推进，保持体系的相对稳定性；在师范教育管理体制上，注重发挥社会组织的作用，引进公共管理原则；注重人才培养模式创新，向能力范式转型；关注教师继续教育和职后培训，构建终身师范教育体系。同时，俄罗斯还采取了一系列促进"师范教育根本现代化"措施。

1. 师范院校的保留与复归

在连续师范教育体系下，俄罗斯各级师范教育主体积极互动合作，并具有系统性特点。至 2004 年，俄罗斯中师和师范专科体系仍有 345 个师范教育机构，其中包括 254 个师专（占 74%），学生总数 20.4 万人，设置 20 个专业，绝大多数隶属于地方政府，9 个师专隶属于师范大学。俄

---

① 朱小蔓：《20—21 世纪之交中俄教育改革比较》，教育科学出版社 2006 年版，第 405—406 页。

第五章 俄罗斯师范教育政策调整的动因与策略

罗斯的中等师范教育机构多为所在区域的文化中心,具有浓郁的地方和民族特色,更多地继承了俄罗斯师范教育的优秀传统。中师与师范大学的合作互动也是打造连续师范教育体系、保障师资培养质量的重要机制。目前,双方主要在制定相互衔接的教学大纲和教育内容、提高中师教师能力、科学研究合作和出版等方面保持着密切的合作。

针对师范教育"综合化"导致的师范教育的薄弱化和边缘化趋势,《报告》提出保持稳定师范教育体系,保留和恢复部分师范院校的主张:

——将现有师范大学划分为两种类型:将培养大量国家和学校必需的各种专业师资的院校更名为师范学院或将其作为教育系纳入到综合大学;创建一批联邦层面的师范大学,其主要任务是保障教育,包括促进师范教育的创新发展,推动教育科学与教育实践的一体化,从事科研-方法的研究和教育研发,为师范教育机构培养师资;

——将继续培养非师范专业学生的学院从师范大学中独立出来或并入综合大学;

——上述师范学院的区分应符合师范教育内容和实施的现代需要,并且要针对人口状况和地区特点,由隶属联邦政府的国家-社会职业委员会独立指导下完成。地区师范学校和师专也按类似程序进行,为此,将创建独立的联邦主体领导下的独立的国家-社会职业委员会。

2006年6月,在俄罗斯师范大学校长会议上,代表们一致认为,针对俄罗斯师范教育的传统和现实条件,必须保留联邦直属的区域师范大学,并以此作为解决师资,尤其是培养农村教师问题的有效保障。俄罗斯的学术界和师范大学一致认为教师的专门培养体系必须恢复。近年来,在陶里亚蒂、索契、库班、苏尔古特等地区成立了新的师范学院,莫斯科也创建了新的地方师范学院,而且在莫斯科大学创建了师范教育系,专门培养大学教师。

2. 发挥非政府组织的作用,创建师范教育的国家-社会管理体系

俄罗斯社会和经济的转型要求彻底改变教育领域的行业性管理。在俄罗斯师范教育现代化过程中,非政府组织的作用日益增强,为师范教育改

革提供了组织保障。目前,在俄罗斯师范教育领域中发挥重要作用的社会组织包括师范教育委员会、师范大学教学法联合体和教学法联合体的协调委员会、师范大学校长联合会等。有俄罗斯学者认为,管理领域社会成分的增加与学校自治权力的扩展的联系非常明显。①

师范大学教学教法联合体(УМО)是由全国师范大学相同专业的著名学者和教学经验丰富的教师代表组成,对于组织、领导、监控及评估本专业的教育教学活动享有绝对的权利。尤其在师范教育的转型时期,УМО在研究制定师范教育发展战略、研制师范教育标准、推广教学经验、提升人才培养质量、保障国家师范教育政策的实施等方面发挥了重要的作用。

2006 年的俄罗斯师范大学校长会议高度评价了各类国家-社会组织在师范教育改革中的重要作用,认为这些组织的活动促进了师范教育管理文化水平提高,改善了管理机构的效能,而且使这些组织的活动呈现出民主化的发展态势。校长们还提出将组建由用人单位、政府代表和教育消费者组成的师范大学发展联合会的建议。

3. 创新人才培养模式,突出师范教育的人文性、专业性和实践性取向

教育,其中包括师范教育,在传统术语中被理解为知识、经验和理解的结合。近年来,职业取向的能力范式成为俄罗斯高等教育转型的新趋势,并被视为是一种符合俄罗斯传统教育价值观(教育要帮助学生去了解世界科学的发展情况、领略人类的精神特质并具有社会参与积极性)的教育观念。能力范式的人才培养改革成为师范教育现代化的方向之一,并将在第三代师范教育国家标准中加以体现。俄罗斯学者 Ч. Н. 彼得洛夫娜认为:"能力是一个有益的范畴,为毕业生职业活动和质量评价指标的提出提供了可能性。大学可以保障毕业生的职业准备和能力,但却不能形成在长期劳动活动中才能实现的职业化。选择能力的重要原因是这个范畴可

---

① Общественное участие в управлении школой. Школьные советы [C], М.:Альянс Пресс, 2004. С. 14.

第五章 俄罗斯师范教育政策调整的动因与策略

以将量的分析和质的评价结构化，甚至是明确个体发展的方向。"[①] 能力范式要求未来教师从掌握专门的职业知识转向在师范教育过程中发展未来教师的职业能力，强调培养学生的自我确定，会解决职业任务，会评价自己的教育职业活动的能力。

通过增加人文课程和实践环节的比重来提高师范教育质量，《报告》指出在研制第三代高等师范教育国家标准时应当注意：切实提高教育心理学、哲学－文化学和生理卫生学学科在课程体系中的比重（如培养地理教师的专业，在课程设置上有一般职业课程系列，其中，医学基础72学时，解剖学、卫生学、生理学共72学时，生命安全保护72学时）；更加强调实践取向的教学，制定"大学生教育实践条例"，培养学生在掌握教学的、德育的、组织实施的、设计的、心理咨询工作的和交际的工艺基础上的创新能力；为更全面地满足普通学校（尤其是农村和郊区学校）的需求和提高优质教育的普及性，按照主要学科与补充学科（按照学生的意愿允许选择1－2门）相结合的原则培养未来的中学教师；初等学校教师培养除主要课程的内容和教学法培养之外，还要按照音乐、美术、戏剧、技术、应用和民间创作方向选择至少1－2个专业；实施俄语和至少一门外语的语言教育；加强民族文化和语言领域的教师培养；实现全方位的计算机的、信息－多媒体技术及数据库的应用教育；在所有的师范教育机构创建相应的物质技术设施。

4. 创新师范教育的培养和评价方式，提高人才培养质量

师范教育组织形式的创新是师范教育现代化的根本保障，旨在通过改变教学实施过程，为学生实现个性化教育路径创造条件。现代教育过程实施的基本条件是大学生参与形成个性化的教学计划，同时要求保证教学过程的完整方法，开放的信息环境，采用学分计算课时量和分数－成就评价体系，保证大学生参与个性化教学计划的形成。在俄罗斯师范教育改革过程中十分强调大学生的独立自主研究，在这一过程中促进未来教师的个性和职业的成长。鼓励大学生积极参与各种科研活动和科研项目，促进未来

---

① Ч. Н. Петровна, Обеспечение качества подготовки инженеров в Рыночных условиях на основе конмпетентностного подхода [C], Красноярк. 2007. C. 3.

教师研究能力的形成，并培养大学生在专业学校开展研究性教学。俄罗斯教学实施中最成功的方式就是模块化教学，为大学生个性化教育路径的实现提供了无限的可能性。同时注重"认知观的开放性"，突出主体在认识事物中的思维的选择性和多样性。此外，变革评价方式，采用客观评价（测试）和主观评价（档案袋是学生成果证明的综合）两种方式对毕业生进行评价。

为保障师范教育的有效实施，《报告》还强调了以下几个方面的措施：新的四年制师范教育标准的掌握；将年度必需的教育实践（进修）作为国家考试的内容，包括关于教育实践中反思教育活动的技能工作报告的撰写和答辩；为满足区域需求及有效教育实践的组织实施，在师范大学创建基础教育创新和资源方法中心；为具有非师范高等教育的人提供从教的可能，在师范大学进行师范教育的资格鉴定。

5. 更新教师继续教育机制，完善终身师范教育教育体系

适应社会经济、信息技术的变化、知识更新速度的加快和终身师范教育对教师职后教育提出的新的较高要求，俄罗斯把完善终身教师教育体系作为提高教师素质和专业化水平的重要途径。俄罗斯规定每个中小学教师每5年拥有256学时进修的权利，可以自由选择进修的机构和课程模块。《报告》强调发展多种多样、多层次的师范教育，以此保障教育创新发展所需的教师培养的专业化和个性化目标；打通教师进修和继续教育体系；在创新教育机构的基础上形成终身师范教育网络体系；授予教师进修学院协调补充师范教育计划网络和区域教育创新发展资源中心的职能；为吸引优秀青年进入教师行列，尤其是满足学校对于新专业师资的需求，创建教师资格认证体系；实施人性化的进修和继续教育拨款方式，赋予教师教育计划的选择权，在职业能力诊断、个性化选择和国家需求基础上引进竞争机制。

6. 实施第三代高等师范教育国家标准，促进人才培养模式转型

2011年，俄罗斯开始实施《第三代师范教育国家标准》（以下简称《标准》），对高等师范教育目标、教师职业活动特点、基础教育大纲内容

第五章　俄罗斯师范教育政策调整的动因与策略

结构和实施条件提出了新的要求和规定，要求大学生必须修满 240 学分才能授予学士学位。《标准》充分体现了能力本位师范教育理念，从普通文化能力（16 种）、基本职业能力（6 种）和职业能力（11 种）三个纬度对师范毕业生应具备的综合能力提出了具体要求和评价依据。《标准》提出师范毕业生培养任务分为两种职业类型活动：一是教育教学活动的任务，主要包括根据究学生的天赋、个性化需求和学业成就，制定个性化的教学、培养和发展路线；根据学生年龄特点，开展教学德育工作；能够与社会组织、同行、儿童集体和家长之间进行互动；要充分利用信息技术，保障教育质量；实现职业自我教育和个性成长，合理规划职业生涯。二是文化—教育活动领域的职业任务，包括研究儿童和成年人的文化教育需求；组织拓展文化空间；为各种社会群体制定和实施文化教育大纲；在社会中普及和推广职业知识。俄联邦《第三代师范教育国家标准》要求构建能力本位的教师培养观念，建立毕业生能力评价指标体系，更新教育大纲和完善模块导向的课程体系，为师范教育向能力范式转型提供了法律依据。

第六章　俄罗斯师范教育现代化再出发：
方向与措施

经过二十余年的改革探索，当前俄罗斯师范教育现代化进程受阻，一方面，由于教师职业声望下降和传统培养模式局限，导致未来教师能力不足，无法满足基础教育需要；另一方面，由于封闭单一的教育体制困境无法突破。为此，俄罗斯教育与科学部实施了旨在提高教师培养质量的师范教育现代化工程，并通过引入全纳教育理念，更新教育内容和实践环节，创新体制机制等措施推进师范教育现代化的进程。基于此，2014 年 5 月，俄罗斯教育与科学部发布了《关于提高普通教育机构师资职业水平综合纲要的构想》，在此框架下提出了包括《师范教育现代化纲要》在内的四个子项目。本章将以此来考察俄罗斯师范教育现代化新进展，以期为我国师范教育改革提供借鉴。

一、当前俄罗斯师范教育面临的新挑战

1. 教师职业社会声望下降导致优质生源危机

近年来，由于工资收入低、劳动强度大、职业生涯发展空间有限等原因造成俄罗斯教师职业威望不断下降，对优秀高中毕业生吸引力显著降低。从 2012—2013 年大学招生质量分析报告可以看出，师范专业录取分数明显低于其他更具社会吸引力的专业。[①] 一项在沃罗涅日市第 18 中学

---

① Совместный проект НИУ《Высшая школа экономики》и РИА Новости《Общественный контроль за процедурами приема в вузы как условие обеспечения равного доступа к образованию》，2013 год [EB/OL]，URL：http：//www.hse.ru/ege/second _ section2013（дата обра－щения：09.10.2014）．

第六章　俄罗斯师范教育现代化再出发：方向与措施

5—11年级学生中开展的关于未来专业选择的问卷调查结果显示，没有一个学生愿意选择教师职业。① 有更详细的数据分析表明，教师职业社会吸引力低是俄罗斯教师职业"双重消极选拔"趋势的最重要影响因素。② "双重消极选拔"突出表现在师范专业优秀生源不足和师范大学优秀毕业生不选择教师职业。近年来，虽然莫斯科等地区教师收入提高，使师范专业报考人数有所上升，但与其他有竞争优势专业相比录取分数差距依然存在。③

2. 师范教育质量效益低下导致社会信任危机

俄罗斯师范教育改革使教师培养体系、教育内容和教学条件都有了很大的改善，但仍是教育系统中最薄弱环节，存在着巨大的社会信任危机。俄罗斯师范教育社会经济指数显示出，师范院校毕业生在劳动力市场声誉和竞争力较低，培养的教师不能满足新型教育需要。前教育部长富尔先科认为："师范教育已经成为教育改革障碍。"④ 俄罗斯现有师范教育专业的大学共有167所，其中师范大学47所。2012年俄罗斯教育与科学部对高等教育机构的监测数据表明，71.43％的师范大学属于绩效不佳教育机构。⑤

俄罗斯社会各界普遍认为师范教育低效的一个重要表征，就是师范生不从事教师职业，浪费了大量的国家预算和教育资源。有调查显示，很多师范大学的优秀毕业生放弃教师职业，通过获取第二专业就业的现象很普

---

① А. Н. Тимофеев, Проблемам педагогического образования современный этап [J], // Педагогика. 2012. № 1. С. 90.

② А. Г. Каспржак, Институциональные тупики российской системы подготовки учителей // Вопросы образования. 2013. № 4. С. 261.

③ С. В. Весманов, Д. С. Весманов, Н. В. Жадько, Акопян Г. А., Подготовка педагогов в исследовательской магистратуре: опыт Московского городского педагогического университета [J], //Психологическая наука и образование, 2014. Т. 19. № 3. С.161.

④ Светлана руденко: Тормоз реформ — педагогическое образование? [N] // Учительская газета. № 5. 01февраля2011. С. 4.

⑤ С. В. Весманов, Д. С. Весманов, Н. В. Жадько, Г. А. Акопян, Подготовка педагогов в исследовательской магистратуре: опыт Московского городского педагогического университета [J]. //Психологическая наука и образование，2014. Т. 19. № 3. С.161.

遍，仅有10%－20%的师范毕业生到中小学就业。① 还有调查显示，大多数中小学管理者对教师培养质量不满意，认为师范毕业生在对创新活动的准备、与天才儿童和有特殊需要儿童打交道、与校外多元主体互动等方面的能力不足。②

3. 传统知识范式导致师范生现代教育教学能力危机

从十余年 TIMSS 和 PISA 测验数据来看，俄罗斯中小学生阅读能力和基础知识掌握能力较好，但在运用知识解决实际问题的能力水平不高。③ 这说明俄罗斯中小学教师在向学生传授大量知识的同时，对学生走出教学情境解决问题的能力关注不够。这也反映出俄罗斯中小学教师一直延续着师范大学秉持的知识本位教学观念，缺乏对学生进行知识应用和创新培养。俄罗斯学者宾斯基认为，目前大多数教师仍在传统的知识范式中工作。④ 教育实践不足和科研训练缺乏都是造成师范生教育教学能力不足的重要原因。

近年来，由于俄罗斯人口状况的改善，学生人数增长造成学前和小学规模扩张。与此同时，教育环境分化日趋显著。从全纳教育发展看，俄罗斯学校和班级均质化趋势更加明显，学生各种不适应明显增加。俄罗斯教科院一项研究表明，近十年，教师所处的社会环境和儿童心理生理状况都发生了急剧变化。具体表现在儿童的批判性、思维反应速度、意志品质都有所下降；情绪冲突、动作和运动机能不发达人数在上升；25%的小学生属于无社会能力群体；出现了认知过程和活动的屏幕刺激依赖；儿童对课文理解能力下降。目前，学校大多数学生有情绪易激动问题，心理疾病增加。同时，出现更多个性、智力、艺术和体育方面的天才儿童。这些都要求教师要有新知识、有教育心理方面的经验、有与天才儿童和越轨儿童打

---

① А. Н. Тимофеев，Проблемам педагогического образования современный этап [J]，// ПедагогикаС. 90. 2012. . № 1. С. 91.

② "Круглый стол" в ВГСПУ：Педагогическая деятельность и педагогчиеское образование в инновационном обществе [J]. // Педагогика. 2014. № 2. С. 87.

③ Первые результаты международной программы PISA－2009. [EB/OL]，Материалы для обсуждения // ИСМО РАО，2010. URL：http: //www.direktor.ru/upload/pisa _ 2009 _ short _ report. pdf（дата обращения：15.09.2014）．

④ А. А. Пинский，Образование свободы и несвободы в образовании [M]，M.，2001. С. 9.

第六章 俄罗斯师范教育现代化再出发：方向与措施

交道的能力。① 综上，教育环境和教育对象的现代性表征都对教师的全纳教育能力提出了新挑战。

4. 现行教育大纲与教师职业教育标准之间存在割裂

俄罗斯现行师范教育大纲是根据 2010 年颁布的第三代师范教育国家标准研制的，与 2013 年颁布的《教师职业标准》缺乏有机联系，这意味着教育大纲规定的毕业生能力清单与教师职业标准列举的能力目录不相符。《师范教育现代化纲要》提出研制新教育大纲应依据新教师职业标准和普通教育国家标准。

《师范教育现代化纲要》认为俄罗斯多数师范毕业生职业能力不符合教师职业标准和普通教育国家标准要求，特别是运用多学科方法和个性化风格解决教育问题的能力、与特殊教育需求儿童打交道能力不足。新教师职业标准对教师职业能力提出了 50 多条要求，其中最关键的是会学习能力和教会儿童学习能力。这就要求更新教师培养的内容和技术，改变所有参与教育活动主体包括联邦、地区和家庭的角色和关系。

二、俄罗斯《师范教育现代化纲要》框架内容

1. 目标与任务

《师范教育现代化纲要》明确提出了 2014—2017 年俄罗斯师范教育改革的目标和任务。目标是保障职业教育机构和高等教育机构师资培养符合教师职业标准和联邦普通教育国家标准的要求。主要任务包括依据 2013 年颁布的《教师职业标准》，按照"教育与教育科学"新的培养方向，修订联邦高等师范教育国家标准和基础教育大纲的内容，更新教学技术；审定新的联邦国家教育标准和基础教育大纲，并确保 2020 年前在开设"教育与教育科学"专业和培养方向的高等教育机构推广实施。

2. 组织实施

《师范教育现代化纲要》由俄罗斯教育与科学部牵头，项目的组织协

---

① И. И. Соколова, Педагогическое образование: вызовы современности [J], //Педагогика, No 5. 2010. С. 24.

调由莫斯科教育心理大学负责，俄罗斯高等经济学院负责师范类研究生教学内容和技术更新，包括综合大学在内的35所大学参与其中。目前，教育与科学部已拨款2.4亿卢布用于该项目的实施。项目于2013年启动，分两个阶段实施：第一阶段（2014－2015年）在17－25所大学进行试点，研究新的培养模式和大纲；第二阶段（2016－2017年），应用推广新的培养模式和技术。《师范教育现代化纲要》通过三个重点项目加以推进，2014年4－6月俄罗斯教育与科学部采取公开竞争的方式进行项目招标，20所大学通过竞争获得项目立项。三个重点项目包括：项目1：强化实践导向。研究和审定符合新职业标准的关于教育学士的基础教育大纲，建立大学－中小学合作机制，提高未来教师培养的实践性，组织专门实习。项目2：可变的培养方案。师范大学研究和审订宽泛的学士大纲，针对有教师职业动机的优秀大学生；研究和审定非师范专业学士结束二、三年级课程后的进行师范专业培养的模式。项目3：构建专门高技能人才培养保障体系。研究和审定培养教学法教师的学术型硕士大纲；研究和审定应用型硕士在教育机构全面长期实习大纲。

3. 成果预期

《师范教育现代化纲要》拟用3年时间达成如下预期：促进试点学校及合作单位教师培养大纲的现代化，并在这些学校开展毕业生质量独立评价；形成教育大纲研发团队；向所有师资培养机构开放课程模块。项目完成应符合教师职业标准和普通教育国家标准要求，使7个联邦区19所大学"教育与教育科学"3个培养方向15个师资培养大纲更加现代化，创建和审定在大学与其他教育机构网络互动新模式基础上的50余个强化实践方向的现代教学模块。选取2000名大学生按照新模块进行学习，对参与项目的大学教师进行校本和校际培训。创建"联邦师范教育"门户网站，确保新教学大纲在其他大学推广和应用。保障在开设师范专业大学间开展大学生学术交流以及合作研发应用教育模块。研究审定新一代师范教育国家标准的建议。

三、俄罗斯师范教育现代化的新进展

1. 在职业标准和教育大纲中体现全纳教育理念

将全纳教育的基本理念引入师范教育,是俄罗斯师范教育现代化的一个新趋势。全纳教育强调保护和尊重所有学习者平等接受教育的权利,满足学习者差异化和多样性需求。俄罗斯新的教师职业标准对教师全纳教育能力提出了明确要求,在教师教学职能中提出应具备"使用和采取特殊的教学方法,将所有学生纳入到教育过程中,包括俄语非母语和残障儿童等特殊教育需求的群体"的能力;在教师德育职能中应具备"建构考虑儿童文化差异,性别年龄和个性特点的德育活动"的能力;在教师发展活动职能中应具备"掌握和应用与各种受限儿童打交道必需的教育心理学技术(包括全纳技术),包括天才儿童、处境不利儿童、失去劳动生活能力儿童、移民子女,还有特殊教育需求儿童(自闭症、统觉失调症、身体残障、行为偏差和依赖症等等)"。同时,教师要掌握职业宗旨:给予任何儿童帮助,不取决于其学习基础、行为特点和身心健康情况。研究和实施个性化的教育路径、适合学生个性年龄特点的个性化发展计划和个性本位的教育计划。《师范教育现代化纲要》也明确提出培养未来教师的全纳教育能力,掌握与特殊儿童打交道的知识、技能和技巧,并将在新的学士硕士培养基础教育大纲中体现全纳教育理念和原则。

2. 基于标准,向教师培养的能力范式转型

普通教育效能和竞争力的提升直接取决于教师职业水平。教师专业化是新的优质教育体系形成的重要保障,是儿童发展和成功社会化的关键条件。《俄联邦教育法》和联邦普通教育、学前教育国家标准明确提出教育机构长期发展目标:2022年前所有教育机构依据联邦教育国家标准向能力范式转型。

发展目标的重新定位要求教师培养内容和过程要有根本性变革,转向能力范式成为俄罗斯师范教育系统性变革的关键环节。教师培养的能力范式是对传统知识范式的颠覆,要求教师培养的内容、过程和结构进行更新,要形成从关注知识积累转向独立解决职业任务的技能,从而促进未来

教师个性化职业能力的形成。2010年实行的第三代师范教育国家标准从教师普通文化能力、一般职业能力和教师职业能力三个纬度对教师培养提出了三十余种能力要求。新教师职业标准则从教师的教学、德育和发展三大职能对教师应具备能力做出明确规定，更具操作性。

在能力范式框架下，研制符合教师职业标准和普通教育国家标准要求的基础教育大纲成为《师范教育现代化纲要》的主要任务。大纲分应用和学术两种类型。其中，应用型大纲（包括应用学士和教育硕士）旨在使培养结果与教师职业标准列举的职业能力一致；研究新的实践模式，包括与教育机构网络互动、实现大学－中小学合作、在教育机构开展长期和分散的教学生产实践；大纲设计的模块化原则，要求构建实践、理论和研究一体化课程体系；教师培养要采用活动课程的教学方式；与各级各类教育机构实施网络互动。学术型大纲要研究和审定师资培养的可选择模式，为非师范学生提供多样化教育路径。

3. 构建协同发展新机制，拓展师范教育实践和科研训练空间

《师范教育现代化纲要》提出建立新型师范教育网状互动空间，通过建立大学－中小学合作伙伴关系，拓展未来教师实践和科研训练空间，通过建立大学－大学、大学－社会新型合作关系，促进未来教师的联合培养、科研交流和毕业生就业。传统的俄罗斯师范教育大纲中没有将大学生实践环节和科研训练作为教学活动最核心要素，仅作为知识教学和理论检验的副产品。正如有学者所言："缺乏实践导向的教学，只能将未来教师培养成语言描述者。"[①] 还有学者指出，俄罗斯三代师范教育标准存在一个共同问题：没有积极地解决教育实践问题，实践的内容和方式方法成为辅助的次要的教学形式。[②]《师范教育现代化纲要》提出在新教师职业标准基础上重点强化实践能力发展，在活动课程基础上研究新的教育心理学、教育学和教学方法课程，增加在中小学实习时间，不少于总课时量的1/3；在大学－中小学合作体的网络互动中培养应用学士。大学生科研训

---

① А. А. Марголис: Проблемы и перспективы развития педагогического образования в РФ [J], Психологическая наука и образование, 2014, No 3. C. 51—53.

② А. А. Орлов: Модернизация педагогической подготовки студентов педвузов [J], Педагогика. 2010, No 5. C. 90.

练对形成个性化教师风格具有重要意义，《纲要》还强调在教育实践过程中加强科研训练，围绕教育教学和儿童发展现实问题开展小型科学研究。

4. 打破体制壁垒，促进师范教育体系开放

体制创新是师范教育内容和结构现代化的重要保障。《师范教育现代化纲要》提出要打破原有封闭单一的师范教育体系，建立多样化招生体制和多路径培养体制。创建高中师范预备体系，研究高中师范专业教学法，组织开展高中师范专业教师的培训进修，建立高中与培养师资大学的合作伙伴关系；增加师范生面试环节，改变单纯凭分数录取方式，研究面试的规程、内容和方法；创建中小学生教师职业定向体系，通过开展奥林匹克竞赛等形式选拔优秀师范生源。同时，《师范教育现代化纲要》还要求研制多样化的可选择的教育大纲，为非师范教育专业学生提供个性化培养路径，从而打破原有封闭单一的培养体系。具体措施包括在新的职业标准基础上开展技能测试，简化教师入职程序；师范大学可以针对性选拔优秀的非师范专业学生，进行定向培养；非师范专业学生从第三年开始可以选修师范专业；在新一代师范教育国家标准基础上，研究跨专业（普通人文专业＋教育学）学士大纲；研究和审定没有师范教育专业但有志从事教育职业学生适用的应用型硕士大纲。

第七章 俄罗斯教师培养模式现代化
——基于俄罗斯赫尔岑国立师范大学的个案分析

当前,俄罗斯师范教育正处在体制和范式的转型时期,社会的急剧变化和基础教育的快速发展对未来教师的专业知识和专业能力提出了更高的要求。为应对独立师范教育弱化和边缘化危机,俄罗斯赫尔岑国立师范大学重新审视师范教育的传统优势和现实问题,探索出新的教师培养模式和发展机制。研究俄罗斯师范教育的改革实践,对我国教师教育改革具有重要的借鉴意义。

一、俄罗斯师范大学面临的三重困境

1. 入口:教师职业威望低导致优质生源不足

近年来,由于教师职业声望不佳、工资收入整体水平较低和职业发展空间有限等原因,俄罗斯教师职业的竞争力和吸引力明显下降,出现了教师职业"双重消极选拔"趋势,突出表现在师范专业招生和就业两个环节。一方面,师范专业优秀生源不足,绝大多数考生不是出于热爱教师职业而报考。从大学入学分数可以看出,师范专业的平均分明显落后于其他更具社会影响力的专业。[①] 另一方面,很多师范大学的优秀毕业生放弃教师职业,通过获取第二专业就业的现象很普遍。有调查显示,仅有10%

---

① Совместный проект НИУ《Высшая школа экономики》и РИА Новости《Общественный контроль за процедурами приема в вузы как условие обеспечения равного доступа к образованию》, 2013 год [EB/OL], URL: http://www.hse.ru/ege/second_section2013.

第七章　俄罗斯教师培养模式现代化

—20%的师范毕业生到中小学就业。① 大学生选择师范专业的动机不足，毕业生从事教师职业的意愿不强，势必会降低师范教育的质量。

此外，教师职业定向体系的弱化也是造成优质生源流失的重要因素。苏联时代中学师资班体系全面解体后，俄罗斯基础学校尚未形成为有志从事教师职业的学生提供专门的教育路径，也没有系统的方式吸引学生从事志愿者、助教和服务低年级同学工作，失去了有效的优秀师资再生产的可能性。

2. 过程：传统的知识范式导致师范生职业能力缺失

从近年来国际 PISA 测验的结果可以看出，俄罗斯中学生知识运用的能力水平不高，说明俄罗斯的教学体系在保障学生大量的知识传授时，没能培养学生走出教学情境解决问题的能力。俄罗斯教科院发布的基础教育质量分析报告也认为，俄罗斯学生用跨学科知识解决生活问题的能力不足是由于课程目标特别僵化、学校课业与现实生活脱节等原因造成的。② 这也能反映出中小学教师苏联时代学科知识培养至上的思维定式根深蒂固，也凸显出俄罗斯师范教育知识范式向能力范式转型的迫切性。

俄罗斯师范教育大纲中没有将大学生实践环节作为教学活动的最核心要素，大多数作为知识教学和理论检验的副产品。实习基地不是作为教师职业活动及其能力训练的教育空间，而被大学视为"小兄弟、小伙伴"。正如有学者所言："缺乏实践导向的教学，只能将未来教师培养成语言描述者。"③

大学生科研训练对未来教师职业活动及个性化教师风格的形成具有重要意义。俄罗斯传统的师范教育大纲将大学生的科研活动作为理论教学活动的组成部分，现行的高等教育国家标准也没对大学生科研做出明确要求。有学者认为，俄罗斯三代师范教育标准都存在一个共同的问题：没有

---

① A. H. Тимофеев, Проблемам педагогического образования современный этап [J], Педагогика 2012, No 1. C. 90.

② Первые результаты международной программы PISA－2009, [EB/OL]: Материалы для обсуждения // ИСМО РАО, 2010. URL: http: //www.direktor.ru/upload/pisa_2009_short_report.pdf (дата обращения: 15.09.2014).

③ А. А. Марголис, Проблемы и перспективы развития педагогического образования в РФ [J], Психологическая наука и образование 2014. No 3. C. 51－53.

21世纪俄罗斯师范教育现代化的价值取向及制度安排研究

积极地解决教育实践问题,实践的内容和方式方法成为辅助的次要的教学形式。①

3. 出口:入职机制不健全导致师范毕业生流失

近年来,俄罗斯师范生在中小学就业比例偏低的问题已受到社会关注,也是指责师范教育效益低下的重要依据。缺乏师范生入职相应的约束机制和奖惩机制,国家预算体系下的师范生流失,造成教育资源的巨大浪费。有调查显示,部分一年级的师范生就开始找临时性工作,四年级工作人数大幅增加,五年级已有一半多大学生在工作。教师入职审查体系和竞争机制的缺失也是造成教师队伍质量下降的重要原因。俄罗斯教育法规定,师范生在获得毕业证书的同时就具备了职业技能资格,就可以到中小学任职。单一的培养渠道和教师资格认证体系的缺乏,不能建立有效的竞争机制,不能确保中小学选拔到最优秀的教师。青年教师入职指导和支持机制的不健全也是导致新教师流失的重要因素,教龄在2—5年的新教师流失现象也有所加剧。

二、能力本位教师培养模式的理论与实践探索

新的师范教育观念的实现和现代师范教育制度的有效性取决于师范教育的人才培养模式的变革。为进一步考察俄罗斯师范教育现代化的成效,我们选取了俄罗斯国立师范大学的人才培养方案,②旨在更完整深入地揭示初俄罗斯师范教育培养模式的现代化的特征。俄罗斯国立师范大学是一所具有200多年历史的专门从事教师培养的国立高等师范院校,在俄罗斯具有较高的社会声誉和学术威望,尤其是在教育学和心理学领域取得的非凡成就举世公认。俄罗斯赫尔岑国立师范大学(以下简称赫尔岑)创建于1797年,在其218年的发展历程中,始终处于师范教育变革创新的中心地位,是俄罗斯师范大学的领袖。俄罗斯国立师范大学是俄罗斯师范教育现代化理念和方法创新的策源地,在积极参与师范教育现代化的观念和制

---

① А. А. Орлов, Модернизация педагогической подготовки студентовпедвузов [J], Педагогика 2010. No 5. C. 90.

② Компетентностный подход в педагогическом образовании, СПБ. 2004, C6.

第七章 俄罗斯教师培养模式现代化

度的创新设计的同时,对教师培养模式的改革进行了深入的探索和实践。俄罗斯社会普遍认为,师范教育的创新发展已成为俄罗斯教育改革成功与否的关键。在师范教育价值取向和体制机制深刻变革的背景下,为破解当前的困境,俄罗斯国立师范大学从招考体制、课程设置、培养环节和就业机制等方面进行了一系列的改革创新,并取得了显著成效。

1. 培养目标重新定位

能力观是当前俄罗斯师范教育转型的重要策略。选择职业能力策略作为大学职业教育培养的基础,这就意味着必须重构教育内容,为学生选择和制定个别化教育路径、积极独立的教育活动、独立与准确评价的组合提供条件。在这一背景下,俄罗斯国立师范大学对师范教育的能力范式进行了系统的理论研究和积极的实践探索,实现了师范教育目标、内容、途径和方法的更新。

(1) 培养目标

能力本位的师范教育的基本特点就是职业培养过程的目标是为了获得解决职业教育问题的具体的(物质化的和主观的)结果。教师职业能力的形成作为职业培养目标的预期结果。

(2) 选择教学内容的原则

培养目标的重新定位要求培养内容的改变。俄罗斯师范大学在师范教育内容的变革中,提出了社会文化相适应性原则和实践取向原则,并认为新的原则更加充分考虑现代俄罗斯师范教育的现状,是由以下要素决定的:

第一,教师职业活动实施的社会文化条件,包括历史文化传统、具体区域的特点;

第二,现代科学发展中的专门知识和教育心理学知识综合化的趋势;

第三,雇主在市场研究的基础上确定有竞争能力的学校发展环境形成的规则,从而影响教育工作者的职业经验,促进经验的不断更新和丰富;

第四,普通教育的特点、矛盾和问题、试验—实验活动的前途方向、传统和革新的相互关系;

第五,孩子的内心世界、孩子的发展所处的充满矛盾的社会环境、孩子理解文化榜样和价值的特点、社会化和社会心理适应的机制、成长和克服年龄危机的阶段。

此外，精选师范教育内容的原则还包括：

——教育的人文化，首先要有自我教育和自修以及发展教育活动能力的可能性（该原则以教学材料的对话性为条件，旨在培养大学生的对比各种不同的观点、立场、思想）；

——教育的人道化，确定人学（教育学、心理学、文化学、哲学、职业学、论理学、美学、历史、文学、艺术等）范围内的知识一体化的趋势，表现在理论思考价值的论证以及个人职业的发展；

——教育的基础化，即围绕基本的教育学范畴集中教学材料和正在形成的经验，教育学基本范畴的掌握是解决职业教育问题所必需的，以及在通盘考虑全人类文明进化道路中世界教育－历史进程的基础上提出问题的构建内容；

——教育的历史主义，它以说明所研究过程的科学客观性、分析所研究的以具体历史时间为背景的现象和事实、把往事回顾和未来情况相结合为前提，它是以教育预测功能的一定的现实化和解决教育科学发展的现代问题为条件的；

——教育的补充性，它的特点是不同形式的教育知识——日常的、科学的和科学以外的（文学、艺术）知识的相互作用。

2. 教师培养模式向能力范式转型

2011年颁布的俄罗斯第三代联邦高等教育国家标准要求高校对教育过程进行根本性的变革，从知识范式向能力范式转型。从关注知识积累转向运用所学知识独立解决职业和生活任务的技能形成，从而促进大学生的个性和职业发展。现行的第三代师范教育国家标准将能力培养作为掌握教育大纲的结果要求，并从普通文化能力、普通职业能力和教师职业能力三个维度建构了师范生培养应具备的能力群。其中，普通文化能力指能够在职业活动中形成逻辑思维和表达能力、信息加工处理方法能力和外语交流能力等16种能力；普通职业能力指具有对未来从事职业的正确认知和职业动机的能力、能够运用所学理论和实践解决社会和职业任务的能力、基本的职业语言能力等6种能力；教师职业能力主要指能够按照教育教学大纲要求实施教学的能力、运用现代教育教学方法和信息技术开展有质量教

第七章 俄罗斯教师培养模式现代化

学的能力、积极引导学生社会化和职业选择的能力、与家长、同行和社会合作伙伴互动的能力等 11 项能力。

赫尔岑是俄罗斯最早开展能力本位人才培养模式理论研究和实践探索的院校,提出了教师职业能力发展理论,并研制出能力观指导下的教师培养目标、内容结构、实施策略和结果评价改革方案,为第三代师范教育国家标准的制定奠定了理论和实践基础。在第三代师范教育国家标准框架下赫尔岑重新修订了初等、基础和专业学校教师培养大纲。我们以初等教育专业教育大纲(学士)为例来考察教师培养模式的更新。

赫尔岑初等教育专业学制 4 年,需修满 240 学分。就业方向为公私立初等学校教师、各种类型文化教育机构和补充教育机构的教师。初等教育专业的培养目标:培养具有联邦初等教育国家标准要求的能力和适应社会快速变化的不断更新迁移知识的能力的现代教师。大纲的竞争优势:教育大纲的实施建立在互动教学技术、计算机网络教育资源、研究设计技术、先进的圣彼得堡学派的教育经验基础上,在教学过程使用圣彼得堡初等学校优秀教师工作室。学生有机会参与初等教育学与人的艺术发展教研室的科研活动,从事低龄儿童特点与初等教育问题研究。此外,大学生还有获得补充教育和硕士学习的机会。

培养目标的重新定位要求课程体系和教育内容的根本改变。赫尔岑在教育大纲更新中,依据社会文化相适应性原则和实践取向原则,并在继承教师职业活动的历史文化传统,顺应现代科学发展中的专门知识和教育心理学知识融合的趋势,在考虑区域教师就业市场特点、基础教育改革的需求及儿童社会化和社会心理适应机制的基础上,重构了有助于未来教师职业能力形成的课程结构和教学内容。

围绕未来教师的三组能力要求,赫尔岑初等教育专业建立了基础+模块的三级课程结构和必修+选修的多样化课程类型。针对普通文化能力的培养,初等教育专业开设了人文社会科学和经济类课程,其中,必修课有历史、哲学、语言文化和教育经济学,选修包括冲突学、冲突管理、家庭哲学和家庭人类学、交往理论与实践、伦理学、儿童社会保障、儿童权利和儿童工作伦理学。针对普通职业能力,开设了数学和自然科学类课程,其中,必修课有信息技术、信息数学加工基础和自然科学世界,选修课有计算机实践、在教学过程中使用现代计算机和多媒体技术。针对教师职业能力开设了职业类课程，必修课有心理学、教育学、生命活动安全、初等教育的教学和德育方法，选修课由24个模块构成，诸如"儿童艺术教育的理论基础"模块、"初等教育的社会文化基础"模块、"儿童文学与文本分析"模块、"低年级数学课程的理论基础"模块、"小学阶段艺术教育和美育策略"模块、"低年级学生的语言教育"模块和"'周围世界'主题材料的研究和教授方法"和"健康生活方式的基础"等等。

3. 强化师范教育的实践和科研导向

赫尔岑初等教育专业教学大纲中还对教育实践环节做出了明确的规定。教育实践环节包括教学实习（10周，三年级上2周＋四年级上8周）、生产实习（10周，三年级下4周＋四年级下6周）、科学研究和暑期实习四个方面的实践活动。

教学大纲规定了实践环节的内容、时间期限、学分和具体的实践基地（№300初等学校、№534初等学校、49中学、540中学、2中）。暑期实习也是教学生产实践的重要环节，2013年赫尔岑积极纳入圣彼得堡政府关于儿童康复夏令营计划，300多名师范生在营地进行了生产实践，2014年有600多位师范生参与此项计划。为提高大学生参与夏令营实践活动的技能，专门在全校开设了"夏令营实践准备"课程。作为实践总结的重要成果，学生们认为"意识到教育经验对于职业形成的价值"，甚至是"在儿童康复夏令营形成了对待教育活动的积极态度"。

大学生科研也是教学生产实践的重要环节。近年来，赫尔岑将支持和发展大学生科研创新活动作为大学战略任务。重视激励大学生科研创新活动，包括支持学生发表学术论文、选拔竞赛优胜者参与不同层次的科研项目；系统开展一系列的科研竞赛，诸如"大学生课程教法与教育学科研创新大赛"、"大学生－研究者－教师"校际学术报告大赛、"青年学者科学研究大赛"等等。此外，还开展学术交流、科研基金和发表论文等方面的竞赛，支持大学生和研究生从事科学研究活动。仅2013年3700次大学生学术报告；786篇学术论文入选学术会议；参与科研项目大学生从2012年232人增加到540人。7人获得校论文基金，6人获圣彼得堡大学生科研竞赛的优胜者。4个项目导师获俄罗斯青年项目竞赛优胜者和基金支持。支持大学生学术交流是大学发展和提高学术排名的重要条件，2013年160名大学生与20多个国家的大学和机构进行的多种形式的学术交流。

三、创新体制机制，保障教师培养质量

1. 实施个性化的培养路径

个性化师范教育观的确立，要求未来教师在培养过程"体验"设计职业活动中必需的教育情境；未来教师应当在他的独立性、积极性和责任感中获得教育。

俄罗斯国立师范大学实施的多阶段的教学体系，是其加入博洛尼亚进程的标志，也是实现个性化培养路径的第一步，因为培养年限的缩短使未来教师在结束每个培养阶段后有选择进一步职业化的可能。如学士毕业后可能继续进入硕士阶段或是在工作岗位中不断提高专业化技能。第二步是改变教学过程，为学生实现个性化路径创造条件。现代教育过程实施的基本条件是大学生参与形成个性化的教学计划，同时要求保证教学过程的完整方法，大学开放的信息环境，采用学分计算课时量和分数—成就评价体系。保证大学生参与个性化教学计划的形成。俄罗斯国立师范大学实施的教学计划包括以下几种形式：

——按照培养方向（专业）明确大学生整个学习阶段的学习工作量的工作计划；

——大学生的个性化培养计划，包括学期或学年的教育大纲；

——每个学年的教学过程实施计划。

教学计划中包括三组课程形式：

A组：学习时间有教学计划确定的必修课；

B组：学习时间由大学生确定的必修课；

C组：选修课程

所有教学计划的工作量转换成考核单位或学分的公式：

——1考核单位（1学分）＝36学时；

——1学分＝1个考试（加3天准备时间）；

——1教学周＝54学时＝1.5学分；

——1学期＝20周＝30学分；

——1学年＝60学分。

在计算学分时还要考虑到其他教学形式：听讲座、习明纳、实验室工作、设计方案、撰写年级论文，等等。

在现代教学的实施中每门课程都有一个技术工艺卡，如下表：

表13 教学课程技术卡

当前评价形式	评价措施的数量	分数的最高值
听讲座	8	8
写读书摘要	1	4
写书评	2	4＋4
设计方案	1	15

学生在完成各种形式工作量的同时，积累了学分。

在采用学分制和分数－成就评价体系计算大学生的掌握课程的分数时，有三种形式：5分制是在传统体系中考试中获得的评价；2分制是在掌握课程时获得的学分的数量，证明学习时数和工作量；6分制是关于学生掌握课程的成就总结。

实践表明，按照个性化教学计划实施的教育过程发生很大的变化，体现在教育环境和教育过程甚至是大学教师的工作中。在教学改革过程中十分强调大学生的独立自主研究，在这一过程中促进大学生的个性和职业的成长。通过信息资源环境和图书馆建设，为大学生独立自主学习提供保障。

俄罗斯国立师范大学鼓励大学生积极参与各种科研活动和科研项目，促进大学生研究能力的形成，并培养大学生在专业学校开展研究性教学；支持和促进未来教师的专门研究工作，为大学生展示创造积极性提供了平台。此外，教学模块化为大学生个性化教育路径的实现提供了无限的可能性。同时注重"认知观的开放性"，突出主体在认识事物中的思维的选择性和多样性。

在俄罗斯师范大学的毕业生评价中，采用两种路线：客观评价（测试）和主观评价（档案袋是学生成果证明的综合）。档案袋评价在促进大学生的自我认识、提升教育目标和获取成就及培养大学生评价自己的成就方面具有重要意义，尤其是在就业过程中，能够充分反映出毕业生的学习和研究的经验。一体化（跨学科的）考试方案在终结评价中具有积极的意义。其特色在于考试是建立在知识和技能的跨学科综合基础上，能够检验大学生解决职业任务的准备程度。

综上，俄罗斯国立师范大学实施的个性化教育路径为大学生体验现代教育技术、教育结果的评价方式的转变创造了条件，有助于大学生在未来的职业活动中实现现代教育的目标。

2. 通过奥林匹克竞赛和自主招生方式选拔优秀考生

近年来，赫尔岑将举办奥林匹克竞赛作为实现大学发展战略的重要举措，逐步探索出了一套卓有成效的优秀人才选拔体系。20世纪30年代，为加强与中小学的联系，促进有天赋儿童的发展并对其职业选择给予引导，赫尔岑开始举办中学生化学和数学两个学科的奥林匹克竞赛，70年代开始举办大学生的教育奥林匹克竞赛。苏联解体后，为吸引更多的优秀生源，1994年赫尔岑恢复了苏联奥林匹克竞赛选拔天才的优秀传统，竞赛的优胜者可以享有优先入学的权利。纳入教育部奥林匹克竞赛目录的外语、生物和地理三个学科竞赛的优胜者，可以免试入学，其余赫尔岑的学科竞赛都有不同程度的高考加分政策，若进入师范专业则可以免试入学。仅2013年，赫尔岑就举办了20场共有9500人参加的中学生奥林匹克竞赛，涉及外语、地理、生物、体育、创作和教育学6个学科，30多人获得免试进入师范专业的资格。

与此同时，赫尔岑还针对师范专科学生实施自主招生考试，着重考查学生的基础学术能力和研究能力，教育心理方向和心理学与社会教育学专业主要考查学生对教育史、教育理论概念和理论知识的掌握，以及从制度和个体层面对教育变革的组织、诊断和评价技术的掌握。考试内容包括教育学、教学论和德育理论。

3. 延展大学的社会合作，为学生发展和就业搭建多层次平台

近年来，赫尔岑积极发展大学的社会服务与合作职能，创新多元主体互动的形式与路径，拓展了大学发展的战略空间和学生就业的平台，形成了新型"大学－中小学"、"大学－大学"、"大学－政府及社会组织"的网状合作关系模式。大学的成功发展很大程度上取决于与雇主的关系,取决于大学科研成果的推广使用。赫尔岑在发扬与基础学校紧密合作的传统基础上,积极探索与地区教育系统多元主体的新型互动策略,建立系统的、高效的和紧密的一体化体系。

赫尔岑与中小学的合作由来已久,传统的合作内容和形式多种多样,包括大学对中小学师资培训、大学生实践基地建设、中学生奥林匹克竞赛,等等。近年来,赫尔岑积极探索中小学合作的新机制,通过加强双方科研合作、人力资源和物力资源共享,科研成果转化等措施实现协同创新。

赫尔岑凭借其良好的社会声誉与圣彼得堡政府建立了长期稳定的合作关系。为提升毕业生的竞争优势,促进学生就业,赫尔岑积极与政府及社会组织互动,建立长期合作关系为毕业生提供了更多的就业渠道和岗位。诸如与列宁格勒州劳动就业委员会、圣彼得堡劳动就业委员会、圣彼得堡教育委员会、圣彼得堡人力资源署、公司企业和大学生和青年组织建立了广泛的合作关系,为大学生就业提供政策法律咨询、市场信息预测和岗位推荐等服务。

为提高师范教育质量,整合教育资源和共享教育改革经验,2010年,赫尔岑在国家项目"俄罗斯师资队伍"框架下,积极发展与国内大学的合作,组建了"俄罗斯师资队伍"协作体,成为俄罗斯参与主体最多的创新项目,至2012年,已有34所大学成为"俄罗斯师资队伍"协作体成员。协作体之间开展的教师与大学生在不同学校之间的学术交流活动、联合培养项目为大学生考研就业提供了新平台。这种连续性和全面性的合作形式,不仅局限于教育内容和教学组织形式方法的交流,还为开展大型教育科研项目、推广实践经验和分享教育资源提供了新的机制和组织保障。

第八章 结束语

走过两个多世纪的俄罗斯师范教育积淀了深厚的历史传统和独特的民族色彩,主要体现在教师队伍的个性品德优秀、职业思想牢固、基础知识扎实、专业技能熟练等方面。然而,社会的转型及教师培养的自身发展逻辑给俄罗斯师范教育带来诸多挑战,如何在传统与现代、继承与创新之间找到准确的平衡,成为当前俄罗斯师范教育现代化的迫切任务。21世纪初是俄罗斯师范教育改革的最重要时期,决定其未来发展的方向和道路。在这一过程中无论是正面的经验还是负面的教训都会给我国的教师教育改革带来启示和借鉴。

一、俄罗斯师范教育现代化的总体特征

1. 俄罗斯国家的自主发展、高等教育的国际化趋势及优质教育改革运动是21世纪俄罗斯师范教育现代化的前提和社会背景因素,为师范教育的重新定位提供了新的发展空间。

2. 师范教育现代化是21世纪初俄罗斯师范教育回应诸多挑战的战略选择,承载着社会、国家和个人发展的多重使命。世界经验表明,师范教育现代性主要体现在开放性、专业性、标准性和实践性等方面。俄罗斯在现代化实践过程中不断丰富师范教育现代性的内涵,并在继承本民族优秀教育传统的基础上,提出了符合时代发展要求的现代师范教育观。其中,人本教育观、职业能力观、优质教育质量观是现代俄罗斯师范教育观的重要组成部分,体现了俄罗斯师范教育现代化的理想追求和价值取向,具有导向性、前瞻性、规范性的特征,为师范教育改革实践和师范教育制度安

排提供了坚实的思想资源和理论依据。

3. 师范教育制度创新是俄罗斯师范教育现代化战略实施的重要保障，也是国家师范教育现代化意志的表达。政府通过制定颁布一系列的法律、法规、标准、发展纲要，促进教师教育管理制度、财政制度、学位制度和社会参与制度的创新，为师范教育现代化提供了一个新的制度环境。高等师范教育国家标准是俄罗斯师范教育现代化目标达成的重要策略，保障了俄罗斯教育的同一性和教师培养质量。俄罗斯现代师范教育制度的保障机制包括提高教师地位、增加财政拨款、形成国家社会共同管理和引入竞争选拔机制等方面。

4. 俄罗斯师范教育现代化的重要载体是人才培养模式的现代化。师范教育人才培养模式的重新定位、人才培养计划的修订及课程改革保证了现代师范教育观和现代师范教育制度的有效性，是提高师范教育培养质量及其创新发展的关键。

5. 回溯21世纪初俄罗斯师范教育发展的历程，未来俄罗斯师范教育现代化的路径选择依稀可见：依据国情，走"特殊道路"——在保障优先发展的前提下，提升师范教育的竞争力；在保留原有师范大学体系下，注重提升教师培养质量；在发挥传统师范教育优势的基础上，构建俄罗斯师范教育的创新体系。当然，俄罗斯师范教育还面临着许多难以解决的矛盾和问题，诸如社会的加速发展与教育体制缓慢变革的矛盾；社会经济快速发展和后工业文明的形成，大学生在校期间掌握全部职业知识技能变得更加困难；在复杂的师范教育体系中的资金保障问题，政策的连续性问题，导致新型教师培养的不可持续性。上述矛盾的存在加大了俄罗斯师范教育现代化构想的风险系数和不确定性。

二、启示与借鉴

1. 坚守人本主义价值取向，提高师范教育的个性化和人文化水平

追求教师培养的人本化是俄罗斯师范教育的优秀传统，也是其现代性的典型特征。在俄罗斯师范教育转型时期，人本教育理念在科学研究和教

第八章 结束语

育实践中得到进一步丰富和拓展。新的文化类型赋予师范教育人本理念以丰富的内涵和诠释。转型之初，俄罗斯教育学界就师范教育改革的理论问题进行了积极深入的讨论。在 1992 年召开的全俄教育管理机关领导会议上提出个性化的师范教育观，明确了师范教育转型的理论基础和发展战略。个性化师范教育观来源于维果斯基和达维多夫等学者提出的人的历史文化观和活动观理论，其教育学要义在于提出一种发展性、活动性的教育模式。这种教师教育培养模式的主旨在于力图改变教师培养局限于学科教学技能的训练，强调促进未来教师的个性发展及个人教育观的形成。在个性化的师范教育观下，提出了师范教育改革的民主化、人本化、人文化、区别化、可选择性、一体化的原则。其中，师范教育的人本化思想处于优先的地位。人本化思想认为：儿童的个性是教育过程的核心；教师、学生和家长具有选择学校、教学计划和教材的权利。教育的人文化原则旨在克服技治主义对教育及人的思维习惯造成的危害。

在师范教育的人文理念具体实施过程中，其主要经验在于：一是创建了高等学校委员会下属的人文教育中心，每所师范大学都有各自的人文教育中心，其主要任务是确定人文教育的内容，制定人文方向各学科的基础教育大纲，编写新的教科书、教学参考书。同时该中心还有一项重要职能就是负责人文学科的大学教师的培养和技能提高。二是俄罗斯教育哲学和教育政策发生了变化，政策范式的变化势必要引起教育范式的转变，与之相应的生命中心主义取代人类中心主义在社会职能领域发挥作用。三是人文心理学和教育学的普及推广。俄罗斯的教师培养过程中，非常注重心理学知识技能的训练与应用，并用模块课程将心理学和教育学内容整合在一起，如"高校教育学与心理学"课程。师范生的心理学素养有助于提高其职业专业化水平。四是教师教育大纲和教学计划的变化，增加了各种形式的教学方法和实践环节，以此加深学生对人的心理和教育心理学方法的掌握和应用。五是俄罗斯大学基础教育和专业教育关系的变化，师范生要在两年的通识课学习基础上再继续专业课程的学习，教育学课程伴随师范生的整个学程。课程增加了有关自然科学和人的关系经济学，行为伦理学及个体间交际语言的内容，以促进师范学生对未来的职业活动的敏感性，帮助其拓宽职业选择。

2. 注重制度创新，提高师范教育的效率和竞争力

注重师范教育的发展是俄罗斯的优良传统。转型之初，俄罗斯就明确了师范教育优先发展的战略。其中，教育制度创新是俄罗斯师范教育转型实现的重要途径和保障。政府通过制定颁布一系列的法律、法规、标准、发展纲要，促进教师教育治理制度、财政制度、学制和社会参与制度的创新，为师范教育改革提供了一个新的制度环境。

政府制定出台了一系列相关政策法律，为师范教育改革提供法律依据。自1992年俄罗斯新的《教育法》颁布至今，出台的俄罗斯师范教育改革的法律法规和政策法令已有十余部，涉及国家师范教育改革的理念、总体构想、具体实施的标准等不同层面，为师范教育改革奠定了坚实的法律基础。如2000年颁布的《俄联邦国民教育纲要》强调了师范教育的国家责任，为师范教育吸引优秀人才及资金需求提供了保障。《2001—2010年师范教育发展纲要》则明确了师范教育的发展目标及其在教育系统中的优先地位。尤其是《师范教育国家标准》的实施，实施标准化战略是俄罗斯师范教育改革目标达成的重要措施，保障了俄罗斯教育的同一性和教师培养质量。

高等师范教育国家标准是俄罗斯面向市场经济和国际教育大环境实施教育改革的产物，它将各项标准都定位于个人的自我价值和社会价值的实现，在教育内容上体现了固定与选择同时兼备的特点。既确定了国家对人才的要求和教育内容的最低限度，也规定了地方和大学的标准，保证了划一与灵活的结合。10年来的实践证明，俄罗斯高等师范教育国家标准发挥了提高教育整体质量，满足未来教师个性发展需要，社会调节和师范教育的宏观管理等方面的规范和保障功能，有效地促进了师范教育的改革发展。这些经验对于制定和实施我国的师范教育标准有一定的借鉴意义。

3. 从国情实际出发，保留传统的师范教育体系

社会转型之初，在俄罗斯师范教育发展的综合化和一体化趋势下，师范大学成为教育机构调整的主要对象。目前师范大学由原来的105所缩减到76所。师范大学的消失导致了区域教育人才培养体系的削弱。基础教育师资的质量和数量得不到保障。俄罗斯的学术界和师范大学一致认为教

师的专门培养必须恢复。2006年6月,在俄罗斯师范大学校长会议上,代表们一致认为应针对俄罗斯师范教育的传统和现实条件,必须保留联邦直属的区域师范大学,并以此作为解决师资,尤其是培养农村教师问题的有效保障。近年来,在陶里亚蒂、索契、库班、苏尔古特等地区出现了新的师范学院,在莫斯科教育学院并入综合大学后又重新出现了城市师范学院,甚至是在莫斯科大学创建了师范教育系,专门培养大学教师。

4. 实施多级师范教育体制,满足人才培养的多样化需求

俄罗斯的多级师范教育体制包括三个学习内容和期限各不相同的但又相互衔接的教育和职业培养阶段。俄罗斯的多级师范教育体制于1992年开始试行,1996年以《俄罗斯联邦高等和大学后职业教育法》的形式加以明确。从单一体制转向多级师范教育体制,满足了社会及基础教育对人才的不同需要。多级体制是俄罗斯师范教育改革的创新之举,深刻地影响着师范教育的教学和管理活动,尤其涉及教学内容、教学手段、学校类型、学位授予和资格鉴定等方面。同时,灵活的人才培养体制对于教师的职后教育和终身教育提供了制度的保障。

5. 师范教育免费,加大资金投入力度

尽管资金不足问题时常困扰俄罗斯教育界,但是俄罗斯师范教育一直实行免费政策,而且还为学生提供助学金和奖学金。为吸引更多的优秀人才从事教师职业,俄罗斯师范大学将实行教育贷款制度。如果学生毕业后从事教师职业,贷款将由国家偿还。2003年以来在落实师范教育优先发展战略过程中,国家加大了资金投入力度。仅就"教师教育现代化措施"科研项目就拿到了5000万卢布,还有一批师范大学获得了5000万卢布的竞赛奖金。2004年,用于装备师范大学多媒体教室的费用就达到1.18亿卢布。

6. 强调师范大学对普通教育现代化的科研和教学法保障

注重理论研究特别是教育心理学和教学理论的研究应用是俄罗斯的教育传统。我们所知的维果斯基的文化历史学说、列昂捷耶夫的活动理论、鲁宾斯坦的活动教学法中的主体性观点等理论对俄罗斯师范教育的实践提供了丰富理论渊源和良好的智力支持。转型以来,俄罗斯学术界积极探讨和研究了师范教育的相关理论,如师范教育的创新理论、个性化教育理论、多级教育体制理论、教育职业化发展的特点和大学教学中发展学生创新能力的可能性理论、教师专业化理论、有侧重专业教学理论,这些理论提出了师范教育创新的取向和策略。另一方面,在普通教育中加以推广,提高教师理论素养。俄罗斯师范教育非常重视科研成果向教学实践的转换,利用学术会议、协作体、继续教育、研究中心等多种形式提高教师的科研和实验能力。1993年成立的赞科夫科学体系中心不断推广和培训教师掌握"一般发展理论"及其在实践中的具体操作,为基础教育实验改革提供了人力和智力的保障。在俄罗斯的一些中小学校之所以能够几十年坚持各种教育教学理念的改革实验,完全得益于一支理论素养较高的教师队伍。此外,师范大学硕士、博士论文的选题与教育教学活动及人的发展密切相关,强调实践性和实证性,特别是关于学科教学法、教学诊断问题的研究所占比例较高,对于提升师范生的教育科研素质有重要意义。

发挥师范大学的学术潜力。师范教育委员会对61所师范大学的科研工作进行了调查。2002—2004年61所师范大学开展了1500项科研项目,并且一半以上没有教育部的资金支持。具体研究问题包括旨在自我确定、探索教学活动意义的教育过程人本潜力的实现技术和方法的研究和采用、在多元文化条件下教育过程的建构、在非线性教育过程条件下学生自主学习的组织、转向师范或非师范院校师资培养和继续教育的层级模式,等等。

7. 强化师范性,提升师范教育的质量和水平

俄罗斯师范教育的特色更多地体现在教师培养的具体环节和相关要素上。突出教师培养的教学-德育性。教学和德育是教育活动的两大职能,也是教师培养的重要环节。俄罗斯每所师范大学都设有教学法中心。在教师培养过程中,教学内容选择重基础。师范大学的各个学科没有统一的教材,完全按照老师的个性化课程来安排教学内容。近年来实施的模块教学为教育内容整合提供了最大的可能,因为模块教学包括了研究问题的理论基础和发展史、实践任务的解决、教学成果的评价及对获得经验的反思等内容。从课程设置的名称就可窥见一斑,诸如"职业活动导论:现代教师"、"我—教师"、"学校的传统"、"我怎样教数学"等。此外,教学法的

第八章 结束语

训练也是教师培养的关键环节，在传统教学法基础上，运用多媒体、设计整合等现代技术保障课堂教学质量。俄罗斯师范教育中还注重大学生自主学习，每周有固定的学时和内容让学生独立从事实验和科研等工作。

教书育人是俄罗斯师范教育的传统特色。在苏联时期，师范教育的德育功能得到强化，转型以来，德育体系一度被弱化甚至摧毁。俄罗斯师范教育在反思改革过程中，认识到德育体系被破坏的消极后果，"教育的非市场化"观点得到社会的广泛认同。以"爱国主义"为核心内容的现代师范大学德育体系的重建成为教育部和师范大学近期工作的重要议题之一。俄罗斯《国家教育规划》大大加强了对中小学德育工作的重视程度。"班主任"这一术语首次出现在国家有关普通基础教育的正式文件中，同时也出现了对班主任劳动报酬支付的细则。

国家政策司司长卡林娜在师范教育机构负责人大会发言中谈到，不能说一个人的行为举止、人生观的形成完全取决于他所受的中小学教育，但是不能否认中小学教育对一个人成长的重要意义。班主任的作用可以说是举足轻重，他是一个班集体中德育活动的主要组织者。一个班集体中德育教育活动组织的好坏在很大程度上取决于未来的师范毕业生和现在的中学教师们的工作水平，同时可能还取决于《国家教育工程》能否仅仅停留在增加教师工资这一点上，而是再实施一些其他的长期性的积极激励措施。这最终会给整个社会带来一些明显改变，也许不会立竿见影，需要一段时间，大家将会看到教师对学生的态度变得和蔼和细心，看到中小学淘汰率在下降。[①]

师范教育理论和实践教学的同步性。俄罗斯师范大学非常重视学生的各种实践活动，并将其列入学生考核的重要内容。近年来，师范大学的大学生小组研究成为明显趋势，自由的小组辩论在研讨课中占重要地位，在讨论中促进学生的独立性和创新能力的发展。通过组织各种形式的实践活动，如跨学科的研讨、大学生论坛、小组科研、小班教学、模拟课堂、课外活动、奥林匹克竞赛，以及参与国家和地方的科学研究活动来激发学生

---

① 江燕：《俄罗斯教育现代化进程中师范教育的任务》，载《基础教育参考》2007年第10期。

获取知识的兴趣。

俄罗斯师范教育理论与实践的同步性还体现在师范生的年度教育实习的经验上。学生的实践活动贯穿于整个学习过程中，每学年根据不同年级的教学目的和学生的个性发展水平，确定教育实习计划和内容，并使其具有连续性和整体性特点，从而避免了理论知识学习与实际应用的脱节。

8. 为基础教育服务，建立师范大学与中小学联盟

俄罗斯的师范大学与中小学保持着传统中的良好合作关系。师范大学为基础教育改革提供智力支持，一些重点大学担负着革新基础教育内容的使命。如莫斯科师范大学与教育科学院共同研制了侧重专业式教学理念，莫斯科师范大学的考试实验室现已成为俄罗斯考试中心。很多大学教师在中小学任教，既便于基础教育情况，又可为高校选拔优秀人才。师范大学与中小学教师合作开展科学研究和教学实验，联合举办学术会议。师范大学教研室主任在中小学任督学，每周工作一天，指导教师科研和教学法等工作。同时，中小学作为师范生实践基地解决了师范生实践训练问题。中小学教师的现场实践经验为师范大学的科学研究提供了丰富的素材和现象源。由于与基础教育长期的合作关系，为毕业生就业创造了有利条件。2004年，莫斯科师范大学的70％多毕业生找到了专业对口的工作

师范大学与中等教育机构和专门教育机构进行全面合作——中小学、文科中学、利才学校、中等专科学校、中师，等等。师范大学以各种各样方式与中小学校进行的这些联系，可以帮助那些学校的学生掌握补充性知识、进行正确的专业选择、获得职业培训、凭优惠条件进入大学（其中包括非第一次性义务教育）；还可以为那些学校的教师带来有效的教学法帮助，并使他们熟悉教育科学的新成果，参与研究工作。特别有意义的是，中学的专业师范班和学校所获得的广泛支持，为师范大学从中学招收师范职业定向大学生的数额提供了可能，这样的大学生已经具有了初步的教育学理论知识和与孩子一起工作的实践认识。①

---

① 朱小蔓：《20—21世纪之交中俄教育改革比较》，教育科学出版社，2006年版，第204页。

第八章　结束语

21世纪第二个10年，为应对社会急剧变化下教师职业声望下降和教师培养质量不能满足教育发展需要的双重危机，俄罗斯再次启动了师范教育现代化步伐。与21世纪初期改革相比较，新一轮师范教育现代化突破了以往"综合化"和"一体化"的宏观体制变革思路，明确了标准本位和能力本位的政策取向，并从教师培养模式和外部制度保障两条逻辑线索实施全面系统改革，进而推进师范教育现代化进程。

开放后的教师教育体系更加需要一套科学规范的标准体系。中俄两国师范教育都经历了由单一封闭体系向多元开放体系转型的过程，从现阶段看，这一措施严重削弱了师范教育体系，降低了教师专业化水平，教师培养质量得不到保障。因此，教师培养体系开放需要有专业标准规约教师市场行为。教师教育国家标准是国家教师教育政策与教师教育实践行动的中介，是国家和政府实施教育管理与质量监控的重要依据。俄罗斯《师范教育现代化纲要》明确提出以"保障教师培养符合教师职业标准和普通教育标准的要求"为目标，在教师职业标准规定的能力框架下重新研制各级各类师范教育专业的教育大纲，以此牵动师范教育内容、课程结构和教学模式改革，提高不同教育机构师范教育专业的可比性和专业基准，拓展师范生就业空间，弥补综合大学教师培养师范性不显著的局限，从而促进师范教育整体水平提高。目前，我国尚缺乏明确的教师教育整体观念和目标定位，没有形成统一的教师培养模式和标准，教师培养质量缺乏底线保障。因此，应制定国家教师教育标准为教师培养提供政策依据和准绳，建立健全各级各类教师教育标准配套示范大纲，以引导规约教师教育的内容和过程。

能力本位教育模式是推动师范教育现代化的关键环节。传统知识范式下培养的教师无法适应当前教师角色的时代变化和全新职能的履行。能力本位教师教育理念已成为欧美国家制定教育标准和教师教育的基本原则，俄罗斯从第三代教育标准开始提出向能力范式转型，这一轮改革提出了明确的时间表和路线图。能力本位教育模式是以培养未来教师职业能力为目标，采用个性化、模块化教学，强化教育实践环节，采用标准参照评价体系等关键要素在内的有机系统。鉴于此，应着重从依托教师教育标准、研制能力本位模块课程体系、深化"中小学为本"实践环节和完善能力评价体系等方面着手建构我国未来师范教育体系框架和内容。

建立灵活多样的招生体制和培养体制也是改变教师优质生源不足困境的重要途径。俄罗斯重建师范生定向选拔和培养体系，是对教师职业特有属性再认识的结果。从高质量供给角度，需要国家政策导向支持吸引优秀年轻人选择师范教育，进行专业养成教育。建立多样化的选拔机制和教师职业定向体系，吸引和选拔具有强烈教师职业动机和个性倾向的优秀高中生免试进入大学师范专业学习；通过各种学科竞赛等形式，选拔优秀人才进入师范专业培养。同时，应建立弹性化的教师教育学制，为所有有志从事教师职业的学生，提供多样化和个性化的教育路径。

参考文献

中文文献：

[1] 郭力：《俄罗斯东北亚战略》，社会科学文献出版社 2006 年版。

[2] ［俄］尼·别尔嘉耶夫：《俄罗斯思想 19 世纪末至 20 世纪初俄罗斯思想的主要问题》，雷永生，邱守娟译，三联书店 2004 年版。

[3] ［俄］索洛维约夫：《俄罗斯与欧洲》，徐风林译，河北教育出版社 2002 年版。

[4] 田德文：《欧盟社会政策与欧洲一体化》，社会科学文献出版社 2005 年版。

[5] 冯绍雷、相蓝欣：《俄罗斯与大国及周边关系》，上海人民出版社 2005 年版。

[6] ［俄］阿·伊·季姆娜娅：《教育心理学》，杜岩岩译，教育科学出版社 2008 年版。

[7] ［俄］米·伊·科金：《风雨兼程：俄罗斯转型启示录》，刘燕明，邢艳琦译，中央文献出版社 2004 年版。

[8] 潘德礼：《俄罗斯十年：政治、经济、外交》，世界知识出版社 2003 年版。

[9] 冯绍雷、相蓝欣：《转型中的俄罗斯对外战略》，上海人民出版社 2005 年版。

[10] 李英男、戴桂菊：《俄罗斯历史之路：千年回眸》，外语教学与研究出版社 2002 年版。

[11] ［俄］О. Т. 博戈莫洛夫：《俄罗斯的过渡年代》，张弛译，辽宁大学

出版社2002年版。

[12] 安启念:《俄罗斯向何处去:苏联解体后的俄罗斯哲学》,中国人民大学出版社2003年版。

[13] 许新:《重塑超级大国:俄罗斯经济改革和发展道路》,江苏人民出版社2004年版。

[14] 朱小蔓:《20—21世纪之交中俄教育改革比较》,教育科学出版社2006年版。

[15] 庞大鹏:《从叶利钦到普京:俄罗斯宪政之路》,长春出版社2005年版。

[16] 冯绍雷、相蓝欣:《普京外交》,上海人民出版社2004年版。

[17] 冯绍雷、相蓝欣:《转型理论与俄罗斯政治改革》,上海人民出版社2005年版。

[18] [美]马歇尔·戈德曼(Marshall I. Goldm):《失去的机会:俄罗斯的经济改革为什么失败》,李轶海译,上海译文出版社1997年版。

[19] [俄]尼·别尔嘉耶夫:《俄罗斯的命运》,汪剑钊译,译林出版社2011年版。

[20] [俄] В. П. 索洛维约夫等:《俄罗斯思想》,南泽林,李树柏译,浙江人民出版社2000年版。

[21] [俄]尤·米·加列诺维奇:《世纪之交的俄罗斯与中国》,尹今黎、张蕾译,四川人民出版社1999年版。

[22] 文甘君:《忧郁的俄罗斯在反思》,三联书店2000年版。

[23] 周全:《21世纪的俄罗斯经济发展战略》,中国城市出版社2002年版。

[24] 汪宁:《普京的俄罗斯新思想》,上海外语教育出版社2005年版。

[25] 王义高:《苏联教育的70年成败》,北京师范大学出版社1999年版。

[26] 肖甦、王义高:《俄罗斯教育10年变迁》,北京师范大学出版社2003年版。

[27] 安方明:《社会转型与教育变革》,社会科学文献出版社2006年版。

[28] 钟亚平、张国凤:《苏联—俄罗斯:科技与教育发展》,人民教育出版社2003年版。

[29] 吴式颖：《俄国教育史》，人民教育出版社 2006 年版。

[30] 朱小蔓、李铁君主编：《当代俄罗斯教育理论思潮》，教育科学出版社 2009 年版。

[31] 杜岩岩、朱小蔓：《俄罗斯师范教育政策调整的动因、策略与措施——基于〈教育的创新发展——提高俄罗斯竞争力的基础〉报告解读》，《教育研究》2009 年第 3 期。

[32] 张男星：《当前俄罗斯师范教育改革研究》，《全球教育展望》2007 年第 9 期。

[33] 刘美辰：《俄罗斯高等师范教育国家标准研究》，《沈阳师范大学》2014 年。

[34] 吕文胜：《转型期俄罗斯高等师范教育改革及其对我国的启示》，《东北师范大学》2008 年。

[35] 肖甦、单丽洁：《俄罗斯师范教育改革指导思想评述》，《比较教育研究》2001 年第 11 期。

[36] 孙丽莉：《中国与俄罗斯师范教育课程设置比较引发的思考》，《黑龙江高教研究》2005 年第 5 期。

[37] 肖甦：《世纪之交的俄罗斯教师教育改革——打造连续师范教育的完整体系》，《比较教育研究》2003 年第 4 期。

[38] 王凤英：《新世纪俄罗斯师范教育的人文主义》，《教育评论》2013 年第 6 期。

[39] 王海燕：《当代俄美高等师范教育课程比较》，《首都师范大学》2001 年。

[40] 王海燕：《俄罗斯和美国师范教育课程之比较》，《外国教育研究》2001 年第 2 期。

[41] 石隆伟：《造就个性化新型教师：俄罗斯师范教育的战略性发展》，《比较教育研究》2012 年第 11 期。

[42] 吕文华：《全球化背景下俄罗斯高等师范教育改革》，《外国教育研究》2009 年第 6 期。

[43] 孟威佳、张丹华：《俄罗斯高等师范教育结构和课程改革概述》，《外国教育研究》2000 年第 6 期。

[44] 李艳辉：《俄罗斯高等师范教育改革的人本取向》，《辽宁教育研究》

2007年第3期。

[45] 李贤智:《俄国近现代师范教育发展研究》,《华中师范大学》2007年。

[46] 姜占民:《苏联解体后的俄罗斯高等师范教育》,《厦门大学外文学院》,《中国首届"海峡两岸俄语教学与研究学术讨论会"论文集》,《厦门大学外文学院》2005年。

[47] 刘月兰、周玉梅:《俄罗斯师范教育体系之管窥》,《现代中小学教育》2014年第12期。

[48] 丛洁:《俄罗斯连续性师范教育体系及对我国的启示》,《中国成人教育》2011年第21期。

[49] H. X. 罗佐夫、张男星:《俄罗斯的教师教育:过去与现在》,《大学(研究与评价)》2007年第1期。

[50] 李文婷:《俄罗斯高师院校师范生课程研究》,《上海师范大学》2012年。

[51] 付玉红:《论俄罗斯高等师范教育现代化》,《吉林省教育学院学报(学科版)》2010年第6期。

[52] 王丹:《社会转型时期俄罗斯高师课程改革》,《上海师范大学》2006年。

[53] 张丹华:《俄罗斯师范教育的演进》,《外国教育研究》1995年第4期。

[54] 杜岩岩、朱小蔓:《俄罗斯师范教育改革的经验及启示》,《光明日报》2007年11月24日。

[55] 姜晓燕:《俄罗斯师范教育现代化计划》,《基础教育参考》2004年第10期。

[56] 江燕:《俄罗斯教育现代化进程中师范教育的任务》,《基础教育参考》2007年第10期。

[57] 姜晓燕:《俄罗斯师范教育现代化计划》,《比较教育研究》2004年第2期。

[58] 李艳辉:《俄罗斯实行第三代教师教育国家标准——以赫尔岑国立师范大学的课程改革为例》,《上海教育》2015年第6期。

[59] 赵世峰:《俄罗斯师范教育现代化改革迈出实质性步伐》,《世界教育

信息》2014 年第 23 期。

［60］娜达莎（Tyuryukhanova Natalia）：《中俄教师教育课程改革比较研究》，《哈尔滨师范大学》2012 年。

［61］宋增元：《俄罗斯教师教育政策研究》，《浙江师范大学》2012 年。

俄文文献：

［1］Абдрашитов Ю. Ф., Абдрашитов Ф. Г., Основные современные проблемывысшего образования России // Современные проблемы и инновационные перспективы высшего образования России: Материалы межвузовской науч－практ. конференции（27.05.2010 г.）. Уфа，2010.

［2］Абдулина О. А., Общепедагогическая педагогика учителя в системе выс－шего педагогического образования. —М.：Просвещение，1990.

［3］Актуальные проблемы педагогической науки（науковедческий аспект）/ Подобщей редакцией А. П., Тряпицыной. —СПб.：Изд－во РГПУ им. А. И. Герце－на，2001.

［4］Алексашина И. Ю., Педагогическая идея: зарождение, осмысление, вопло－щение. —СПБ. 2000.

［5］Альмухабетов Б. А., История становления и тенденции развития системы повышения квалификации педагогических кадров в казахстане. Автор. Диссер. Алматы，2000.

［6］Амирова Л., БагишаевЗ., Профессионально－педагогическая мобильность у－чителя как целевая установка высшего педагогического образования. // ВВШ，2004，№1，—С. 55－60.

［7］Андреева Т. А., Инновационные процессы в содержании педагогического образования в Аглии. // Педагогика. 2003，№6，—С, 97－103.

［8］Антропова Л. В., Формирование профессиональной готовности учителя к педагогической деятельности в адаптивной школе: Дис. драпед. наук. М.，2004. 489 с.

［9］Асмолов А. Г., Стратегия и методология социокультурной модернизациио

—бразования // Проблемы современного образования. 2010. № 4. С. 4—18. http： //www.firo.ru/?page_id=3157.

[10] Атропова Л. В. Подготовка учителя к работе в адаптивной школе. // Пе—дагогика. 2004, №1, —С. 68—74.

[11] Афонина М. В., Формирование готовности учителяинформатики к про—ф—ессиональной деятельности в условиях профильного обучения： Дис. ... Канд. пед. наук. Барнаул, 2007. 274 с.

[12] Ахментова М. Н., Моделирование образования воспитательных процессов, систем, педагогических технологий в деятельности учителя. Чита. 199—5. —С. 56.

[13] Бабулевич Ю. В., Формирование готовности военно—морских радиоинже—неров к профессиональной деятельности： Дис. ... канд. пед. наук. Калини—нград, 2005. 155 с.

[14] Батракова И. С., Радионова Н. Ф., Трапицына А. П. Проектирование педа — гогических дисциплин в содержании высшего педагогического образования // Педагогика в вузе как учебный предмет. —СПБ.： ЛГПИ, 2001, —С. 7—22.

[15] Батракова И. С., Чекалева Н. В., Учебно—методическое обеспечение как ус — ловие повышения качества подготовки // Педагогика в вузе： наука и учебн—ые предметы. —СПб, 2000. —с. 319—335.

[16] Белозерцев Е. П., Подготовка учителя в условиях перестройки. М.： Педа—гогика, 1989.

[17] Бордовский В. А., Инновационные процессы в современной системы выс—шего педагогического образования. // СПБ.： РГПУ, 1999.

[18] Борисенков В. П., Вызовы современной эпохи и приоритетные задачи пе—дагогической науки. // Педагогика. 2004, №1, —С, 3—10.

[19] Болотов В. А., К вопросам о реформе педагогического образования // Пс—ихологическая наука и образование. 2014. Т. 19. №3. С. 32—40.

[20] Болотов В. А., Программа модернизации педагогического образования 2014——2017 ［Электронный ресурс］ // Портал сопровождения

проектов модерн—изации педагогическ—огообразования. URL：http：//педагогическоеобразова—ние.рф/documents/show/14（дата обращения17.07.2014）.

[21] Вересов Н. Н., Смолка А. Л., Парадиз Р. Развивая культурно историческ—ую теорию: четвертое поколение приходит? // Культурно—историческая псих—ология. 2013. №3. С. 46—55.

[22] Весманов С. В., Весманов Д. С., Жадько Н. В., Акопян Г. А., Подготовка педаг—огов в исследовательской магистратуре: опыт Московского городского педа—гогического университета [J]. // Психологическая наука и образование. 2014. Т. 19. № 3. С. 161.

[23] Илюшин Л. С., Запрос работодателей к системе педагогического образо—вания: опыт стартового анализа / Л. С. Илюшин, А. Ю. Сергиенко // Сб—орник научных статей II Всероссийской научнопрактической конференции 《Инновационная деятельность педагога в условиях реализации ФГОС об—щегообразования》（Санкт—Петербург, 25—26 марта 2014 года）. СПб.：ФГНУ—ИПООВ РАО, 2014. С. 124—132.

[24] Каспржак А. Г., Институциональные тупики российской системы подготовки учителей // Вопросы образования. 2013. № 4. С. 261.

[25] Каспржак А. Г., Институциональные тупики оссийской системы подготовки учителей // Вопросы образования. 2013. № 4. С. 261—282.

[26] Качество образования в российской школе: по результатам международных исследований / Науч. ред. Г. С. Ковалёва. М.：Логос, 2006. 408 с.

[27] Ковалева Г. С., Денищева Л. О., Шевелева Н. В., Педвузы дают высокое качество математического образования, но их выпускники не спешат в школу（по результатам TEDS—M）// Вопросы образования. 2011. № 4. С. 124—147.

[28] Кокшенева Е. А., Формирование готовности студентов вуза к будущей профессиональной деятельности: Дис... канд. пед. наук. Кемерово, 2010. 226 с.

［29］Компетентностный подход в педагогическом образовании: монография. 3-е изд., испр / Под ред. В. А. Козырева, Н. Ф. Радионовой, А. П. Тряпицыной. СПб.: Изд-во РГПУ им. А. И. Герцена, 2008. 392 с.

［30］Кризис кадров привел Роскосмос в вузы［Электронный ресурс］// Интерфакс. 01 марта 2013. Режим доступа: http://www.interfax.ru/rassia/txt.asp?id=293367.

［31］"Круглый стол" в ВГСПУ: Педагогическая деятельность и педагогичное образование в инновационном обществе［J］. // Педагогика. 2014. № 2. С. 87.

［32］Кружалин В. И., Перспективы развития университетского образования в России в направлении совершенствования его связей с наукой и работодателями // Российское образование в общеевропейском образовательном пространстве: сб. трудов науч.-практ. семинара. М., 2008.

［33］Крылова Н. Г., Формирование готовности студентов педвуза к деятельности классного руководителя в современной сельской школе: Дис. ... канд. пед. наук. Чебоксары, 2006. 262 с.

［34］Лежнина Л. В., Готовность психолога образования к профессиональной деятельности: этапы, механизмы, технологии формирования: Дис. ... д-ра психол. наук. М., 2010. 473 с.

［35］Лисичко Е. В., Формирование готовности студентов технического университета к профессиональной деятельности в процессе изучения физики: Дис. ... канд. пед. наук. Томск, 2009. 192 с.

［36］Любимов Л. Л., Размышления о педагогическом образовании // Вопросы образования. 2005. № 4. С. 7—24.

［37］Любимов Л. Л., Самая непростая проблема российского образования // Вопросы образования. 2006. № 4. С. 11—26.

［38］Любимов Л. Л., Что мешает нашей стране улучшить качество школьного образования // Вопросы образования. 2011. № 4. С. 11—26.

［39］Любимов Л. Л., Школа и знаниевое общество в России // Вопросы образования. 2007. № 4. С. 116—140.

[40] Максимов Л. К., Теория и практика деятельностного подхода к обучени—ю // Историческое образование: особенности реализации системнодеятельно—стного подхода в современной школе: матер. Межд. науч. —практ. конф. （Вол—гоград, 20 ноября 2012 г.）. М.: Планета, 2013. С. 34—40.

[41] Марголис А. А., Проблемы и перспективы развития педагогического обр—азования в РФ［J］. Психологическая наука и образование. 2014. № 3. С. 51—53.

[42] Марголис А. А., Требования к модернизацииосновных профессиональных образовательных программ（ОПОП）подготовки педагогических кадров в с—оответствии с профессиональным стандартом педагога: предложения к реал—изации деятельностного подхода в подготовке педагогических кадр—ов［Эле—ктронный ресурс］//Психологическая наука и образование PSYEDU. ru. 2014. № 2. С. 1—18. URL: http://psyedu.ru/journal/2014/2/Margolis.phtml（дата обр—ащения: 25.07.2014）.

[43] Материалы выступлений на круглом столе《Развитие педагогического образования в России》X международной научно—практической конференци—и《Тенденции развития образования: Кадры решают все?》. М., 2013.

[44] Менеджмент в сфере образования［Электронный ресурс］. URL: http://www.msses.ru/about/faculties/d/menedzhment—v—sfereobrazovaniya.php（дата обращ—ения: 15.09.2014）.

[45] Мигранян А. А., Теоретические аспекты формирования конкурентоспосо—бных кластеров в странах с переходнойэкономикой // Вестник Кыргызско—Российского Славянского университета. 2002. № 3. С. 30—34.

[46] Мониторинг структуры и содержания педагогического образования, реализуемого в России, в контексте требований работодателей: Метод.—рекомендации / Е. В. Пискунова, Л. С. Илюшин, А. Ю. Сергиенко, И. И. Соколова; Под ред. И. И. Соколовой. СПб.: ФГНУ ИПООВ РАО, 2014.

[47] Назаров С. В., Изменения в оценке готовности выпускников педагогического вуза к профессиональной деятельности: Дис. ... канд. пед. наук. О—мск, 2010. 294 с.

[48] Назарова А. В., Формирование готовности выпускников ссузов к профе—ссиональной деятельности: Дис. ... канд. пед. наук. Тула, 2006. 157 с.

[49] Неожиданная победа: российские школьники читают лучше других / Под науч. ред. И. Д. Фрумина. М.: Изд. дом. Гос. унта — Высшей школы экономики, 2010. 284 с.

[50] О магистерской программе [Электронный ресурс]. URL: http://gmu.hse.ru/edu_management/concept (дата обращения: 15.09.2014).

[51] Об утверждении профессионального стандарта «Педагог (педагогическ—ая деятельность в сфередошкольного, начального общего, основного обще—го, среднего общего образования) (воспитатель, учитель)». Приказ Минис—терства труда и социальной защиты Российской Федерации от 18 октября 2013 г. № 544н, г. Москва. URL: http://www.rg.ru/2013/12/18/pedagog—dok.html.

[52] Образование в России. Реалии, тенденции, перспективы развития, мне—ния [Электронный ресурс]: Общий обзор. Режим доступа: http://www.uprav.biz/materials/education/view/8124.html?next=2.

[53] Организационно—деятельностные игры в образовании: сб. статей / [М. А. Мкртчян, Н. М. Горленко, А. О. Горностаев и др]. Красноярск: РИО КГПУ, 2001. 112 с.

[54] Орлов А. А., Модернизация педагогической подготовки студентов педву—зов [J]. Педагогика. 2010. № 5. С. 90.

[55] Оруджалиева Э. Р., Диагностика готовности к профессиональной деятел—ьности студентовбакалавров педагогического образования: Дис. ... Кандпе—д. наук. Махачкала, 2011. 211 с.

[56] Основные результаты международного исследования качества школьного

математического и естественнонаучного образования TIMSS—2007. М. : ИСМО РАО, 2008. 18 с.

[57] Педагогической подготовки современного учителя для новой школы // Культурно—историческаяпсихология. 2010. № 4. С. 62—68.

[58] Первые результаты международной программы PISA—2009.［Электронный ресурс］: Материалы для обсуждения // ИСМО РАО, 2010. URL: http://www.direktor.ru/upload/pisa_2009_short_report.pdf (дата обращения: 15.09.2014).

[59] Петрова Г. И., Междисциплинарность университетского образования ка—к современная форма его фундаментальности // Вестник Томского госуда—рственного университета. Философия. Социология. Политология. 2008. NO..3 (4).

[60] Петровна Ч. Н., Обеспечение качества подготовки инженеров в Рыночн—ых условиях на основе конмпетентностного подхода Красноярк—2007. С. 3.

[61] План мероприятий ("дорожная карта") "Изменения в отраслях социал—ьной сферы, направленные на повышение эффективности образования и н—ауки". Утвержден распоряжением Правительства Российской Федерации о—т 30 декабря 2012 г. N 2620—р.

[62] Приказ Минобрнауки Российской Федерации от 16.04.2010 № 376 《О—б утверждении и введении в действиефедерального государственного обр—азовательного стандарта высшего профессионального образования по напр—авлению подготовки 050400 Психолого—педагогическое образован—ие ［квали—фикация (степень) 〈магистр〉］》 (ред. от 31.05.2011).

[63] Профессиональный стандарт. Педагог (педагогическая деятельность в —дошкольном, начальномобщем, основном общем, среднем общем образова—нии) (воспитатель, учитель). Приказ Министерства труда и социаль—ной з—ащиты Российской Федерации от 18 октября 2013 г. № 544н. URL: http://www.rosmintrud.ru/docs/mintrud/orders/129/.

[64] Профессиональный стандарт 《Педагог》 (пенего общего образования) (воспитатель, учитель) [Электронный ресурс]: Приложение к Приказу Ми — нтруда России № 544н от 18.10.2013 г. 《Об утверждении профессио — нально — го стандарта "Педагог (педагогическая деятельность в сфередошкольного, н — ачального общего, основного общего, среднего общего образования) (вос — питтель, учитель)"》// Министерство труда и социальной защиты Российск — ой Федерации. URL: http://www.rosmintrud.ru/docs/mintrud/orders/129 (дата об — ращения 17.07.2014).

[65] Российские вузы будут оценивать по количеству безработных студент — ов [Электронный ресурс] // Финансовые инструменты бизнеса. 21.02.20 — 13. Режим доступа: http://www.fintools.ru/Press-Release/PressReleaseShow.asp?ID=429194.

[66] Российский работник: образование, профессия, квалификация / [БилякТ. А., Вишневская Н. Т., Гимпельсон В. Е и др.], ред. Р. И. Капелюшников, В. Е. Гимпельсон. М.: Издательский дом НИУ ВШЭ, 2011. 574 с.

[67] Рубцов В. В., Марголис А. А., Гуружапов В. А. О деятельностном содерж — ании психолого — педагогической подготовки современного учителя для нов — ой школы // Культурно — историческая психология. 2010. № 4. С. 62 — 68.

[68] Рубцов В. В., Социально — генетическая психология развивающего образо — вания деятельностный подход // Культурно — историческая психология М.: М — ГППУ, 2008. 416 с. 367 — 386.

[69] Санина А. Г., Условия интеграции науки, образования и бизнеса в сов — ременной России // СОЦИС. 2010. N 7.

[70] Светлана РУДЕНКО. Тормоз реформ — педагогическое образование? [N] // Учительская газета. № 5. 01февраля2011. С. 4.

[71] Сидоркин А. М., Профессиональная подготовка учителей в США: уроки для России // Вопросы образования. 2013. № 1. С. 136 — 155.

[72] Совместный проект НИУ《Высшая школа экономики》и РИА Новости《Общественный контроль за процедурами приема в вузы как условие обеспечения равного доступа к образованию》, 2013 год [EB/OL]. URL: http://www.hse.ru/ege/second_section2013 (дата обращения: 09.10.2014).

[73] Соколова И. И., Педагогическое образование: вызовы современности [J]. //Педагогика. № 5. 2010. С. 24.

[74] Технология оценки образовательной среды школы / под ред. В. В. Рубцова, И. М. Улановской. М.; Обнинск: ИГ－СОЦИН, 2010. 256 с.

[75] Тимофеев. А. Н., Проблемам педагогического образованя сиовременный этап [J]. //Педагогика. 2012. № 1. С. 90.

[76] Федеральный государственный образовательный стандарт начального о－бщего образования (1—4 кл.) [Электронный ресурс]. URL: http://минобрнау－ки.рф/документы/922 (дата обращения: 15.09.2014).

[77] Федеральный государственный образовательный стандарт основного об－щего образования [Электронный ресурс] / Интернет－портал《Российской Газ－еты》. 19 декабря 2010 г. URL: http://www.rg.ru/2010/12/19/obrstandart－site－dok.html (дата обращения: 15.09.2014).

[78] Федеральный государственный образовательный стандарт среднего (пол－ного) общего образования (10—11 кл.) [Электронный ресурс]. URL: http://м－инобрнауки.рф/документы/2365 (дата обращения: 15.09.2014).

[79] Федеральный компонент государственного стандарта общего образован－ия. Часть I. Начальное общее образование. Основное общее образование // Министерство образования Российской Федерации. М.: Институт нов－ых об－разовательных систем, 2004. 221 с.

[80] Федеральный компонент государственного стандарта общего образован－ия. Часть II. Среднее (полное) общее образование // Министерство образов－

ания Российской Федерации. — М. : Институт новых образовательных систем, 2004. 266 с.

[81] Федоров И. Б. , Качество образования — категория фундаментальная // Высшее образование в России. 2000. No. 2.

[82] Цукерман Г. А. , Ковалёва Г. С. , Кузнецова М. И. Хорошо ли читают российские школьники? // Вопросы образования. 2007. № 4. С. 240—266.

[83] Яо Л. М. , Проблемы высшего образования в современном российском обществе // Современные проблемы науки и образования. 2009. № 6 (ч. 2) .

附录一：关于"提升普通教育机构师资职业水平综合纲要"的构想

（2014年5月28日由俄联邦政府副总理戈洛杰茨批准）

提升普通教育机构师资职业水平综合纲要

这个纲要依据俄联邦"2010—2012年教育发展"国家纲要、俄联邦"经济发展与创新经济"国家纲要及2011—2015联邦教育发展目标纲要，整合提升普通教育机构师资职业水平的基本目标、任务和措施。这个纲要的措施旨在整合联邦、地区教育管理机关和教育组织的力量，促进提升普通教育机构师资职业水平国家政策的实施，包括使教师掌握现代教育技术、教育教学方法、知识和能力，以确保对特殊儿童实施全纳教育。联邦及其主题共同为纲要的每一个方向提供经费保障。

纲要制定实施的必要性

普通教育效能与竞争力的提高直接取决于教师的职业水平。教师职业化是新的优质普通教育体系形成的保障，是儿童发展和成功社会化的关键。

《俄联邦教育法》和联邦学前与普通教育国家标准都已明确教育机构长期发展目标：2022年前所有层次普通教育机构转向采用系统—活动（能力）方法实施国家教育标准（包括残障儿童接受全纳教育），实行新的法律标准和拨款方式。

俄罗斯普通教育体系的新目标，在借鉴传承历史传统的基础上提出教师发展的新要求，发展新的整合教师教学、德育和发展职能的职业品质。

教师的职业标准是解决大量复杂教育问题的调节器：教师入职、明确教师的岗位职责、鉴定、评价和工资。

教师职业标准应该成为能够促进教师提高工作质量的机制，符合联邦教育国家标准的要求，同时应创建一套提升教育职业水平所必需的行为、知识和能力的客观要求。教师职业标准明确了教师培养、培训和继续教育的内容和方向，客观上将教师职业化水平与他的岗位职责和工资收入与职业绩效结合起来。

为此，职业标准应该作为教师劳动和技能评价的基础，而绩效合同是作为整合教师和管理者利益的工具，目的在于解决具体的普通教育机构的任务。建立在教师职业标准基础上的质量和结果的评价指标及原则，这些评价指标和原则的制定应该是所有普通教育机构都应该参与的。

因此，在现有的纲要框架下，实现教师工资与评价挂钩、技能认证的程序和鉴定都要建立在教师职业标准的内容和职业要求的基础上。师范教育体系的变革，继续教育和培训，包括使教师掌握现代教育技术和教育教学的方法以及全纳教育（包括残障儿童）的知识和技能，甚至是提高教师的社会地位也是纲要的重要组成部分。

联邦主体参与下的纲要的实施旨在促进教师职业水平的提高，保障学生获得较高的学术水平和成绩，解决教师培养、继续教育和培训等一系列的问题。具体问题如下：

——当前大量教师职业活动与职业标准不相符，缺乏解决教学、德育和教学发展问题的必要知识和技能，缺乏学科的、跨学科的和个人的教育成就，不能满足学生的个性化的特殊的发展需求。

——继续教育大纲缺乏针对性和情境性的特点。

——师范教育大纲中"教育与教育科学"专业内容、技术和教育结果是在现行联邦高等教育国家标准基础上制定的，这与教师职业标准提出的教师职业要求存在着割裂。

——针对有从事教师职业动机或者是已经获得非师范教育的学生，缺乏多渠道获取师范教育的灵活体系。

——在形成和支持教师职业动机上缺乏有针对性的职业定向培养。

——缺乏有效的媒体交流渠道和职业活动跟踪的数据，甚至是国家政

附录一：关于"提升普通教育机构师资职业水平综合纲要"的构想

策层面的相关规定都比较缺乏，职业活动的过度官僚化和当前教师职业的保守和枯燥，缺乏灵活性和创造性导致师范教育优质生源不足。

——在教师职业活动中缺乏清晰的职业原则，包括职业发展阶段、工作量和职责的关系以及对这些技能的要求都不明确。

——教师技能、素质以及职业活动成就和工资之间缺乏清晰的、客观的联系。

为解决上述问题，提高教师职业水平，拟从以下四个方面着手：

——实施教师职业标准；

——师范教育现代化；

——在普通教育机构中确保向绩效合同转型；

——提高教师社会地位和威望

子计划1. 实施"学前、普通初等、普通基础、普通中等职业标准"（教师、辅导员）职业标准

子计划目标：保障普通教育机构依据教师职业标准（学前、普通初等、普通基础和普通中等职业）开展各项工作。

子计划的任务：

——组织普通教育机构教师的培训，目的在于达到教师职业标准的要求。

——在教师职业标准基础上形成普通教育教师的鉴定体系。

子计划的主要措施：

——研究和采用与教师职业标准相符的继续教育和培训计划，包括针对教师掌握现代教育技术和教育教学方法，全纳教育的知识、技能和技巧（2014—2015年）；

——开展与教师职业标准相符合的教师培训和继续教育，目的在于使其掌握现代教育技术和教育教学方法，全纳教育（包括残障儿童）的知识、技能和技巧，实施相应的教育大纲（2014—2020年）；

——在教师职业标准基础上研究和推广新的情境化的教师培训模式（2015—2018年）；

——在实施教师职业标准的普通教育结构中，要研究、采用和推广一系列的标准性文件（干部政策实施的文件、人事管理的文件、人员鉴定和

教学机构的文件，研究岗位细则，引入工资级别以及形成能体现生产劳动、管理特点的工资体系）（2015—2018 年）；

——在教师职业标准基础上形成教师的岗位职责（2015—2016 年）；

——在鉴定过程中研究和采用与教师职业标准要求水平相一致的评价方法（2015—2016 年）；

——在教师职业标准的基础上研究教师鉴定的法律标准基础（2015—2016 年）；

——在教师职业标准要求的基础上确保转向和采用普通教育教师鉴定体系（2015—2020 年）；

子计划 2. 师范教育现代化

子计划 2 的目标：确保在职业教育机构和高等教育机构中培养与教师职业标准及联邦国家普通教育相符合的教师。

子计划 2 的任务：

——修订联邦教育国家标准及普通教育大纲的内容，这一变化是依照已经扩大化的培养目标的种类、专业"教育与教育科学"及教育技术目标，目的在于核查新的教师职业标准的需求，以确保联邦国家普通教育教育标准的实施；

——采用新的联邦国家教育标准和基础教育大纲，以保障到 2020 年它们（新的联邦国家教育标准和基础教育大纲）应用于高等教育教育机构和职业教育机构中，这些机构在扩大化的培养目标类型和专业"教育与教育科学"的范围内实施教育大纲。

子计划的主要措施：

——研究和采用联邦国家教育标准和普通教育大纲，这主要依照已经扩大化的培养目标类型和"教育与教育科学"专业的目标，同时考虑到职业标准和联邦国家普通教育的教育标准的相应的状况，创建新的内容、新的教育技术，其中包括针对掌握现代教育技术和教育教学方法，全纳教育的（包括残障儿童）知识、技能和技巧，提升高等教育教育机构的全体教师参与研究和应用（联邦国家教育标准和普通教育大纲）的能力（2014—2017 年）；

——实施高等教育教育机构和职业教育机构、高等教育教育机构和普

附录一：关于"提升普通教育机构师资职业水平综合纲要"的构想

通教育机构的相互关联的模式，这一模式是针对于实施学士的教育大纲，这一教育大纲符合如下的鉴定：加大实践培养量（不少于 3 次），实施长期性实践方式，其中包括保障实施学生个性化教育的发展，以及那些接受过中等职业教育或者高等教育的人的发展（2014—2017 年）；

——在新形式的联邦国家教育标准的基础上，这一新的形式是以整合两种教学专业面的可能性为前提：普通人文学专业和教育专业，其中包括针对于掌握现代教育技术和教育教学方法，全纳教育（包括残障儿童）的知识、技能和技巧，这种新的形式是继主要机构的研究之后出现的，且还注重考虑学生的个性化的特征和能力（2015—2017 年）；

——在研究生普通教育大纲的研究进程中采用三种形式的人才培养模式：教育目标带有加大实践或研究性趋向特点的培养大纲，教育行政人员的管理方面的大纲（2015—2017 年）；

——在实践性目标的研究生大纲中，研究和采用那些未受过师范教育的人接受师范教育的模式，这一模式是教育活动的依据（2015—2017 年）。

子计划 3. 向绩效合同转型

子计划目标：在所有的普通教育机构中实施绩效人事政策，这一政策要建立在与教育工作者相关的绩效合同基础上，以保证普通教育领域中长期（在预算拨款框架下及考虑到学生数目的增多）发展的平衡支出。

子计划任务：

——研究和采用标准的教师劳动合同形式；

——在教师职业标准的基础上说明和明确行业劳动准则，以保证联邦国家教育标准的有效实施；

——制定、审订和采用补充职业教育（课程培训）的标准大纲，目的在于教育机构的领导者在绩效合同的基础上研究和实施有效的人事政策的问题。

子计划的主要措施：

——实施绩效合同，开展区域性"路标"的教学追踪和监测（2014—2018 年）；

——确保由俄罗斯联邦国家教育和科学工作者协会对教育质量监测转

向教育机构的绩效合同（2014 年 11 月）；

——制定新的岗位职责要求，并根据规范的劳动准则安排研究任务（2014 年 6—9 月）；

——采用规范的行业劳动准则方案，这一方案通过与职业协会进行商讨且与俄罗斯劳动部标准相一致（2014 年第 4 季度—2015 年第 1 学年）；

——教师劳动时间标准的合理化（至 2015 年 8 月）；

——推行绩效合同的信息化追踪（2014——2018 年）；

子计划 4. 提高教师职业地位

子计划的目标：提高教师的社会职业地位和声望

子计划的任务：

——为教师职业水平的社会化评价创造条件；

——监测和推广能够提高教师社会地位的好经验和机制，进一步促进俄联邦主体中教师援助措施体系的发展；

——实施那些针对提高教师社会地位及教师职业威望的信息化追踪；

——子计划的主要措施：

——研究和采用针对不同教师类型的能提升教师社会地位的有效职业竞赛方法，其中包括全纳教育（包括残障儿童）的教师（2014—2020 年）；

——研究和采用那些能吸引教师参与的课程协会、青年教师委员会以及提高教师职业威望方面的其他职业联合组织（2014—2020 年）；

——研究和实施针对提高教师职业地位的社会宣传系统措施，目的在于形成对尊重教师职业良好社会风尚，其中包括市政、区域及联邦的层次（2014—2020 年）；

——研究和开发能促进形成尊师重教社会氛围的新媒体和电视节目，以及一系列有关优秀教师职业活动的刊物和新闻媒体资源（2014—2020 年）；

——研究和实施国家制定的应用于出版及关于优秀教师职业活动的影视作品方案（2014—2020 年）。

附录二：教师职业标准

俄罗斯联邦劳动与社会保障部批准

2013 年 10 月 18 日开始实施

（适用于学前教育、普通初等教育、普通基础教育、普通中等教育机构的教师和辅导员）

一、总体信息

学前教育 普通初等教育 普通基础教育 普通中等教育	01.001

（职业活动类型名称）代码

职业活动类型的主要目标：

根据基础普通教育大纲为教育机构（教学组织）提供教育服务

职业类型：

（код ОКЗ）俄罗斯职业类别代码	名称
2320	中等学校教师
2340	专门教育系统教师
3310	初等教育教学人员
3320	学前培养及教育人员
3330	专业教育教师

属于经济活动的类型：

（код КВЭД）俄罗斯经济活动类型的分类代码	经济活动类型名称
80.10.1	服务于学前和普通初等教育领域
80.21.1	服务于普通基础和普通中等（完全）教育领域

二、职业标准中劳动职责描述（职业活动类型的职责图）

一般劳动职责			劳动职责		
代码	名称	技能水平	名称	代码	技能（低一级）水平
A	设计和实施学前、普通初等、普通基础和普通中等教育机构中教育过程方面的教育活动	6	基本教育职责．教学	A/01.6	6
			德育活动	A/02.6	6
			发展性活动	A/03.6	6
B	设计和实施基础普通教育大纲方面的教育活动	5—6	学前教育大纲实施方面的教育活动	B/01.5	5
			普通初等教育大纲实施方面的教育活动	B/02.6	6
			基础和普通中等教育大纲实施方面的教育活动	B/03.6	6
			《学科教学．数学》模块	B/04.6	6
			《学科教学．俄语》模块	B/05.6	6

三、劳动职责综合特点

3.1. 综合劳动职责

名称	代码	技能水平
设计和实施学前、普通初等、普通基础和普通中等教育机构中教育过程方面的教育活动	A	6

综合劳动职责的出处	原件代码	职业标准的登记号码
原件 X		
采用原件		

附录二：教师职业标准

可能的职务名称	教师、辅导员

教育和教学要求	实践工作经验要求	参加工作的特殊条件
高等职业教育或者中等职业教育根据"教育和教学"或符合教育学科（合乎教育活动专业特点的继续教育）领域的培养目标，或高等职业教育或中等职业教育和补充职业教育根据教育机构中的活动目标	未提出实践工作经验要求	不允许这些人从事教育工作：依照法院法律评判丧失从事教育工作权利的人；俄罗斯联邦法律规定有犯罪前科的人；规定的联邦法律程序公认的无活动能力的人；大纲中预先规定的有疾病的人

补充的特点

文件名称	代码	基础类、职务（职业）或专业的名称
（OK3）俄罗斯职业类别	2320	中等学校教师
	2340	专门教育系统教师
	3310	初等教育的教学人员
	3320	学前培养和教育人员
	3330	专业教育教师
（EKC）统一的专业技能手册	—	教师、辅导员
（OKCO）俄罗斯教育专业的分类	050000	教育和教育学

3.1.1. 劳动职责

名称	代码	技能（低一级）水平
基本教育职责．教学	A/01.6	6

劳动职责的出处	原件代码	职业标准的登记号码
原件 X		
采用原件		

劳动行为	研究和实施基础普通教育大纲范围内的教学原则
	实施符合联邦国家学前、普通初等、普通基础和普通中等教育标准要求的职业活动
	参与研发和实施教育机构发展的大纲，目的在于创造安全和适宜的教育环境
	研究和实施教学活动
	系统地分析教学活动的绩效和教育方法

169

		实施监督和评价学生掌握基础教育大纲目前的及最终的学习成就体制
		组织多种教学活动
		形成多媒体信息交流技术相关的技能（等同于——ИКТ）
		形成教学动机
		在测试及其他检查方法的基础上，依据儿童实际学习能力客观评价学生的知识
必备的能力		掌握教学方式、方法，其中也包括超出教学活动范围之外的：设计活动、科学实验、有效实践等
		在测试及其他测验方法的基础上，依据儿童实际学习能力客观评价学生的知识
		研发和运用现代心理教育技能，这些技能对了解现实和理想情境中的行为及个性发展规律具有重要作用
		运用和批准专门的教学方法，目的在于应用到所有学生的教育过程中，其中包括教育中有特殊要求的学生、具有卓越能力的学生、非俄语生、残障儿童
		掌握信息交流技术——专门技能（ИКТ）：基本信息技能、基本教学的信息技能、学科教学信息技能（能体现符合人类活动领域的职业信息交流技能）
		组织不同类型的课外活动：如游戏活动、学习——研究活动、艺术生产活动、文化——娱乐活动，但这些活动的施展要充分考虑到教育机构的可能性、居民区和区域历史文化的特点
必备的知识		教授联邦国家教育标准和基础普通教育大纲范围内的课程以及世界文化及科学的历史和地位
		建构和发挥起作用的教育体制的历史、理论、规律性及准则，明确教育在个体和社会中的角色和地位
		了解学生年龄发展的基本规律、阶段和发展变化、个体社会化、生活轨迹的个性特点表征、个体可能的偏差以及个体心理诊断的基本理论
		掌握心理诊断的、多元文化教育的以及社会体系中行为规律性的要素
		了解取得教育成果的路径及教学绩效的评价方法
		了解教育教学的基本理论、现代教育技术的活动路径、形式及方法的基本原则
		了解各学科的教学大纲及教学方法
		了解俄罗斯联邦教育体制的发展目标，俄罗斯联邦规定教育活动的法律及其他标准性的法律文件，儿童及青少年教育和培养问题方面的标准性文件，联邦国家学前教育、普通初等教育、普通基础教育、普通中等教育的教育体制的发展目标，有关儿童权利的法律和劳动法
		了解儿童和青少年教育、培养问题方面的标准性文件
		了解有关儿童权利的条约
		了解劳动法
其他特点		遵守法律的、道德的和伦理的规范，遵守职业道德要求

附录二：教师职业标准

3.1.2. 劳动职责

名称	代码	技能（低一级）水平
德育活动	A/02.6	6

劳动职责的出处	原件代码	职业标准的登记号码
原件 X		
采用原件		

劳动活动	矫正学生的行为，目的是保障教育环境的安全
	实施现代化的其中包括互动性的教育工作的方式及方法，这些方式方法既要运用到课堂上，也要运用到课外活动中
	确立促进学生发展的培养目标，但这一目标不以学生的能力和特点为转移
	根据教育机构的条例及内部规章，确立和制定学生行为细则
	设计和实施培养大纲
	实施儿童活动的多种类型的教育能力（如学习、游戏、劳动、运动和艺术活动等）
	设计发展儿童情感价值的情景和事件（儿童的感知文化及价值判断）
	帮助和支持地方自治学生机构的组织活动
	创建、保持教育机构的制度、环境和生活传统
	发展学生学习的积极性、自主性、创新性和创造能力，形成公民意识、当今世界条件下的劳动及生存能力，学生要形成健康安全的生活方式的素养
	形成多变多元文化背景中的包容性及适应能力
	利用学生父母（法定监护人）积极的教育作用，以帮助家庭解决儿童的教育问题
必备的能力	根据不同孩子的文化、年龄及个体特点创建教育活动
	经常与孩子交往，重视他们的优点，理解和尊重孩子
	创建教学群体（班级、小组、团体等）中不同年龄儿童——成年的学生、父母（法定监护人）及教育工作者的同一性
	支配教学群体，目的在于使学生参与到教育教学过程中，并提出有关学生学习——认知活动的依据
	分析学习群体的实际工作状况，保持儿童集体中适用的、友好的氛围
	保护学生的优点和兴趣，帮助那些身处困境和/或不利条件下的孩子
	找寻学习知识和信息的价值性视角，以保障学生对其理解及领会
	掌握组织参观、郊游及考察的方法
	与其他的教育工作者和专家一起解决教育问题

171

必备的知识	了解有关儿童权利法令的基本理论、教育领域及联邦国家普通教育的教育标准
	了解构建和发挥作用的教育（师范）体制的历史、理论、规律和原则，以及教育在个体和社会中的角色和地位
	了解心理诊断、多元文化教育以及社会体系中的行为规律的基本理论
	了解学生年龄发展的基本规律，个体发展、社会化的阶段及变化，个体的生活轨迹和可能性偏差的个性表征，以及诊断个体的方法
	了解有关教育成果的科学报告，以及取得这些成果的路径和评价方式
	了解教育工作的教学法的基本理论、活动路径的基本原则以及现代教育技术的方式和方法
	了解那些法律性的、主导和指示作用的且在教育机构领域外具有调节组织和执行措施的文件
其他特点	遵守法律的、道德和伦理的规范，遵守职业道德要求

3.1.3. 劳动职责

名称	代码	技能（低一级）水平
发展性活动	A/03.6	6

劳动职责的出处	原件代码	职业标准的登记号码
原件 X		
采用原件		

劳动活动	在观察学生行为和个性问题的过程中，揭示有关学生发展的特征
	评价数据和制定心理上安全和适宜的教育环境，研究预防学校各种体罚形式的大纲
	运用工具和心理诊断方法，评价儿童发展水平和变化
	掌握和运用心理——教育技术（其中包括全纳教育），这些技术可以为不同学生服务，如天才儿童、社会弱势儿童、贫困儿童、外来儿童、孤儿、特殊教育需求的儿童（如自闭症儿童、多动症儿童等）、身心不健全的儿童、行为偏常儿童、过分依赖他人的儿童
	给予学生某种针对性的帮助
	在心理教育诊断的范围内与其他专家互相合作
	与父母（法定监护人）或（同其他专家一起）研究和实施儿童个性发展的大纲
	掌握和运用能校正发展工作的专业技术和方法
	发展学生学习的积极性、自主性、创新性和创造能力，形成公民意识、当今世界条件下的劳动及生存能力，学生要形成健康安全的生活方式的素养
	形成和实施多方面的教学活动、方式和社会行为价值，形成在现实世界和社会体系中的行为习惯，形成多元文化交往的宽容心态和正面态度
	构建调节学生行为和活动的体制

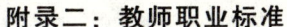

附录二：教师职业标准

必备的能力	掌握给予帮助每个儿童除了取决于实际的学习能力、行为的特殊性和身心健康状况之外的职业目标
	在自己工作的实践中利用心理学方法：如文化——历史方法、活动及发展的方法
	实施（同心理学家及其他专家一起）普通基础教育大纲的心理教育追踪
	了解专家（心理学家、儿童教育学家、言语矫正专家等）的资料
	组织（同心理学家和其他专家一起）学生个体的心理——教育特征
	研究和实施个体化教育路线、个体发展规划和个体——目标的教育大纲，但这要考虑到学生的个性和年龄特征
	掌握学生的个体特点和年龄特征的标准的心理诊断教学法
	评价教育结果：在教授的课程中形成直观的和针对性的技能，以及实施（同心理学家一起）个体特点的监测
	组建儿童——成年人的共同体
必备的知识	了解教育过程组织的教育规律性
	了解个体发展的规律及个体特点的表现形式，发展阶段及变化的心理规律
	了解统计学生年龄特征的理论和技能
	了解儿童——成年人共同体形成的规律、他们的社会心理特点、儿童和青少年共同体发展的规律
	了解家庭关系的基本规律，这些关系能够有效的为父母群体服务
	了解心理诊断法的基本理论和儿童发展中行为偏常的基本特征
	了解儿童——成年人共同体的社会心理特点和发展规律
其他特点	遵守法律、道德和伦理的规范，遵守职业道德要求

3.2. 综合性的劳动职责

名称	代码	技能水平
设计和实施基础普通教育大纲方面的教育工作	B	5—6

一般性劳动职责的来源	原件代码	职业标准的登记号码
劳动原件　X		
采用原件		

可能的职务名称	教师、教育者

教育和教学要求	实践工作经验要求	参加工作的特殊条件
高等职业教育或者中等职业教育根据"教育和教育学"或符合教育学科（合乎教育活动专业特点的继续教育）领域的培养目标，或高等职业教育或中等职业教育和补充职业教育根据教育机构中的活动目标	未提出实践工作经验要求	不允许这些人从事教育工作：依照法院法律评判丧失从事教育工作权利的人；俄罗斯联邦法律规定有犯罪前科的人；规定的联邦法律程序公认的无活动能力的人；大纲中预先规定的有疾病的人

补充的特点

文件名称	代码	基础类、职务（职业）或专业的名称
（OK3）俄罗斯职业类别	2320	中等学校教师
	2340	专门教育系统教师
	3310	初等教育的教学人员
	3320	学前培养和教育人员
	3330	专业教育教师
（EKC）统一的专业技能手册	—	教师、辅导员
（OKCO）俄罗斯教育专业的分类	050000	教育和教育学

3.2.1. 劳动职责

名称	代码	技能（低一级）水平
实施学前教育大纲方面的教育活动	B/01.5	5

劳动职责的出处	原件代码	职业标准的登记号码
原件 X		
采用原件		

劳动活动	依据联邦国家学前教育的教育标准参与研究教育机构的基础普通教育大纲
	参与创建安全和心理上适宜的教育机构的教育环境，通过保障儿童生活的安全，在教育机构的运行期内保持儿童情感的愉悦
	根据联邦国家教育标准和普通基础教育大纲制定和实施幼儿和/或学龄前儿童群体的教育工作
	组织和实施开发儿童教育大纲的教育监测，分析幼儿和/或学龄前儿童群体的教育工作

附录二：教师职业标准

	依据监测结果参与制定和校正教育问题（同心理学家和其他的专家一起），但这要考虑到每个儿童和/或学龄前儿童发展的个体特点
	实施从事儿童工作的专家（心理学家、言语矫正专家、教育学家等）的教育建议，这些儿童是那些在掌握大纲方面存在一定的困难的以及有特殊教育需求的儿童
	发展那些对解决幼儿/学龄前儿童发展教育问题所必备的职业能力，但这要考虑到儿童发展的年龄特征及个体特点
	做好学校教学工作的心理准备
	在群体和儿童之间友好关系的条件下构建积极的心理学价值，其中包括属于不同民族文化的、宗教共同性和社会阶层的，以及身体不同（包括残障儿童）的儿童
	组织在儿时和学龄前实施的活动类型：如直观性的活动、认识研究性活动、表演（角色的、导演的）活动、生产性活动；为儿童自主演化的发展设定、创建广泛的机会，包括确保演化的时间和空间
	组织儿童在各种活动类型中积极相互合作，为儿童活动的自主抉择、共同活动的参与者以及资料创造条件
	积极利用非指导性的帮助，支持其在不同活动类型中的创新和能动性
	在同每个儿童直接交往的基础上组织教育过程，但这要考虑到儿童特殊的教育要求
必备的能力	组织在儿时和学龄前实施的活动类型：如直观性的活动、认识研究性活动、表演（角色的、导演的）活动、生产性活动；为儿童自主演化的发展设定、创建广泛的机会，包括确保演化的时间和空间
	运用幼儿和学龄前儿童的身体、认知及个性发展的方法，但这要依据于组织的教育大纲
	利用那些能够评价儿童掌握教育大纲结果的分析心理——教育监测的方法和工具，在之后的教学阶段中儿童长远的学习和发展的必要的素质水平
	掌握所有学龄儿童的发展活动的形式（表演的、生产的、认知研究性的.）
	建立幼儿和学龄前儿童与父母之间的伙伴合作关系，目的是解决教育问题，利用方法和措施，目的在于发展学生的心理教育
	掌握必要的、充分的信息交流技术——专门技能（ИКТ），目的在于制定、实施和评价幼儿及学龄前儿童的教育工作
必备的知识	了解学前教育的特征，幼儿及学龄前儿童工作的组织特点
	了解基本的心理学方法：文化——历史方法、活动和个性方法；了解被列入到学前教育的标准体系中的学前教育的基本理论
	了解幼儿和学龄前儿童发展的基本规律
	了解幼儿和学龄前儿童活动的形成及发展的特点
	了解幼儿和学龄前儿童的身体、认知及个性发展的理论要素
	了解当今学前教育的发展趋势
其他特点	遵守法律的、道德和伦理的规范，遵守职业道德要求

3.2.2. 劳动职责

名称	代码	技能（低一级）水平
实施普通初等教育大纲方面的教育工作	B/02.6	6

劳动职责的出处	原件代码	职业标准的登记号码
原件 X		
采用原件		

劳动活动	在联邦国家普通初等教育的教育标准的基础上设计教育过程，但这要考虑到小学生社会发展状况的特征，原因在于此阶段的主要工作是学生从游戏到学习的过渡期
	在整个小学教育期间内儿童要形成学生的社会意识
	形成跨学科技能、学习能力以及多方面的且为达到掌握普通基础教育的教育大纲所必要的水平
	客观评价学生的成绩和能力，但这要考虑到儿童个体心理发展的差异，以及男孩和女孩学习活动发展动态的特殊性
	组织学习过程，但这要考虑到小学生社会发展状况的特殊性
	依据教育结果的监测数据调整教学工作，但要考虑到儿童个体心理发展的差异（其中包括年龄的差异、学前教育和培养条件），以及男孩和女孩发展动态的特殊性
	在小学最后一年实施（与心理学家的相互配合）预防儿童进入到基础学校的学习——培养过程中可能的适应困难方面的措施
必备的能力	根据儿童对教师的要求形式发现和辨识学生内隐的严重及严峻的个人问题
	建构多样化的学习任务（学习认知的、学习实践的及学习游戏的）的形式，根据儿童认知和个体发展的水平组织解决任务，并在这种直观和跨学科组成的平衡的情况下保存任务内容
	与父母（法律上的监护人）、其他教育工作者和心理学家一起设计和校正学生的个性教育路线，但这要根据获得的所有教育成果（课程的、跨学科的和个体的）类型的任务，这一任务超出普通初等教育大纲的范围
必备的知识	了解儿童教育与发展的现代教育体系基本的及实用的教学理论
	了解联邦国家教育标准和指导性的基础教育大纲的内容
	在教育技术的学习——培养过程中利用教学论的基本原理
	了解小学教学任务的内容本质所利用的普通活动方式以及有关自然、社会、人和科技的知识体系
	了解区域性条件的特点，在这些条件下实施普通初等教育的基础教育大纲
其他特点	遵守法律的、道德和伦理的规范，遵守职业道德要求

3.2.3. 劳动职责

名称	代码	技能（低一级）水平
实施普通基础和初等教育大纲方面的教育活动	B/03.6	6

劳动职责的出处	原件代码	职业标准的登记号码
原件 X		
采用原件		

劳动活动	形成一般文化能力，了解学科在世界普通图景中的地位
	在分析学生学习活动的基础上确立最适合的（其中包括学科教育背景）学生学习和发展的方法
	与学生、父母（法律监护人）以及其余的教育过程中的参与者一起确立学生的最近发展区，研究和实施（在必要的情况下）学生个体的教育路线和个体发展大纲
	在已有标准大纲和原有研究的基础上为有卓越才能的和/或特殊需求的学生群体、班级和/或部分人员制定专门的教育过程，但这要考虑到学生的组成特点，详细的说明和调整计划
	采用专门的语言大纲（包括俄罗斯作为外语的语言大纲）、提升语言素养的以及多元文化交往的技能发展的大纲
	同学生一起利用外来的信息渠道、翻译工具和发音
	组织奥林匹克竞赛、代表会议、数学比赛和中学语言竞赛等等
必要的能力	运用现代信息化教育技术，以及数字化的教育资源
	实施以教育和心理科学、年龄生理和学校卫生学领域内的成就，以及数字化的资源为支撑的教学活动
	根据基础普通教育大纲制定和实施教学过程
	依据学科和指导性的基础普通教育大纲基础上的方针研究工作计划，并保证计划的实行
	组织学生自主性互动，其中包括研究性活动
	研究和实施任务教学，并根据学科（方针、大纲）实现教学和实践之间的联系，同学生一起探讨如今的迫切事情
	在教育过程中实行检查——监督工作
	在信息——交流技术（电子化资料形式的管理，包括电子杂志和学生手册）的条件下使用现代评价方式
	利用多样化的方式、手段、方法和教学工具，其中要以个体的学习计划、联邦国家普通基础教育和普通中等教育的教育标准范围内的速成方针为依据
	掌握从事文本编辑、电子表格、电子邮件和浏览器、多媒体设备工作的要领

	掌握自我立场的观点和论据的方法
	建立与不同年龄段的学生、父母（法律监护人）、其他的教育者和另外的工作者之间的联系
	掌握诊断冲突困境原因的、预防冲突以及解决冲突的技能
必备的知识	了解多种能解决教育的、科学系统的和组织管理问题（教育、心理、年龄生理；学校卫生学；学科教学法）的基本理论原则的要素
	了解所教授学科的大纲和教材
	了解管理教育体系的理论和方法、教学和培养工作的教学法，教学研究室和设备室的设施和设备的要求、教学工具及其教学的可能性
	了解实施专业技能路径的现代化教育技术，但这要考虑到学生的年龄和个性特征
	了解多元文化的、区分和发展教学的方法和技术
	了解生态学、经济学和社会学的基本理论
	了解内部程序的规则
	了解劳动保护和教育环境安全需求方面的规章
其他特点	遵守法律的、道德和伦理的规范，遵守职业道德要求

3.2.4. 劳动职责

名称	代码	技能（低一级）水平
《学科教学.数学》模块	B/04.6	6

劳动职责的出处	原件代码	职业标准的登记号码
原件 X		
采用原件		

劳动活动	形成逻辑推理和交际能力，形成针对于利用这种能力及其价值的目标
	形成了解数学模块实际目标或进程的基本理论方面的能力，运用模拟方面的预备能力，目的在于创建目标和进程、确立或预测它们的性能
	形成数学和信息领域中具体的知识、能力和技能
	形成数学情景（开放空间形式）的内部（思维）模式
	培养学生验证数学论证、质疑的能力
	培养学生分解任务的能力、目标检验和形成活动方案的能力
	学生形成利用制定的数学模式的能力，尤其是数学公式、几何图形和计算方法，还要形成对模拟（例如，计算的结果）的可能的结果进行评价的能力
	组建资源和信息化的教育环境，这一环境能促进发展每个儿童数学能力及实施现代教育

附录二：教师职业标准

	学生形成运用能有效解决问题的信息——交流技术工具的能力
	学生形成克服精神障碍的、根本上解决新问题的、尊重智力劳动及成果的能力
	与其他的数学、信息、物理、经济和外语等教师一起合作
	在数学应用方面发展学生的创新能力
	科学利用信息化教育情景的基本理论，但这要考虑到在具体的教育机构中有没有运用那种情景（信息化教育情景）的新的基本理论的可能性
	在儿童教育工作中利用信息化资源，其中包括远程教学资源，帮助儿童掌握和主动利用这些资源
	在学生培养中，鼓励其参加数学奥林匹克竞赛、比赛、研究设计（发明创造）、智力比赛、国家象棋比赛和学术会议
	建立和保持学生参与数学比赛方面的浓厚兴趣和发展能力，并为那些有意愿和有效工作的学生提供相似的任务、管理必修和选修课程的小组
	提供有关补充教育的信息、其他教育和另外的教育机构中深入研究数学的机会，其中包括运用远程教育技术
	在职业和专业选择方面给予学生指导，尤其是那些必备数学知识的职业和专业
	促使学生形成正面的数学活动的情感，其中包括在自我建构中寻找错误作为改进和新观点的源头
	同学生一起揭露不真实的和虚假的数据
	培养学生正确对待智力差异的正确态度，不以学生成绩评判优劣
	形成学生除取决于所选择的职业和专业之外有关数学知识有效性方面的认知
	在解决问题的过程中引导与学生或学习小组之间的对话，并揭示可疑的地方，以证实答案的准确性
必备的能力	在数学背景和另一种背景中同学生一起构建逻辑推理（例如，解决问题），并了解学生的观点
	分析学生提出的有关结果的观点：证实观点的准确性或找出错误，分析错误产生的原因；帮助学生制止、纠正错误；给予学生完善（总结、概括、清晰的概述）其观点的帮助
	在数学真理和数学论据的绝对性方面学生要形成坚定的看法，及时避免形成那些表面上模仿已有成就的主要行为的、没有清晰的理解思维的模式；鼓励学生选择多种方法解决其面临的难题
	解决符合教育水平的基础数学问题，其中包括在学生培养过程中产生的新的问题、奥林匹克竞赛（属于全国奥林匹克竞赛区域阶段的新难题）难题
	同学生一起运用方法和工具理解数学问题，数学分析、结构、改组和变化
	与学生一起运用数学工具、数学方法分析学习和生活状况，目的在于描述原文中的理想化（问题）的情景
	同学生一起创造和利用直观性的数学目标与过程的报告，在纸张和黑板上画出手绘图，借助于计算机工具在屏幕和电脑（借助于3D-影像）建构立体模型
	组织研究性实验，揭示其规律性，在部分和整体中论证它

	进行真实和（或者）逼真的数学论证之间的区分，尤其是计算机评价、近似（计算机）测量及计算结果等等
	保持独创发明、新事物和技术训练的认同之间的平衡，但这要根据每个学生的年龄和个体特点及其掌握资料的特点而定
	掌握基本的数学计算工具：如数据、从属关系、联系、过程和几何目标；计算的结果——数据和符号；加工数据（核算或统计）；科学实验室（概率，信息技术）
	熟练的收集数学文献
	利用信息化资源，不断探索数学领域中新发现，并加强学生对此的认识
	确保给予那些没掌握必需的资料（所有的数学课程）的学生帮助，在形式上为其制定专门的任务、个体辅导（其中包括远程辅导）的帮助；对完成的有关问题进行细致检查，但在必要的情况下可向其他教育工作者（其中包括家庭教师）寻求帮助
	确保所有学生教育过程的交际和学习的开放性（尤其是理解问题定义、基本术语、课堂讨论的总体思想的表达）
	在数学文化的问题方面与父母（法律监护人）、地方团体一起研究
必备的知识	了解数学理论的基本原理和当代数学发展的前景方向
	了解有关数学相关领域知识和那些通俗易懂的数学要素
	了解数学教学的理论和方法
	了解专门的儿童数学教育的路径和信息渠道，这对儿童、尤其是那些在家庭和周围环境中有限利用的非俄语儿童很有帮助
其他特点	遵守法律的、道德和伦理的规范，遵守职业道德要求

3.2.5. 劳动职责

名称	代码	技能（低一级）水平
《学科教学．俄语》模块	B/05.6	6

劳动职责的出处	原件代码	职业标准的登记号码
原件 X		
采用原件		

劳动活动	学习理解专题的方法：分析、结构化、改造、转换，同其他专题对比，揭示出分析信息的必要性
	与学生一起实施探索和讨论其民族在语言真实性和作用方面的变化，学生形成语言变换的感觉
	与学生一起利用语言信息渠道解决实践的或认知的问题，尤其是词源学信息，标识出语言研究的科学方法与所谓的日常生活语言的方法（民族语言）之间的差别

附录二：教师职业标准

	在采取决策和解决冲突困境的问题需求方面通过组织口头和书面的辩论赛形成对话文化	
	组织学生公开演讲，鼓励他们参与讨论学校代表会议和其他会议，开放互联网场所和互联网会议	
	在宏观背景下，包括在大众传媒形式中，形成学生针对于交流的目标	
	促进学习有关事物或目标（旅行记述，家庭生活事件，戏剧等等）的消息，并利用语言和形象的方法分析它们的结构	
	与学生一起讨论优秀艺术作品和科学散文的形式、新闻工作和广告宣传等	
	鼓励学生个体和群体的文学创作	
	鼓励学生参加舞台表演，促使学生创造动画和其他的影像作品	
	模拟职业活动类型，在这里交往能力是劳动者的基本素养，这也有助于学生的学习（学校杂志、艺术和科学丛刊的出版，组织学校广播电台和电视，研究戏剧表演或者电视影像的剧本）	
	在实践中学生要形成运用当代文学俄语的口语和书面语规范的能力	
	学生形成标注引文出处、引证、比较以及与作者对话的素养，严禁侵犯作者的权利	
必要的能力	掌握学习俄语的方法和工具，其中包括非母语的学习	
	针对那些身心不健全的儿童（残障儿童）要使用专门的矫正学习的方法	
	在语言文化的形成方面引领学生家庭和地方群体的工作，并判别地方性语言和民族语言标准的不同	
	以正面的态度看待能反映出区域发展的文化——历史特点的地方性语言现象	
	以正面的态度看待学生的母语	
	在日常生活中给予语言表现的伦理学和美学的评价：如互联网语言、亚文化语言、媒体语言以及不规范的词汇	
	鼓励学生在交往过程中形成人类生平所必需的情感的和理智的需求	
必备的知识	了解现代语言发展的语言学理论和前景目标的基本理论	
	了解常用的语言领域和日常生活密切相关的语言要素	
	了解俄语教学的理论和方法	
	了解具体语境的语言规范	
	了解标准的俄罗斯发音和词汇，以及它们同地方性语言环境的差异	
其他特点	遵守法律的、道德和伦理的规范，遵守职业道德要求	

181

四、职业标准研究机构和人员的说明

4.1. 责任人

《莫斯科城市心理—教育大学》——莫斯科市国家高等职业教育的预算教育机构
校长 鲁不佐夫 B. B.

4.2. 研究机构名称

莫斯科市国家高等职业教育的预算教育机构——№109 教育中心

附录三：俄罗斯国立师范大学"小学教师培养方案"更新
——节选自《师范教育的能力观》一书

3.1. 小学教师的培养和继续教育[①]

3.1.1. 主要目标——小学的现代化（请参看《在小学的教育过程：组织实验性工作的建议》——莫斯科出版社，2001；《俄罗斯学校现代化的观点；在更新普通中等教育的内容和结构方面对大规模实验科学教学法的建议》——莫斯科出版社，2001）。

3.1.2. 小学教师的培养。

培养小学教师的目的——促进未来教师职业能力的形成。使教师能解决各类专业问题。按照初等教育现代化的战略目标，有步骤、分阶段地发展教师在社会法律、信息技术和语言领域的主要能力，以及基础能力和特殊能力。

培养继续教育小学教师的目的——按照初等教育现代化的战略目标，通过改变小学教师的职业经验，发展教学大纲要求的职业能力，以促进在职教师职业能力的发展以解决各类专业问题。为达到这个目标，提供下列培养、继续教育小学教师的路径（专业教学大纲）：

1. 3年——基础专业培养（一般文化培养、普通教育培养和初级教学法培养）+1年（专业培养）→教育学学士（小学教师）。

2. 3年——基础专业培养（一般文化培养、普通教育培养和初级教

---

① 译文节选自《师范教育的能力观》，圣彼得堡出版社，2004年。

学法培养)+1年(专业培养)→教育学学士(小学教师)+1年(信息技术专业化培养)→小学有资格教授信息技术的教师。

3. 3年——基础专业培养(一般文化培养、普通教育培养和初级教学法培养)+1年(专业培养)→学士(外语教师)+1年(《小学教师》专业化)→小学外语教师。

4. 大、中专毕业后的教育体系

——小学教师的继续教育;

——小学外语教师的继续教育;

——小学信息技术教师的继续教育。

每个教育路径都由几个阶段组成,它们是由小学教师职业能力形成和发展的逻辑确定的。这个逻辑就是:从第一阶段发展社会法律、信息技术和语言方面的主要能力,促进基础职业能力的形成,到第二阶段促进基础职业能力的发展,再由促进基础职业能力的发展,到第三阶段通过发展基础能力促进特殊能力的形成,以及在继续教育阶段促进特殊能力的发展。

在每个阶段,教学过程都作为获取解决各类专业问题经验的过程。对解决各类问题的准备是在基础教育(社会法律、信息技术、语言相关和理论等课程)培养班一体化的基础上实现的。

3.1.3. 一切源自教师职业能力的形成(第一阶段——职业能力的形成)。

小学教师培养的第一阶段目标——通过发展大学生在未来教师职业活动中的社会法律、信息技术及语言方面具有现实意义的主要能力,促进大学生基础职业能力的形成。在此阶段,发展指定领域主要能力的学科为主导学科,而教育学起着相互连接和系统培养教育的作用。教学内容根据模块化的原则合理安排。

在第一阶段教学过程的一般逻辑是:从导入模块《教师的职业活动和职业能力》、《教学活动概论》到课程的其他模块,再到社会法律、信息技术和语言方面的教学模块,他们相互联系且同时进行,由此再到教育心理学实习课,最后,由教育心理学实习课再到由教育学老师和其他学科老师一起评定的一般性研究(图3.1)。

附录三：俄罗斯国立师范大学"小学教师培养方案"更新

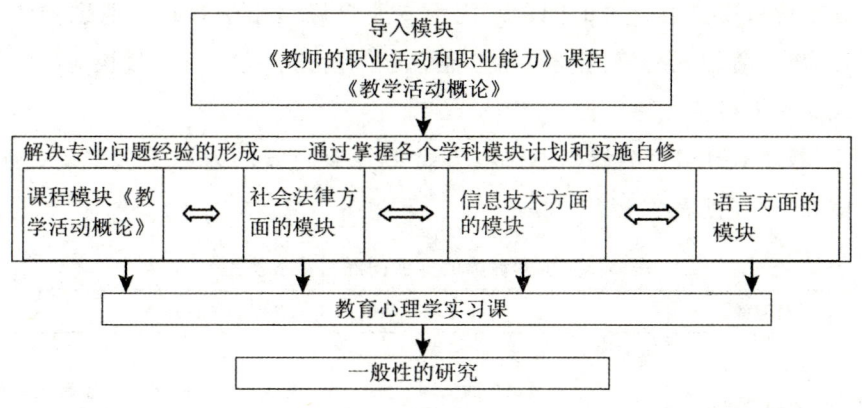

图 3.1

《教学活动概论》课程的专门目标——帮助大学生掌握解决专业问题的经验。这些专业问题是大学生在专业教学活动知识基础上形成的与自己专业有关的问题，同时发展大学生社会法律、信息技术和语言方面的主要能力。

建议仔细研究课程的导入模块《教师的职业活动和职业能力》（以小学教师为例），同时应遵循教学活动的本质特征、特点及职业教育教学过程中职业能力的实质：包括对《教学活动》、《职业能力》（主要能力、基础能力和特殊能力）和《教师的职业问题》的理解，揭示最后一个概念的结构，并了解教育现代化背景下，小学教师在实践中需要解决的五类专业问题。即：教育过程中读懂孩子；组织安排实现小学教育目的的教学过程；和教学过程中的其他主体建立相互联系；创造和利用教学环境；计划和实施专业自修。为了使其更有直观性和说服力，可以列举一些小学教师实际工作中的专业问题；或让大学生观摩教育机构，明晰在实践中小学教师面临哪些亟待解决的问题。

需强调的是，职业能力的形成和发展不只体现在师范课程的学习过程中，而是所有学科知识的综合。因此，语言、信息技术和社会法律学科占有特殊的地位，应建构这些学科间的联系。在解决专业问题的过程中，大学生们应格外注重基础能力发挥的重要性。（遵守社会法律法规、应用信息技术的多种工作方法，包括信息交流技术、使用外语等）

大学生解决专业问题经验的形成非常重要，专业问题是指与其计划和实施专业自修能力有关的问题。因为专业自修是小学教师专业进步的源泉，《教学活动概论》、社会法律、信息技术及语言方面课程模块应同时且相互交替进行。

《教学活动概论》课程中对第五类型专业问题的内容予以准确说明，具体如下：(见表3.1)

表 3.1 小学教师的专业问题（第五类型）

问题类型	小学教师表现出来的基本问题目录
计划和实施专业自修	能够： ——确定专业兴趣的范围，发现在专业活动中的问题（困难）以及确定解决它们的方法； ——解决专业发展问题时（利用多种信息资源、遵守社会法律法规、利用各种语言的工作方法等）依靠主要能力

也可以适当地提交解决这类专业问题的可能"成果"，自修的计划、提高业务水平路径的论证、自修方式和方法方面的建议等都可作为这方面的成果。

因为与小学教师实践工作相关的1—4类型问题是第5类问题的基础，所以，建议大学生在学习导入模块时首先对自己解决出现问题的能力予以评价，在此基础上，计划与实施解决某个具体的问题是十分有益的。

在学习《教学活动概论》课程时，大学生们已积累了有关小学教师教学活动及自身专业形成的信息，包括如下问题：

◆如何知道我解决具体问题是否在行？

◆如果我发现自己专业不在行怎么办？发展专业有哪些方法？它们能否作为教学大纲和计划？这个计划（或大纲）看起来怎样？它的结构如何？

◆在发展自己的职业能力时可以向谁寻求帮助？如果我的请求没有得到帮助人的回应，那怎么办？持什么样的态度对待这件事？

◆在什么样的教育工作者团队里可以发展职业能力？怎样找到他们？可以参加哪些活动？具体做什么？

◆在哪里、如何提交我的职业能力发展成果？

◆如何分析我职业能力发展的"提高"？如何创建我的职业业绩？

◆其他。

附录三：俄罗斯国立师范大学"小学教师培养方案"更新

教学手段作为《教学活动概论》课程中重要的内容，分为社会关系（作用）、教学技术、教学反思和批判性思维。

为掌握课程教学大纲，把每班大学生分成若干小组，每个小组5－6人（人员固定或变化），大学生们在一学期内完成小组作业[2]（注：[2]更多细节请参看 А. Ю. 乌瓦罗夫《教学中的合作组织：小组工作》教学法教学参考书——莫斯科出版社，МИРОС，2001年），这可使大学生们获得与同班同学相互协作的经验，同时，大学老师也可以进行个别小组答疑。

1. 下面我们将列举一些作业，它们都要求有解决专业自修方面问题的经验

此问题的答案多种多样。明确自己的立场，选择相应的理由，然后将其填入下表。

《赞成》的理由	《不赞成》的理由

2. 教师应该依靠自己在专业发展领域的知识和自修，解决专业问题。写一篇反映你很好地掌握了这些知识的总结。

3. 在获得生活中各个时期个人经验的基础上，找出你认为解决教师专业发展问题所必需的技能。评价一下，它们以怎样的形式掌握，掌握到什么程度

4. 通过反思，请拟定一个必须做到的计划，以丰富你自修时解决教师专业问题的经验。

建议大学生解决第五类型具体问题是有益的（下面会给例子）。

需注意的是，第一阶段教学应面向总体目标——通过发展主要能力形成未来专家的基础能力。

第一阶段从培养小学教师的总体目标出发，培养"社会法律教育"方面的小学教师，包括促进未来教师职业能力形成，使其能根据初等教育现代化的战略目标，通过分阶段发展社会法律领域的主要能力，以解决各类专业问题。

第一阶段（1年级）称它为"我和教学活动"，目的是通过发展该阶段具有社会现实意义的社会法律教育领域的主要能力，促进基础能力的

形成。

该阶段，大学生学习一系列社会科学，这些社会科学作为其职业能力形成的基础，将存在于他未来的社会化过程中，促进他的世界观和公民立场的形成。

在这个阶段，第五类型问题是主要的问题，即大学生们在掌握社会法律知识的基础上设计和实施专业自修。为发展社会法律领域的主要能力，通过表3.2具体说明问题类别。

表3.2 小学教师的专业问题（第五类型）

问题类型	小学教师表现出来的基本问题目录
计划和实施专业自修	能够： ——为了专业教学活动使社会法律信息具有现实意义； ——正确使用法律术语、阅读法律文献并理解它的含义、搜索法律信息，包括借助信息技术的帮助

从导入模块《小学教师职业教育的社会法律范畴》适当学习社会法律课程，对大学生而言，能够获得对小学教师教育培养机构运作方式的最初认识，还可获得职业教育中相互社会关系规则的认知，以及在自学活动时对遵守社会法律规则的认识等。

接着深入到每个社会学科的大纲，动机模块《小学教师职业活动中的社会科学》提出设计有个性特点的自修大纲，帮助解决从教育者角度看到的社会法律教育问题，包括那些尊重小学生权利等诸如此类的问题。

帮助大学生利用信息技术和电信技术掌握解决（和他专业形成有关）问题的经验，是教授信息学和信息技术最重要的目的之一。表3.3对此问题加以具体说明。

述评、有具体主题的电子资料、教育网站目录或某些专题网站等都是解决这类专业问题的参考。

表3.3 小学教师的专业问题（第五类型）

问题类型	小学教师表现出的基本问题目录
计划和实施专业自修	——独立学习新的教学大纲成果，明确普通教学法在小学低年级教学中使用的合理性； ——解决专业自修问题时，能有效利用电子资料和国际互联网上的信息资源

附录三：俄罗斯国立师范大学"小学教师培养方案"更新

《数学和信息学》课程中《职业活动的标准大纲保障》一章讲授的信息技术内容包含几条内容丰富的线索，它的每一项内容都以利用在学校掌握的信息技术为前提，来解决专业自修的问题。下面列举一些内容丰富线索的例子：

◆为了职业教育使用信息技术和电信技术的可能性。

为了自修和未来的专业活动，在内容丰富的线索范围内给大学生们演示使用信息交流技术的前景。

大学生熟悉了有效解决职业教育问题的手段，这使他们想（或者没有能力使用信息交流技术）在信息交流技术方面建立有个性特点的自修路径。

◆和个人职业发展相关的培养文件。

这种情况要求大学生们的作品必须使用不同种类的软件编辑，电子表格用法不当为建立与职业发展自我分析有关的文件所必备的系统。例如：文件"实用的大学生档案袋"，包括大学生名片，简短总结，自修路径，具有个性特点的职业发展图片和成绩图表等等。

◆对作业的展示和演讲材料的培养。

在内容丰富的线索范围内，大学生们创造性地完成作业

在《教学活动概论》的课堂上，他们的成果在演讲过程中被作为演示材料使用。完成这些作业时采用了各种工具手段，例如，推荐的教学大纲的图解编辑、小组内相互协作共同完成作业。

在可能使用国际互联网的基础上准备作业、进行教学活动和创造性的接触。

对于职业教育活动，大学生认识到了国际互联网资源利用的多样性和特殊性。他们将课程《教学活动概论》(《教师的职业世界》，《教师的交往风格》，《专业自修的方法》等）中的一个题目进行交流，并将其作为作业，从利用课本材料逐渐向使用国际互联网资料发展。综上，同样要以大学生熟悉专业教育网站为前提，利用各种搜索引擎和搜索信息的方法，利用自动化系统接收、创建一定结构的文字等。

培养小学教师第一阶段教授外语的目的是：

——在发展语言领域主要能力的基础上，创造先决条件以形成小学教

师的基础能力；

——借助于外语，促使与大学生专业形成相关的、具体问题的解决。

为了达到第一阶段外语教学的目的，建议使用设计和实施专业自修的第五类型问题。这些问题的解决将促使大学生更加了解未来职业中的自己，在发展语言领域主要能力必要性的背景中可以更好地说明他们。（表3.4）

表3.4 小学教师的专业问题（第五类型）

问题类型	小学教师表现出的基本问题
计划和实施专业自修	——独立使用字典、百科词典、外语信息资料和手册，包括纸质形式和电子形式； ——利用电子词典翻译，从外语翻译成母语或从母语翻译成外语； ——提取并分析实现计划教学活动的必要信息，确定运用教育心理学、教学论、教学法理论，包括外语工作的技术、方式和方法的效度； ——使用小学教育和管理严格规定的文件，使用供小学用的外语教学大纲和标准； ——利用在国际互联网的俄语和外语搜索系统，搜索必要的专业信息； ——形成《教学法汇编》

为使大学生掌握教育心理学和其他学科的教学大纲时，将外语作为解决专业问题的工具，需要教会学生使用国外信息，包括电子信息、教学和教学之外活动中使用电子翻译词典，以及利用字典、百科词典和公文等（标准化文件、教学计划、教学大纲、国际组织及教育集团间的公函）。

在培养小学外语教师过程中，建议从能力方法的观点分析教学内容。这种情况下，关于精选语言材料的标准和原则，"外语"学科教学大纲需重新研究和审视，它们应以培养大学生解决相应专业问题的能力为条件。建议把交流作业（情景的任务/情景的问题）编入第一阶段外语教学的内容。在完成交流作业的过程中，大学生了解专业自修的可能性（包括专业发展目的），了解一个优秀的教师应具备的优秀品质，了解所学习语言对象国的教育机构类型及教学技术手段和非技术手段，也了解了在小学课堂上使用的现代技术的核心。他们知道了关于小学课程、小学低年级学生的年龄特点、在教学过程中使用电脑的可能性、不受约束地玩耍及小学低年级学生的兴趣等信息。

作业要求大学生掌握语言和言语资料，以便进行合乎具体语境的专业外语交际，例如，根据专业自学（自修）课题设计的有其他国家小学教师

附录三：俄罗斯国立师范大学"小学教师培养方案"更新

参加的《圆桌》滚筒游戏。大学生应善于编写问题汇编，根据问题进行讨论并在滚筒游戏过程中进行检验。

在教学的第一阶段，大学生们为获得借助外语解决问题的具体"成果"，掌握了文化间相互影响的本领。

在完成交际作业的过程中，大学生通过借助国外大众传媒（报刊、电视和广播等）、字典、百科词典和外文材料手册（包括纸质和电子），借助含实现交际活动和形成《教学法汇编》必需的专业信息资料，掌握了根据题目独立搜索信息的技能。

解决专业问题的结果是具体的"成果"：供自学教育学题目的外文参考书，供讨论特定专业选题的问题汇编，不同题目的教学和教学法信息数据库（《教学法汇编》），特定题目（从国外专业文献中引入实例）的提纲，严格规定的小学教学和管理活动文件清单。它们都将成为解决专业问题的成果参照。

专业问题是所学课程全部内容整体化的主要体现。第一阶段——是和未来小学教师自己专业形成有关的第五类型问题。在准专业活动条件下解决实际问题可能是模块的组成部分，也可把它分成独立的模块——教育心理学实习课。

专业问题训练实例

问题 1

1. 问题的总定义。当前教师个人自修毋庸置疑，现代教师是能自我反思的教师，只有能自我反思的教师才有自修的需求。反思的过程应贯穿教师的所有教学活动当中：表现在和各种教育主体（学生、同事、学生家长等）的相互关系中；表现在组织和设计教学大纲、自我分析和自我评价环节中。

2. 主要任务。详细拟定能使小学教师在解决专业自修问题时评价自己职业能力的反省表，借助信息交际技术（根据你的选择）的帮助提交它。

3. 解决问题的背景。教师的专业发展归根到底是解决小学现代化的主要问题。目前，虽没有解决这些问题的实际经验，但有在实践中实现现代化思想的渴望。教师生活在都市，他所工作的学校是一个年轻的集体，拥有专业的、条件优良的图书馆及利用国际互联网的条件。

4. 需要解决的问题：

◆熟悉专业活动反思方面的理论问题，了解形成反思表的原则和结构，不仅使用俄文资料，而且要使用外文资料，包括利用国际互联网上资料。

◆根据提出问题的情况确定评价自己能力的标准。详细拟定反思表的方案，进行大学生小组讨论，包括遵守社会法律法规的观点。

◆在获得必要知识和技能的基础上编制和提交电子反思表。

◆将制定的反思表最终方案提交大学生小组。

问题 2

1. 问题的总定义。为保持高水平教学质量，按照现代社会对小学教学过程提出的要求，教师应该了解心理学、教育学、教学法及其他科学领域的最新成就。

2. 主要任务。编制一个外文参考书目录，以便独立学习教育心理学基础（教小学低年级学生阅读的）。

3. 解决问题的背景。假定你是小学老师，帮助你的国外同行编制一份教低年级学生用母语阅读的英文参考书目录，邮寄给他。

4. 获得解决的问题"成果"：

◆大学信息学老师建议你在国际互联网上搜索详细的信息学资料。

◆到图书馆搜集与解决问题有关的参考书，以及必要的图书资料。

◆在利用纸质和电子书资料的基础上，编制参考书目并把它提交大学生小组。

5. 在实际生活中问题提出的背景。就该问题征求教育学和心理学老师的意见，考虑实际解决问题的语言环境。

在教授解决专业问题时，我们将研究大学老师之间相互协作的方法。

首先大学教师团队编制一个教学课件，并指定在学生掌握课件材料的过程中，每一个课件所能给大学生提供的帮助。教学课件可以包括教学目的、预期效果、需掌握为解决专业问题必要的基础理论材料，也可以包括运用社会法律、信息技术和语言能力形成的解决问题的方案，然后推荐给

附录三：俄罗斯国立师范大学"小学教师培养方案"更新

大学生一个或几个问题供其选择，同时指出参考书目。

训练解决专业问题可以这样安排：教育学老师讲解什么是专业问题，它的结构怎样、解决这类问题可能的方法、解决问题可借鉴的大纲等，让大学生关注包括外文资料在内的解决该问题的材料；

社会法律学老师帮助大学生从遵守教育人权的角度给创作的成果评分；

信息学老师用解决问题必要的信息技术手段武装大学生：能够使用各种搜索系统，包括需要的外语知识系统，在一定环境里创造具体的成果（信息的、教学大纲的）；

外语教师协助大学生使用外语方面的第一手资料（翻译）。

在所有学科都共有的学生手册中，要能体现大学生掌握解决第五类型问题经验的过程。学生手册可包含一组评定单、观察表、学生手册（中小学为了加强学校与家长的联系，报告学习成绩，记录家庭作业等用的）片段、记事簿、视频片段、演讲的计划和构思。学生手册比简单的大学生作品档案袋包含更多内容，学生手册是一个预先设计好的、有个性的大学生成就专栏。

确定学生手册的目标：

——使大学生的教学活动活跃起来；

——使大学生解决专业问题的经验系统化并将其保存起来；使大学生把已有知识和新知识联系起来；

——考查大学生的成就，考查他在掌握课程过程中的个人专业进步；

——把自己和自己的能力（"我能"）通过"活动成果"展示给别人看（在竞赛中、在奥林匹克比赛时、考取硕士研究生时及求职被录用时等）；

——准备自我反思、自我评价、互评及教师评语的素材；

——准备和论证未来的工作目标。

在小学教师培养的第一阶段建议采用学生手册的下列结构，它分为三部分："学生手册"、"作业的材料"和"成就"。

对《学生手册》确定的目标——反省和大学生教学工作的自我评价。《学生手册》包括：

——大学生完成的作业笔记，需要咨询老师的问题；

——老师对大学生完成的教学任务的评述；

——在掌握解决专业问题经验方面老师对大学生独立工作的评定。

学生手册中的"作业的材料"部分，包括完成当前作业的电子版（光盘、U盘）和工作草案。

学生手册中的"成就"部分可以包括：在大学生看来最值得称道的完成作业材料中的工作；简要评述大学生为了提交自己的成就而选择的材料，并在评述中对自己的选择加以论证。这里也可以包括其他学科的大学老师和大学生的意见（例如低年级的教师感谢所做的广告宣传）。

培养小学教师第一阶段的预期结果是：

——作为形成基础能力和特殊能力的手段，发展大学生在社会法律、信息技术和语言方面的主要能力；

——大学生掌握解决专业问题的经验，这些专业问题是与他计划和实现专业自修能力（技能）有关的。

在第一阶段末进行整体化的评定，目的是检查取得的成果是否与预期相一致，因此要建立一个由教育学、法学、信息技术和外语学科的老师组成的评定委员会。

第一阶段末的总结性评定建议以两种方式进行（供大学生选择）。

总结性评定的第一种形式——详细分析拟定答辩，答辩中在解决与计划和实行专业自修能力（技能）有关的专业问题时，大学生应该表现出在社会法律、信息技术和语言领域的主要能力。

教学大纲、自修提纲、建议、自修指南、计划和自修书摘等都可作为详细分析和拟定的基本形式。

适当地给大学生提供研究主题。例如：

——在大学生选择的一个领域（社会法律、信息技术或语言）中发展主要能力的方法；

——在发展自己职业能力中的合作（以解决具体专业问题为例）；

——作为发展职业能力环境的教师专业协会（以解决具体专业问题为例）；

——小学教师提交职业能力发展成就的形式；

——发展小学教师职业能力的自我检查和反思方法；

附录三：俄罗斯国立师范大学"小学教师培养方案"更新

——小学教师建立自己职业前程的能力；

——其他。

作为完成制定答辩的任务，可以给大学生提出一个与计划和实现专业自修有关的问题。

问题实例

1. 问题总定义。在我们这个时代，信息技术是每一个现代教师都应该掌握的工具。所以专业发展要以能使用信息技术（指定的）为前提，以便解决专业问题之一的职业教育问题。职业发展在自我检查和自我评价能力的基础上不能缺少专业自修。

2. 主要任务。

编制：

——在职业教育活动中使用信息技能的自我评价表；

——总的自我评价小结；

——在信息交流技术领域具有个性特点的教学路径。

为了自我检查小学教师信息交流技术方面的主要能力，请使用已提交的电子版的自我评价表，完成任务的结果应该以电子形式提交。

详细拟定解决专业问题的方案，这些专业问题与计划和实施专业自修有关。

在下列标准的基础上评价制定的答辩：

——简要说出若要成为实践中需要的小学教师，对自己有什么样的要求；

——提交已选出的各种载体的（印刷的、电子的和口头的）文献资料，这些资料都是用来解决专业问题（孩子们的意见、国际互联网、专业交流、外文课文等）的；

——能介绍解决专业问题的经验并指出为了解决专业问题还必须学会的东西；

——能编制并提交解决具体专业问题经验方面的研究。

根据答辩制定过程中表现出来的社会法律、信息技术和语言方面的主要能力来评价答辩的制定，评价的标准和指标由相对应模块的教学大纲的任务来确定。

信息交流技术方面评价实例
信息法律领域主要能力的自我评价调查表
(摘录)

(3) 文本编辑

水平 1. 我不使用文本编辑。

水平 2. 我有时使用文本编辑以便创建普通文件，对我来说，手写或用打字机更轻松。

水平 3. 我经常用文本编辑以创建文件，我编辑、检查拼写法并形成文件。

水平 4. 我能使用文本编辑创建各种文件：创建具有个性特点的成就图片；创建教学材料摘要。我愿意使用文本编辑与老师进行书面交流。

(4) 线条画

水平 1. 我不使用线条画，甚至在文本编辑中也不用。

水平 2. 我能把现成的图示（图画和照片等）安插到文件中。

水平 3. 借助于线条画的编辑我能创建图示，我能编辑图示并把它插到文件中。

水平 4. 我使用线条画是为了让它解释或补充我的文摘、我的教学作业、课堂上分发的材料或一些直观材料，我能把它做成专题。

(7) 信息搜索

水平 1. 我很少寻找电子方面的信息。

水平 2. 搜索我感兴趣问题的答案只是借助于百科全书和 CD 指南的帮助。

水平 3. 借助于图书馆搜索系统的帮助我进行信息搜索。

水平 4. 我掌握各种搜索方法，能使用各种搜索程序。为了自己的教学活动，我使用各种方法在国际互联网上搜索信息，借助于各种电子资料的帮助我能展示信息搜索的效果。

附录三:俄罗斯国立师范大学"小学教师培养方案"更新

表 3.5 小学教师职业活动所必需的信息交流技术的技能水平评价表

信息交流技术	1	2	3	4
1. 基本使用电子计算机				
2. 使用文件存储器				
3. 文本编辑				
4. 线条画				
5. 信息搜索				
6. 电子邮箱				
7. 国际互联网				
8. 使用信息可视化技术				
9. 经常使用的出版系统				
10. 电子表格				

处理结果。水平 1—4 说明你使用信息交流技术解决专业问题所能达到的程度。再看看各项的主要指标。

K_0=评价(1)+评价(2)+评价(3)+评价(4)。

K_1=评价(5)+评价(6)+评价(7)。

K_2=评价(8)+评价(9)+评价(10)。

K_0<16 说明你在解决各类专业问题时将面临困难。

K_1<12 说明你在解决第三类型和第五类型专业问题时将面临困难。

K_2<12 说明你在解决第一类型、第二类型和第四类型专业问题时将面临困难。

$K_0+K_1+K_2$<30 说明你没有使用信息交流技术方面的能力。

在培养小学教师的第一阶段末,在使用考查单位信用系统基础上进行的评定,可以是总结性评定的第二种形式,同时提交学生手册。这里的考查单位是根据鉴定专家对总的劳动消耗(当研究在规定评定的最短学期内,数量和结构都标准的教学课程时)进行评价计算得出来的条件参数。

在研究信用单位的系统时应该记住,解决某些专业问题的数量与职业能力的发展是不一致的。在这个系统基础上可以安装考查翻译的欧式系统(European Credit Transfer System——ECTS),它最初是在对照总工作量(一定学期规定的)中每一学科规定的劳动消耗基础上创立的,也可以安装美国采用的信用系统(US Credit System——USCS),它是按照课程形式和种类,在评估由教学计划和教学时间表确定的每一学科透支的时间和教学大纲基础上创立的。

学生手册建议采用表 3.6 指出的标准进行评定。

表 3.6 学生手册评价表（第一阶段）

小学教师主要能力发展过程的指标	教育学	社会法律课程	信息交流技术	外语
提交自修的远景规划				
提交成就自我评价表				
提交自修活动的评价总结				
提交自修信息资料清单（参考书、CD 盘、网页和网站等）				
提交在"成就"里的评述，它反映了解决第五类型专业问题的困难及克服它们的办法				
组成"成就"时表现出来的主要能力（语言的规范、提供印刷材料的质量、提供信息使用的电子手段等）				
"成就"一章答辩时表现出来的主要能力（语言的规范、掌握大纲的手段、遵守条例、遵守交际规则等）				
个人自觉的反思：大学生分析自修进程、自修结果的远景规划并预测自修活动结果（提交小结或者在学生手册答辩的语言中反映出来）				

学生手册评价的处理结果。表的每一纵行记入 0—3 分。为了通过"考查"，大学生最少要获得 22 分。

3.1.4. 我们发展小学教师的基础职业能力（职业能力形成的第二阶段）。

在第一阶段教育结果的基础上（社会法律、信息技术和语言方面的主要能力），通过改进解决小学教师专业问题（普通专业内容）的经验，促进大学生基础职业能力的发展，这是培养小学教师第二阶段的目标。

在培养小学教师的第二阶段，旨在解决专业问题的课程成为主要内容，它们能使大学生具备具体的、必要的知识以解决基本类别的社会法律、信息技术和语言方面专业问题。

可以推荐使用下列的一般逻辑展示第二阶段的教学过程（图 3.2）。从《教学活动概论》中揭示的专业问题的具体类型，到大学生学习教育学课程和社会法律、信息技术及语言方面的课程时获得的具体理论和实践知识，进而到教育心理学实习课（在科目间相互关联基础上、准专业活动条件下解决问题),然后在生产实践中实际解决这些问题,再到设计解决具体专业问题"成果"答辩中的总结性评定的一体化。

现在我们介绍在培养小学教师的第二阶段要学习的教育学课程内容。

学习教育学课程(课程的名称大概被进一步明确为:《理论教育学》、《实践教育学》、《教育史与教育思想》、《比较教育学》、《社会教育学》等)的主要目的——帮助大学生在掌握学科间知识和社会法律、信息技术及语言方面的主要能力的基础上,解决所有专业问题的各种方法。

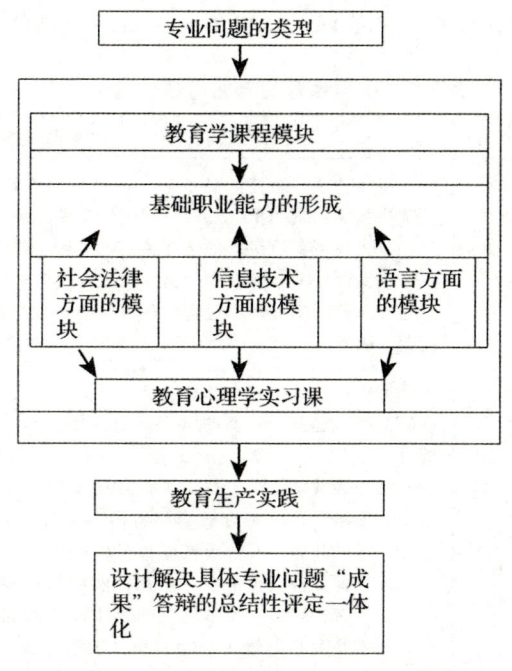

图 3.2

首先,全身心投入导入模块《普通教育的现代化》(以小学教师为例),可以推荐它的下列内容。

1. 大学生发现初等教育(以教育机构的一种类型为例)的现状并且确定初等教育现代化的现实意义和转向职业能力的方法。

2. 大学生分析俄罗斯联邦普通教育现代化的战略,以及推荐的实现现代化的材料,首先是初等教育的现代化。

3. 让大学生反思,能使大学生确定自己作为小学教师解决专业问题的个人职业能力。每一个大学生都要制定解决第五类型专业问题的理论培养计划。

4. 大学生应掌握解决小学教师面临的具体专业问题的理论基础，建立基本的理论材料文摘（文选、示范图解、简介目录等），根据这些基础理论材料，大学生随后将实际解决专业问题。

5. 对模块的掌握情况进行自评和互评。

建议在这个活动过程中，具体说明与初等教育程度相适应的第一至第四类型专业问题的大概内容，同时可以根据表 3.7 进一步说明。需要强调的是，第五类型问题的解决是有效解决第一至第四类型问题的条件。

表 3.7 小学教师的专业问题（1—4 类）

序号	问题类型	小学教师在技能方面表现出来的基本问题明细
1	在教育过程中了解孩子	——对作为学生个体的孩子的发展进行教育诊断，通过评价使自己掌握教学大纲的个人经验（学习、交流、创造和社会积极性）； ——分析孩子在班级里的相互关系，了解这些关系变化的情况； ——预测孩子的创造性和社会的积极性及学习的独立性； ——跟踪孩子掌握教学过程的最终结果（成绩），发现他的成绩和问题（困难）；
2	制定旨在达到小学目标的教学过程	——精选教学材料内容和教学技术（方式和方法），使其在预测的基础上激发起孩子正面的学习动机（如读书、使用电脑和做练习等）； ——考虑到教学预测、教学工作量的最优化及保持身体和心理的健康，提出目标，精选教学材料内容和适合的保护身体的方法，发展教学的独立性及孩子创造和探索的积极性； ——选择保证教会孩子自评和互评的反思形式和不记分的评价方法，说明选择理由；指出学生掌握教学过程的成绩或问题； ——为了儿童掌握解决一定问题（教学的、交际的、社会的、日常的等问题）时存在的文化间相互影响的经验，组织成人和儿童社团； ——根据总的题目制定教学过程；
3	和教学过程的其他主体建立相互关系	——利用和同行（教师、心理学家、社会教育家、语言矫正专家、少先队辅导员、继续教育的教师等）的相互关系解决一定的专业问题；研究教学过程；根据总的题目制定教学过程；保持组织教学法工作的连续性；实行 ОЭР 等； ——根据教学情境，设计并利用与家长的相互关系，采取各种不同的形式和技巧（家长会、邀请家长一起解决教育教学问题、解决日常生活问题和其他问题）； ——和教学机构的管理人员相互配合，以便解决专业问题； ——和社会组织（监护人委员会、儿童保护机关、基金会和其他组织）相互协作；

附录三：俄罗斯国立师范大学"小学教师培养方案"更新

序号	问题类型	小学教师在技能方面表现出来的基本问题明细
4	创建和使用教学环境	——建设和使用教学机构内的各种教学环境（游戏的、心理学的、交流的、法律的、信息的及其他方面的），以便解决具体的教学问题（发展教学的独立性、教授自评和互评、发展创造和探索的积极性）； ——精选教育环境客体，利用他们解决具体的教学问题（组织参观博物馆、参观大自然、组织集体文化活动、定期提供儿童读物、上网、组织教育旅行等）

解决专业问题类别的可能性建议。

第一类型问题——小学低年级学生学习的教学大纲、学生的特点、使用教学预测的建议、班级中相互关系的动态特点、使用教学"社会测量法"的建议、孩子积极性和独立性的特点、安全评价规则、早期的预测方法及矫正和评价与学习成绩有关的情感问题、对一年级（二年级和三年级）小学生幸福感监测的建议、小学教师工作检查和评价的方法手段"汇编"及其他方面的问题。

第二类型问题——在采用激发学生正面学习动机的方法方面给小学教师的建议；在一定时期内组织设计小学低年级学生的教学活动；建议老师保护儿童身心健康，确保发展儿童学习的独立性、创造和探索的积极性；设计反思和不记分评价系统；拟定评价的具体形式（方法）；解决具体问题时，建立儿童相互关系方面的建议；设计组织成人和儿童社团及其他方面的问题。

第三类型问题——描述相互关系的具体形式和技术；在父母面前演讲；为父母拟定荐语；形成事务性文件；参与机关工作时的教师问题手册；摆脱冲突的情境和预防其发生的建议；有关教师和社会组织间相互协作的建议；教育环境具体形式的特点、在教育环境中组织活动的建议及其他方面的问题。

第四类型问题——在具体教育环境及其他环境下，组织和接收孩子的教育陪同计划。

在研究教育学的理论问题时，建议大学生注意帮助他们解决第五类型专业问题的理论知识，特别是能保证孩子情感的、社会的、智力发展的以及学习独立性的教育理论更为重要：包括与年龄相适应的发展、熟悉个体情况的学习、引导和保护孩子的个性学习动机和学习技能的形成、不记分的反思学习、成人与儿童社团中小学低年级学生的教育和社会化、创建和利用与其年龄特点相适应的教育环境、小学里的生活方式等。除此之外,还包括关于小学教师的社会伙伴、原则、机制、规则及和他们存在必然联系的理论知识。建议用发展教师职业能力、教师自我学习和自我发展的理论知识武装大学生。

为了使大学生获得解决专业问题的实践经验,建议把在准专业条件下教学生解决专业问题的教学内容列入教育学内容。必须补充大学生教学技术的普通理论知识,熟悉小学低年级学生不断发展的年龄特点,补充关于学生教育活动组织形式方面的知识。

为了更有效地发展小学教师的职业能力,不要将大学生理论学习和实践分割开,所以,建议把培养小学教师的各个组成部分合并为一个统一的模块。在实现初等教育现代化的背景下,"小学生的成绩评定"模块大体上可作为这些模块中的一个,大概内容如下:

1. 根据普通教育现代化的材料,提出并分析在小学教育阶段学生成绩的评定问题,由大学生确定它的现实意义。大学生应理解解决所谓问题的思想基础、构成、专业问题的大致类型和解决它可能使用的方法。

2. 让大学生进行确定自己能力和解决个人专业问题(用来评价低学龄学生的学习成绩)的职业能力反思,确定每一名大学生解决问题(用来评价模块框架内学生的学习成绩)必需的职业能力的发展方向。

3. 大学生根据初等教育现代化的材料,按照指出的问题独立搜集信息,研究并理解解决专业问题(评价学校教育初级阶段学生的学习成绩)的理论基础,按照问题类型推荐大学生搜集信息,集体讨论评价低学龄生学习成绩问题的教学法理论材料,并使其系统化。

4. 大学生选择他们将解决的专业问题并论证选择理由,集体制定并论证解决专业问题(评价低学龄学生的学习成绩)的评定标准。

5. 实际解决被选出的专业问题。运用一定的解决规则,在小组内建立相互合作的关系以便解决专业问题,大学生提交解决问题的"成果",专家评价解决问题的方案,创建学生手册。

6. 让大学生进行发展职业能力(解决专业问题的经验)的反思,来

附录三：俄罗斯国立师范大学"小学教师培养方案"更新

评价低学龄学生的学习成绩，自查和互查学生手册，大学生制定在评定学生学习成绩方面的进一步自修计划，大学老师的建议。

应该强调，某个"成果"将作为大学生解决问题的结果。在教学情景中给予大学生的不仅是解决问题，而且是提出问题，这些问题的解决过程就是学生加工处理具体的"成果"的过程。

小学教师专业问题教学实例

1. 问题的总定义。普遍采用的5分评价系统是原来教学伤害的因素。对于小学生来说，5分不表示"我写得好"，而表示"我好，人们爱我"；2分表示"人们不爱我，我不好"。因此，借助分数的"帮助"打下了儿童自我评价时说谎的基础。孩子不再思考学习的内容，而是开始"赚取"好的分数。对"学习差的"学生来说，之所以被分数伤害，是因为分数记录了他们在班里的不成功，而且给他们额外带来了情感上的压力，使他们和父母的关系紧张。对于"学习好的"学生来说，保持自己优等生的地位成为学习的主要任务。

2. 主要任务。制定一个对小学生进行评价可能的形式（标准），形成一份完全适合学生的自评。

3. 解决问题的背景。从9月1日起你将成为一名小学一年级的教师。你已经和你参观的那个幼儿园的孩子们认识，他们中的大多数人将是未来一年级的学生，他们都带着医疗卡，上面写着病案总结——他们的身体发展水平。班内将会有许多学生，对于他们的活动和行为，任何外部的否定性评价他们都会有不同的病态反应，孩子们的感情将很不稳定，某些孩子没有上过幼儿园，他们生活在有物质保证、信守自由教育理论的家庭。通过家长会证明，不是所有父母都拥护不记分教学。许多孩子将到长日制班（延时班）。设备是电脑和复印机。

4. 解决问题的建议（"成果"）：

◆确定解决问题的理论资料，从中挑出有关评价小学生学习成绩的理论知识，以便形成完全适合他们的自我评价。

◆熟悉现有的评价小学生的实际经验。

◆草拟几个解决问题的方案。

◆就选择评价小学生成绩的具体方案和标准,向自己大学的同年级同学征求意见,形成完全适合小学生的自我评价。

◆形成解决问题的结果,并把它提交给大学生小组。

5. 在实际生活中提出问题的背景。如果可能,了解小学教师评价学生活动的具体经验,根据实际情况解决问题。

在促进基础职业能力发展时,建议依托社会法律、信息技术和语言领域主要能力的发展及在培养小学教师第一阶段所取得的成果。

社会法律课程可能会在教育学课程中提出来。有效和合理解决小学教师专业问题的标准之一是使用《遵守社会法律规则》,为此,解决每一个问题时,都必须找出问题解决的法律基础。建议大学生依托对社会课程知识的学习,解决并预测与孩子社会技能发展有关的第一类型问题,解决要求与社会伙伴相互合作的第三类型问题。

信息技术是小学教师解决所有第五类型专业问题的最重要手段。在学习教育学课程时应广泛使用信息交流技术,针对熟悉个体情况的大学生学习过程,要发展其信息交流技术能力。

下列做法可作为教育学学习过程中使用信息交流技术的具体方式:

◆使用信息交流技术讲课,借助设计的教学大纲系统教学,在教育实习课上使用电视录像设备等。

◆教学过程中大学教师和大学生使用电子教科书及教育学方面资料。在推荐的教学参考书目录中适当包括电子手册、百科全书、教育学教科书和有教育学资料的网站目录。

◆衷心希望大学生提交解决问题的"成果"不只是书面或口头形式,而是电子形式。同时,也可能依托国际互联网平台组织优秀的电子材料竞赛和优秀大学生作品展览。

◆在教学过程中可以广泛使用全球的信息资源。大学生要能从国际互联网上汲取解决问题的必要信息,在学习教育学课程时从国际互联网上获得老师的支持。

◆大学老师在其网站组织的关于教学问题的专题大讨论,是实现师生相互促进的较好形式之一,大学生也能参加高校之间及国际组织的专题集会。

附录三：俄罗斯国立师范大学"小学教师培养方案"更新

信息交流技术使大学生建立教学问题信息、相关研究和创造方案等方面的活动变得更为轻松。所以，依托信息交流技术来规划活动是主要教学技术之一。

为解决所有主要类型的问题，可以利用外语查阅文献资料，包括外文参考书及国际互联网上国外网站的材料等。在小学教师和外国伙伴合作解决相关专业问题时要使用外语，所以应把要求教师与孩子用外语交流的问题适当编入各种情景中，如在一体化课堂上观看和讨论外文电影（戏剧）、和外国孩子在一起等。

下面，我们对推荐的社会法律、信息技术和语言的课程内容进行总体描述。专业问题的总体解决不仅建立在对教育学的理论学习基础上，同时也要具备社会法律、信息技术和语言课程的理论基础，建议把掌握以上学科知识作为发展未来小学教师必须具备的基础职业能力，同时，要创建与教育学课程的学科联系，而构建这些联系的前提和基础是小学教师所有五类专业问题。

在第一阶段成果基础上，若要促进小学教师的基础能力发展，需要在第二阶段对小学教师予以社会法律课程的学习与培养。第三和第四类型问题是第二阶段中最为重要的专业问题，而获得解决问题的经验要通过社会法律课的学习，学校要开展法律方面活动，创建初等学校有关法律生活等方面的活动。作为未来小学教师，对于和孩子教育权利受侵犯等相关问题，大学生要学会解决方法，因为在该阶段，大学生学习了《法律学》和《教育法》等方面的法律课程。

在《教学关系的主体及他们的法律地位》模块中可能会涉及行为能力的处理方法。模块包括在准专业活动情景中学习与应用的文件，这些文件严格规定了小学教学过程中参与者的关系，包括小学教师与孩子、孩子的父母、学校社会伙伴的关系以及与教育机关管理者的关系等。

众所周知，民主社会本身并不排除出现个别公民和社会组织的权利被侵犯的情况。在学校里，教学过程中主体的权利也有可能被侵犯。此模块能帮助理性地解决这些问题，并在学校法律空间允许的范围内提出奉公守法的行为模式。教师将在自身的职业活动中遵守教育法规。这一切都是在完成各项任务的过程中，在对法律、教育、信息知识和技能学习的基础上、在与其他教育主体相互协作的过程中形成的。

在学习社会法律课程时可能被提出的教学问题实例

1. 问题的总定义。四年级的小学生巴尔别索夫（11岁）不止一次地对外语老师实行粗鲁的对抗行为，在教务会议上人们建议开除小学生巴尔别索夫。

2. 主要任务。确定自己对该建议的态度。向校长提出关于修正学校法律空间的建议。形成电子版的建议。拟定自己建议的英文提纲，以便在本人网站上与其他国家的同行进行专业交流。

3. 解决问题的建议（"成果"）：

◆突出法律问题。

◆了解学校开除学生的程序，给出开除建议的法律评价。

◆确定解决问题必需的法律资料。

◆利用搜索系统搜索法律信息。

◆采用针对具体情况必要的法律规定。

◆采取综合措施以提高整个教育集体的法律素质。

◆考虑和未成年人事务委员会相互合作的可能性，以矫正小学生巴尔别索夫的行为等诸如此类的想法。

◆对在该阶段个人解决专业问题的能力给予评价并得出结论：为了丰富你在社会法律教育方面的经验，实现进一步自修，还需要掌握哪些方面的知识和技能。

也可以把《小学教师的社会法律实习课》模块适当列入社会法律课程。

促进信息技术的基础形成是第二阶段信息学和信息技术的教学目的，它是小学信息技术教师社会职业能力形成和发展的根本。为实现这个目标，安排了《视听技术的教学手段》课程，反映了小学教师工作的特殊性。建议使用下列模块补充该课程内容：

◆《小学教师视听教学技术的使用》。

◆《小学中创作视听、录像材料运用技术手段的专业基础》。其中有必要体现利用信息技术处理手段组织儿童独立活动（偶然的、计划的）

附录三：俄罗斯国立师范大学"小学教师培养方案"更新

问题。

大学生可以在选修课和正常选课学时内学会信息交流技术，必须发展有效的解决更多典型问题（对小学教师来说）的技能：

——准备公务文件及分发材料和资料；

——准备课堂上的演示材料和演讲材料（在教务委员会、家长会及教学法联合会上等，诸如此类）；

——准备课堂内容、课外活动、教育活动，在利用信息系统和国际互联网资源基础上与同行进行创造性接触。

每一组内容使大学生能够：

——评价掌握信息交流技术的程度，它也是未来职业活动所必需的能力，草拟一份进一步学习信息交流技术个性化的教育路径；

——充分掌握程序产品的实用趋势，未来工作对这方面有所要求。

在教学过程中，创造对于教学手段实用性完全适合的评价条件及选择手段的条件，能够更有效地解决专业问题。

可能向大学生提出的信息交流技术方面的专业问题实例

1. 问题总定义。今天在和学生进行课外活动时，重要的是把老师编入每个孩子的活动中。此时，小学教师的任务是协助孩子们完成任务，如制作队徽、邀请客人、规定必须背会的欢迎词、准备各活动站的游戏材料等。利用信息交流技术能够更高效地完成这些工作。

2. 主要任务。在考虑代表队里儿童个性的同时，借助程序工具手段帮助详细研究并准备举行比赛所需材料：

——队徽；

——每一个队员的欢迎词；

——邀请家长参加比赛。

3. 解决问题的背景。平行班的代表队进行比赛。你们班的代表队也参加了比赛，他们都是不久前班内举行比赛的获胜者。为了比赛顺利进行，代表队每名成员都应有容易识别的队标（队徽）。代表队需要准备欢迎词，每一个孩子应该参与其中。比赛在两个平行班间进行。你们班参赛队有7个人，孩子们喜欢涂绘复杂的图形，一个队员有轻微的近视，但他不喜欢戴眼镜,孩子家长不能帮你制作上面规定的印刷材料。你有电脑、扫描仪和彩色打印机,电脑上安装了线性编辑、文本编辑、案头编辑系统和自动识别系统,你能独立拟定参赛队的欢迎词,能够利用附加教学法的印刷材料。

  在培养小学教师的第二阶段,外语教学的主要目的是通过解决五类问题(外语作为解决问题的手段)发展未来教师的职业基础能力。

  为了解决第一类型问题,建议采用下列任务:拟定和论证低年级学生安全评价标准;创建教育心理学,预测低年级学生发展的材料;分析孩子和同年级学生相互关系,以便明确孩子和同年级学生相互关系改变的原因等。解决这些问题的大概方法是:编制低年级学生个性特点卡片,因为个性特点决定着交际能力的形成;根据语言教学大纲(语言、拼写法、词汇和语法)和言语活动形式(听、说、读、写),编制并了解低年级学生掌握程度测试;拟定总题目材料的综合评定(以班为单位)测验等。

  在教授外语过程中,使用语言和言语材料将促进大学生解决教学过程中的问题,旨在达到小学教学目标(第二类型问题)。这里的语言和言语材料是指本国和所学语言国低年级学生感兴趣的材料;国外儿童的民间口头创作(押韵诗、带数数的童谣、短小儿歌、谚语、俗语和绕口令);所学语言国家的儿童文学样本;儿童游戏;比赛;答题游戏和谜语。为低年级的学生编制游戏和交流的情境;拟定教学过程中对它们的使用建议;拟定外语语音课的实施方案;编写客观评价标准提纲(样本)以形成评价的独立性,这些都是解决问题的最终"成果"。

  为了培养大学生解决第三类型专业问题,建议使用听力课文。包括各类信息及在解决具体专业问题时与教学单位、学生家长、学校管理人员相处的技巧。甚至把电视片、动画片、外文电脑游戏列入教学内容,建议大学生完成和他们的交流作业之后,有选择地改写、编写电影剧本并配音。下列材料是解决该问题的"建议":所学语言国家文化周期间个人或小组编写的电影剧本;相互关系的具体形式和技巧的描述;所学语言国家的文化使者应邀同学生、家长、教学集体及学校管理人员见面时的采访汇编;根据题目,在对国外资料分析基础上编制的家长会演讲提纲;详细拟定低

附录三：俄罗斯国立师范大学"小学教师培养方案"更新

年级学生交流一体化作业，例如给桑塔·克拉乌斯写信并通过电子邮件寄出去；用外文编制大事件进程表；编写关于俄语中外来语及俄语中的谚语、俗语与外语中的谚语、俗语进行比较的电子形式的板报。

为了创建有利于提高小学生教学质量的环境，并更好的利用它（第四类型问题），建议将有关所学语言国的社会文化研究专题（算术、数的运用、时间的确定、民族语言、外来词、地名、法律、礼仪规则——《礼仪常识》）文章列入《外语》课程内容。

所有信息组合成一个模块框架的主题思想，其中交流是组成教学内容的基本单位。此外，大学生还可利用已形成的能力完成交际任务，包括解决各种教学问题，或在小组里解决，或通过讨论来解决。拟定建议（为家长、老师、学校管理人员）、条例、规则、行为规范、他国来校访问的小学生旅行计划（旅行主题为：《我们的城市》、《我们的学校》、《玩具博物馆》等）将是解决课题问题的结果。

修改作业是大学生的一项独立工作：修改其规定使用外文资料的作业、事务性的函电样本、在国际互联网上搜索的信息等。独立研究外语题目的参考书目；就具体教学课题讨论的问题汇编；各类主题的教学和教学法信息的数据库；根据给出的题目拟定提纲，包括引用外文资料中的例子等都可能成为该活动的成果。

教学内容的变化很大程度表现为教学方式和方法的改变。外语教学方法在变化，学习成为个人的、小组的（在小组里学习）和集体性的活动。相应的，根据课程目标和采用的教学方法（情景教学方法、计划教学方法），教师扮演着减速器、监督人和导师的角色。

专业问题教学实例

问题 1

1. 问题总定义。教师必须和国外的同行讨论专业问题，但不是所有教师都能够用外语就具体问题说出自己的意见。

2. 主要任务。为另一个国家的教师代表团用外语拟定一个参观计划。

3. 解决问题的背景。若你是小学教师，一个外国教师代表团来你工作的学校交流经验。委托你为他们拟定参观计划，包括了解俄罗斯小学的一般信息、教学课程、每个年级组织（与年龄相适的）教学过程的特点和小学监督检查形式等。

4. 解决问题的建议（"成果"）：

◆收集必要的信息以解决问题（根据电子或印刷的分析资料）。

◆在已找到的信息基础上，根据你对任务的理解评价自己的能力。

◆确定在你看来能帮助解决问题的人员名单（小学教师、外语教师、信息学教师、法律课程教师、学校的心理学家和言语矫正专家）。

◆编制参观提纲并在大学生小组讨论。

◆编制参观的实施方案并把它提交给大学生小组。

5. 在实际生活中提出问题的背景。如果你愿意，请参观一下学校，弄清楚它的实际教学条件后，根据实际情况解决问题。

问题 2

1. 问题总定义。现代教师善于利用与教学集体形成相互促进关系的形式和技巧，以解决具体专业问题。在教学集体成员的共同活动中实现教学过程的集约化和最优化，提高教学质量、发展融洽的关系，尤其在研究总题目和设计教学课程时。

2. 主要任务。为小学编制活动的实施方案（三年级的英语文化周），它能使你在小学教师与教学集体相互协作基础上评价解决专业问题的职业能力。

3. 解决问题的背景。你是一名小学老师，负责三年级的英语文化周。在英语文化周里低年级学生应该了解游戏规则、比赛、答题游戏和在英国儿童中普及的运动比赛规则。你必须动员在三年级工作的其他老师（信息学老师、外语老师、体育老师、学校心理学专家）也参加到这个活动中来。

4. 完成任务的建议。

◆请收集解决问题必需的信息。分析关于游戏、比赛、答题游戏、儿童作家、童话里的主人公、儿童文学创作的信息资料（无论纸质还是电子形式）。

◆在已有的信息基础上评价自己的能力，根据你对任务的理解：你一个人能做什么，你是否能带动其他教师一起达到某个目标。

附录三：俄罗斯国立师范大学"小学教师培养方案"更新

◆确定在你看来能帮助你解决问题的专家名单（小学教师、外语、信息学、体育老师、学校心理学专家）。

◆编制英语文化周的总计划并在大学生小组讨论。

◆研究小学三年级英语文化周实施方案并提交大学生小组。

5. 在实际生活中提出问题的背景。如果你愿意，请参观一下学校，弄清它的实际教学条件后根据实际情况解决问题。

专业问题是整合培养小学教师第二阶段所有学习内容的主要手段。在准专业活动条件下，解决实际问题是各个学科模块或者分出的独立教学模块——教育心理学实习课的组成部分。

实习课建立在情景教学法的基础上是合理的。例如，在实习课上可以给大学生提供一个情景"我的一年级"（也可以是我的二年级、三年级、四年级），它的内容多种形式（包括纸质和电子版），俄文、外文的都可以，可以是对孩子准备在学校学习的描述及对他们的家庭说明，是对一年级学生的医学观察资料，是小学教学大纲规定使用的课文，是一年级学生将使用的教科书，是学校基础技术材料的特点，是初等教育现代化的材料，是小学里组织教学过程的论文等。根据情景里的材料，大学生挑选出小学教师经常遇到的专业问题，并提出解决它们的方案。如果情景材料由大学生要去教学实习的班级组成，则他能实践检验自己提出专业问题解决的效果。更为重要的是，为提出5个基本类型的专业问题，编制情景材料的工作基本由大学生独立完成或小组内合作完成。设计可能会在普通代表会议上提出或在总评定时通过。

大学教师团队安排上实习课，首先是教育学和社会法律、信息技术和语言方面的实习课。

大学教师团队编制课程方案，约定每一个老师在协助大学生完成它所做的贡献。教育学老师（以情景中的一个问题为例）指出如何开展工作，如何组织大学生进行小组合作。他还指出大学生没必要使用学科间的资料解决专业问题。社会法律、信息技术和外语老师在大学生进行工作的同时进行答疑，而且在评价所选情景基础上设计的"成果"时起鉴定人的作用。

在第二阶段建议把教学实习课列入培养小学教师的教学大纲。编制培养小学教师各个阶段的教学实习大纲时，建议与小学生的学期（一年级、二年级、三年级和四年级）相一致，因为各年级之间存在本质区别。依据能力、社会法律、信息技术和语言教学方面的知识及其关联来组织教学实习。所以一年级——四年级是培养小学教师第二阶段的实习基础，大学生们将在实践中获得专业问题的主要类型（第三—第五类型问题）和解决它们的经验。

初步认为实习的三个方面：

1. 研究解决第三、四、五类型问题的正面和反面经验，根据具体的背景改变解决问题的方法等。

2. 解决类似的专业问题。专业问题是在准专业活动条件下，在教育学、信息技术、语言和社会法律学科的理论实践课上解决的。实践过程中，根据班级教学情况的实际解决这些问题。

3. 在学校实际工作中，把问题进行分类并在管理各年龄组学生（一年级、二年级、三年级和四年级）的过程中，获得解决问题的经验。

实践中被大学生解决的专业问题实例

1. 问题总定义。今天小学教师面临的是创建成年人与儿童社团的问题。教师要在自己的班级顺利解决这个问题，不能没有学生和家长的大力支持。但由于各种原因，在教育孩子的问题上家长不愿意和老师合作。问题：如何把他们动员到社团中来？

2. 主要任务。拟定你的行动计划——把小学低年级学生家长动员到成年人与儿童社团中来，尝试在实践中实现它。

3. 完成任务的建议：

◆想一想，为了解决问题你需要什么样的信息（理论的、教学法的、老师利用家长的经验），收集并挑选出与该背景相符的、对解决问题有帮助的信息。

◆考虑把家长动员到成年人与儿童社团中来，你可能会怎么做。

◆试着预测家长和低年级学生本人对你的行为可能产生的反应。

◆讨论你可能的行为计划——动员低年级学生的父母到成年人与儿童社团中来。同时注意保护教育过程中参与者的权利。

附录三：俄罗斯国立师范大学"小学教师培养方案"更新

◆形成你的行为计划并尝试着在实践中实现它。

◆不要忘记在日记中反映完成任务的过程。

大学生在实习期间要写日记。日记的各章建议根据能力的方法、小学教师的主要问题、发展孩子学习的独立性、孩子的主动精神、孩子形成合作的经验、学会互相评价和自我评价等章节来进行划分。

在教学实习日记中可以包括下列各章：

◆概况。在这章里可以写班级的特点和学生的特点等。

◆主干部分。在这里提出大学生在实习过程中解决的总的专业问题，帮助他们解决问题的教学法。

◆所用的材料。即解决问题阶段设计的"建议"。

◆教学过程的描述。在这一章里描述教师实习生与孩子、他们的家长用法不当教学过程中的其他主体相互关系的片段。描述过程中夹带分析因素。

◆成绩。在这一章里提出反映大学生职业能力发展进展情况的材料。

◆职业能力的发展前景。包括大学生在实践中遇到困难时，帮助其解决并设计具体的行动计划。

教育家、教学法专家、社会法律课教师、信息交流技术和外语老师一起集体评价日记。

教学第二阶段实习结果根据能力的方法、由小学教师职业能力的形成和发展指标来合理确定，该指标反映大学生解决第三—第五类专业问题的能力。

表3.8为评价表的形式（由大学生自己和实习辅导老师填写）。

表 3.8 评价表

序号	问题类型	基本问题明细	是			更准确地说：是			更准确地说：不是			不是			很难说		
3	和教学过程中的其他主体建立相互关系	填上能够使特殊职业能力形成的具体专业问题	1	2	3	1	2	3	1	2	3	1	2	3	1	2	3
4	建设和利用教学环境																	
5	计划和实施专业自修																	

结论（填写后面的每一项）：

1. 职业能力比较强的方面_____
2. 职业能力比较弱的方面_____
3. 给大学生发展职业能力方面的建议_____
4. 给出帮助大学生解决小学教师专业问题的大学老师建议_____。

培养小学教师第二阶段的预期成果是：

——在与大学生计划和实现专业自修能力有关的第五类型专业问题的基础上，大学生掌握了解决四类基本专业问题的经验（在教学过程中了解了孩子；建立了达到小学教育目的的教学过程；和教学过程中的其他教育主体建立相互关系；创建和利用教育环境）；

——作为基础和特殊能力形成的手段，发展了大学生在社会法律、信息技术和语言领域的主要能力。

建议在教学的第二阶段末，由教育学、社会法律、信息技术和语言方面的大学教师团队以两种形式（供大学生选择）进行总结性评定。

第一种形式——解决专业问题设计"成果"的答辩。

解决总结性评定的答辩中可能提出的问题"成果"实例

1. 问题总定义。今天的教师在组织现代小学教学过程时不能受传统形式——课堂的局限。像游戏、设计的活动、教学参观等教学组织形式越来越多地融进学校的实际工作中。可以利用信息交流技术组织教学参观，组织这样的参观要求教师既要精选电子材料，又要掌握组织策略。

2. 主要任务。

◆拟定参观计划。

◆为自己班级可能组织的参观精选电子材料。

3. 解决问题的背景。在第四节课组织四年级的学生参观。从第二节课开始，同学们开始上信息学和英语课。学校里来了一个来自伦敦的小学生代表团。你想让孩子们和他们相见并向他们介绍这个城市的名胜古迹。根据代表团的孩子们来自伦敦郊区的情况，你自己拟定参观主题。可以利用电子材料数据库或国际互联网上的信息资源。

附录三：俄罗斯国立师范大学"小学教师培养方案"更新

表 3.9 设计"成果"的评价及其推介标准

	基础职业能力的表现	通过主要能力基础职业能力的表现		
		社会法律方面	信息技术方面	语言方面
评价"成果"				
结果（设计范围内的专业问题得到解决）				
依靠理论知识（突出解决问题的理论基础）				
信息资料（重要性、丰富程度、多样性等）				
与问题相对应的理论知识（教学论知识、社会法律规则和原则、规范的词汇、设计时选择程序手段的教学法依据、根据大纲资料组织与年龄能力和培养目标相一致的学生活动等）				
具体解决方法（详细说明、在设计时制定或指出解决问题的具体手段、形式和方法）				
问题解决的程度				
问题解决的现实				
总计				
答辩的设计与提交过程评价				
提交活动结果的水平（实际完成设计的发言水平、语言水平、遵守操作规则、为信息的视觉化而使用的电子手段、与推介的电子产品结构一致的说明、与分发的材料一致的说明等反映水平）				
提交设计材料形成的水平（对专业问题的反映、对实现设计结果方法的反映、语言水平、提供分发材料的质量、为提交信息程序而选择的方法等诸如此类的问题）				
活动的自评（分析大学生在工作中遇到的困难和解决的方法、根据他们在设计时积累的经验分析解决困难可能的前景）				
总计				
一共		设计活动"成果"的评价	答辩的设计与提交评价	

处理结果。表中的每一项得 0—3 分。答辩设计大学生得两个评价：设计活动"成果"评价和答辩设计与提交质量评价。

设计活动"成果"的评价：

2 分——如果大学生在表的第一部分总计低于 13 分。

3 分——如果大学生在表的第一部分总计得 13—15 分。

4 分——如果大学生在表的第一部分总计得 16—24 分。

5 分——如果大学生在表的第一部分总计高于 25 分。

答辩的设计与提交质量评价：

2分——如果大学生在表的第二部分总计低于4分。

3分——如果大学生在表的第二部分总计得4—6分。

4分——如果大学生在表的第二部分总计得7—9分。

5分——如果大学生在表的第二部分总计高于10分。

在使用考查单位信用系统的同时，出示评审委员会对学生手册资料的评价，在此基础上的评定，是培养小学教师第二阶段末总结性评定的第二种形式。（表3.10）

表3.10 学生手册评价卡（第二阶段）

个人确定自己在社会生活中的位置（提交在第一阶段制定的自修前景规划、总结它们的执行情况、在上一阶段结果基础上的第二阶段自修前景规划、自我评价成绩卡、自修评价小结、自修资料目录：CD盘、web网站等）				
	教育学	社会法律学科	信息交流技术	外语
反思自己在社会生活中的位置：分析大学生的自修进程、自修结果的前景规划和预测（提交小结或在提交的学生手册的言语中反映出来）				
确定自己的专业在社会生活中的位置	教育学	社会法律学科	信息交流技术	外语
提交教学法方面的评述、专题报告、科学材料的概述等诸如此类，在完成这些任务时表现出来的主要能力				
提交大学生的独立研究（完成设计任务的成果、建议、诊断卡、备忘录、听课分析等诸如此类的东西）在研究这些任务时表现出来的主要能力				
提交大学生使用的教学资料信息目录（参考书、包括外文参考书、CD盘、web页等）				
提交发展基础职业能力的自我评价小结，在小结里反映出来的社会法律知识、信息交流技术和外语的作用				
提交放在"成就"一章里的工作述评，反映基础职业能力形成的困难和克服它的方法				
在形成"成就"一章时表现出来的主要能力（语言文化、印刷材料的质量、使用电子手段提供信息等诸如此类的信息）				
在"成就"一章答辩时表现出来的主要能力（语言文化、掌握的教学大纲资料、遵守操作规程、遵守交际规则等诸如此类的材料）				
专业确定自己在社会生活中位置的反思：分析大学生确定自己的专业在社会生活中的位置的过程、分析确定自己专业时的困难和克服它的方法				

附录三：俄罗斯国立师范大学"小学教师培养方案"更新

评价学生手册的处理结果：表中的每一项记入 0—3 分。为了"考查"及格，大学生最少要得 27 分。

3.1.5. 职业能力形成的第三阶段。

协助大学生通过发展社会法律、信息技术和语言方面的基础能力和主要能力，以形成职业能力是培养小学教师第三阶段的目标。

在这个阶段，以教育学学科和社会法律、信息技术及语言方面学科课程为基础的教学法学科将成为主要学科。

第三阶段教育过程的一般逻辑为：从第二阶段掌握的教育学、社会法律、信息技术及语言学科课程，到把前一阶段成果、专业课及各学科的选修课融合到一起的教学法课程；再从教学法课程到教学实习；最后，转为实习中通过解决具体专业问题设计并以答辩形式进行的整体化总结评定。（图 3.3）

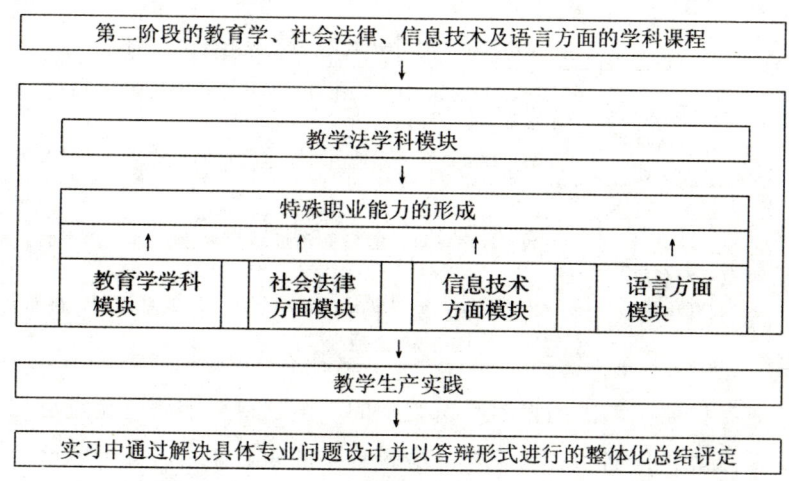

图 3.3

下面介绍培养小学教师第三阶段学习的教学法课程内容。例如，大学生们学习"周围的世界"课程教学法，教学目的是掌握利用该科目的手段来解决专业问题的各种方法，解决社会法律领域的各类专业问题。（详见表 3.11）

《旨在达到小学社会法律教育目的的组织教学过程》模块的教学目的——教会大学生根据学生的心理年龄和专业任务详细研究并创建"周围的世界"课程教学法。

表 3.11　小学教师在社会法律方面的专业问题（第一—第四类型）

序号	问题类型	基本问题目录
1	在教学过程中了解孩子	——预测学生学习的积极性及他对"我—学生"角色的适应程度； ——组织监测小学低年级学生的幸福感和学习成绩； ——从教学的角度了解社会法律教育问题； ——尊重小学生的权利，对于社会法律领域的教学需要较强领会力； ——对人们的个别行为和生活中的一些现象从法律的角度给予评价； ——预测学生在发展社会法律能力方面的成绩；
2	建立达到小学标准的教学过程	——制定选题计划和授课计划，根据具体教学大纲和学校构想充分地选择教学材料； ——在游戏、创新和发展的基础上精选教学内容并制定课程提要和教学任务； ——编写提高大学生熟练完成实习作业的练习；编制行为和交际的范例； ——详细研究并演练社会法律情境，以便培养学生的社会法律意识； ——总结教授"周围的世界"的经验，进行介绍和推广
3	与教学过程其他主体建立相互关系	——就对学生进行社会法律教育问题，在家长会上进行演讲，以说明学校的基本法律规定； ——编写社会法律方面的事务性文件，例如建立儿童社会组织必需的文件；
4	创建和利用教育环境	——利用教育环境，实现低年级小学生社会法律教育的目标和任务； ——积极行动，形成学校的法律氛围，不允许强制、恣意妄为、侵犯孩子权利、侮辱人的尊严

任务。根据"周围的世界"课程中的一个题目详细研究制定道德——法律座谈模式。预测完成这个任务应该具备的职业能力，清楚哪些社会法律、信息技术和外语知识可能对你有用，并以学生手册的形式形成自己的活动成果。

解决方法的建议。

1. 发现小学教师在完成类似问题时所遇到的困难。
2. 确定组织座谈的方法和框架。
3. 按照下面的内容组织讨论：

——题目导入，找到引人入胜的切入点；

——拟定谈话主题；

附录三：俄罗斯国立师范大学"小学教师培养方案"更新

——编写回答问题的方案；

——对学生总结的结论确切而简练地表达出来；

——精选互动交流方法；

——选择共同经历的方法、反思的方法；

——详细研究直观的教学手段；

——预测是否达到座谈的目的。

大学生掌握《教授"周围的世界"课程教学法》课程同时，建议保留学科方面的专业课和选修课。

解决初等教育信息化问题是未来小学教师教学的重要方面。建议把《根据使用信息技术的能力方法组织小学里的教学》专业课列入大学生教学大纲，该专业课以教大学生使用信息交流技术解决小学教师面临的专业问题为目的，解决这些问题首先要做到：

——组织学生参与计算机技术媒体交流；

——安排学生使用相同的工具手段完成个人和集体的工作（线性编辑、各种类型的模型、计算器等）；

——在各个阶段的不同类型课上（参观课、研究课等）使用信息技术；

——组织学生使用信息技术的设计活动等。

小学教师借助于信息技术的帮助解决的专业问题教学实例

1. 问题总定义。现在，建议小学教师在实际工作中使用推荐的电子教学材料。这样，老师能解决一系列的教学问题：发展学生的口语和交际技能；发展学生同计算机的交互能力；在学生回答问题时给予帮助等。

2. 主要任务。请介绍并说明学生参与信息技术的具体形式。

3. 解决任务的背景。你是二年级的老师，按照题目（根据大学生的选择）讲授"周围的世界"课程，在课堂上你决定使用多媒体教学巩固已经学过的材料。

你打算利用多媒体形式组织学生活动。对自己的学生你了解如下：А.А. 明显地表现出口吃，所以他不愿意在公开场合讲话，因为他害怕周围人否定的反应；Б.Б. 左撇子；В.В. 学习材料掌握得慢，记忆力不好；

Г. Г. 掌握学习材料的速度超过同龄人。在班级里安装了 5 台电子计算机。

专业课《根据使用信息技术的能力组织小学里的教学》被视为小学教师信息技术方面特殊能力形成的基础。

专业课和教学法课平行授课。

可以把以详细研究与组织教学过程有关的教学模块、（以具体且特殊问题为目标）发展和培养低年级学生使用信息技术能力的教学模块列入教学法课程。

专业课教学必须在集体相互协作的基础上采取反思手段为前提。

根据题目《学生使用信息技术组织设计活动》的实践课实例

课程开始前把大学生拆分成每 4 人一个的小组。

第一阶段。大学生认识世界上最大的互动网站 Global SchoolNet（英国），了解 Global SchoolNet 上的设计材料——《生活中的一天》和《幼年的回忆》。该材料是全世界的孩子们（自己写的或家长帮助写的）发给作文设计和组织者的，孩子们按照给出的题目以电子形式记录自己的感想和专访等，作文设计和组织者把它们放在了 web 网站上。

大学生了解英国教师组织教学工作的实践经验，而这些经验都与低年级学生参加这些远程设计有关。在推荐的材料中，大学生提出各种各样的活动以组织写作文的孩子们，包括专访、茶话会、与上年纪的人们见面等。

在分析完这些材料之后，每个小组应该按照下列问题说出自己的意见：

◆按照你的观点，在提交的组织设计低年级学生的具体活动中，哪些专业问题能被解决？

◆如果决定你们班的学生参加其中的一个设计（指出具体的设计），你能解决哪些专业问题？

第二阶段。根据所选择的设计，每个小组会收到班级的"鉴定书"（解决问题的背景），假定这个班的学生参加设计，则任务是：

◆请选出你打算在设计里解决的最主要的专业问题。

◆请提出组织设计的理念（战略）。

附录三：俄罗斯国立师范大学"小学教师培养方案"更新

◆请证明，根据解决问题的背景，该战略能解决最重要的专业问题。

全体大学生讨论各小组提出的方案。

第三阶段。每个小组都会得到4个任务。小组的每个成员选择一个任务。

详细制定：

◆和你设计活动有关的措施计划，请指出实施它们的时间。

◆在设计时实施的措施计划。

◆设计时安排措施必需的材料。

◆描述你需要的信息学老师、主管信息技术的副校长和外语老师的帮助形式。

第四阶段。小组提交作业，提交自我评价和互评。

在培养小学教师的第三阶段，作为根据具体教学法解决专业问题的手段之一，外语的作用被凸显出来。特别是：大学生在翻译外文原著时使用外语；在拟定使用创新技术和教学过程中（在分析原文参考书的基础上）时，使用外语；在拟定关于使用创新技术和检查形式（在教学过程中分析原文参考书的基础上）的建议时使用外语；在编制包括全套题目和全套习题在内的教学活动时使用外语；在利用国际互联网上的外语信息工作时形成严格的规定，在编制设计任务时（在小学3年级和4年级）会进一步使用它；为了独立学习和采用设计的活动对象，在选择教育心理学和法律方面的外语文章时使用外语等。

在这个阶段，保留我们前面提到的组织教学实习的方法。

这个阶段的实习要在大三和大四年级进行。大三年级的实习安排在小学二年级和三年级中进行，而大四年级的实习则安排在小学一年级和四年级中进行。大学生在第三阶段的实习中，获得主要类型的专业问题（第一——第四类型）和解决它们的经验。

实习要以第二阶段的三个方面为前提。

大学生在实习过程中解决的专业问题实例

问题总定义。在现代条件下，培养小学生学习的独立性是小学教师的主要任务之一。各个年级的教师解决这个问题时，要根据孩子的年龄、个性特点、学习的材料、学习材料的基础、个人能力等的区别，采用一些不同教学的方式和方法，包括信息交流技术的使用等。为此，教师要利用俄语的、外语的、电子的和印刷的信息资料。

留给大学生的任务：根据具体的题目（由大学生选择）详尽地准备能培养学生学习的独立性课程。

为此：

◆请描述或者说明使用必要的预测方法和教学法解决问题的背景。

◆根据课堂上获得的经验并借助资料的帮助编制解决问题的计划（课程计划提要）。

◆和大学同一个年级的同学及实习领导一起讨论这个提要。对它进行必要的修改。

◆在实习中解决问题。

◆分析实习时解决问题的成绩，反思解决问题时自己职业能力的表现（自我检查课程并填写个人成绩单）。

◆在解决问题过程中，编制克服困难的具体行动计划，在实习中实现它。

大学生要继续写实习日记。

根据形成的指标和小学教师职业能力发展，以及解决第一——第四类型专业问题时反应出来的能力，合理地确定第三阶段的实习成绩。

由大学生自己和实习辅导老师填写的评定表的格式。（见表3.12）

表 3.12 评定表

序号	问题类型	基本问题明细	是			更准确地说：是			更准确地说：不是			不是			很难说		
1	在教学过程中了解孩子	填上帮助特殊职业能力形成的具体专业问题	1	2	3	1	2	3	1	2	3	1	2	3	1	2	3
2	建立达到小学教学目的的教学过程																	
3	与教学过程中的其他主体建立相互关系																	
4	建设和利用教学环境																	

附录三：俄罗斯国立师范大学"小学教师培养方案"更新

结论（填写后面的每一项）：

1. 职业能力比较强的方面_____
2. 职业能力比较弱的方面_____
3. 对大学生发展职业能力方面的建议_____
4. 对帮助大学生解决小学教师专业问题的大学老师的建议_____。

培养小学教师的第三阶段预期的成果是：

——大学生掌握了解决专业问题的经验，这些专业问题既与他在教学过程中了解孩子的能力有关，也与实施达到小学教育目的的教学过程的能力有关。

——大学生在社会法律、信息技术和语言方面基础能力和主要能力的进一步发展是基础能力和特殊能力形成的手段。

建议教育学和其他学科的大学教师团队以两种形式（供大学生选择）进行培养小学教师第三阶段的总结性评定。

第一种形式——解决专业问题的设计"成果"的答辩。

在使用考查单位信用系统的同时，出示评审委员会对学生手册资料的评价。在此基础上的评定，是培养小学教师第三阶段末总结性评定的第二种形式。（见表3.13）

表 3.13　学生手册评价卡（第三阶段）

个人确定自己在社会生活中的位置的总结（提交第一阶段和第二阶段的自修前景规划、执行情况的总结、在第二阶段的基础上第三阶段的自修前景规划、成绩自我评价卡、自修评价小结、自修信息资料目录：参考书、CD盘、web网站等）			
教育学	社会法律课程	信息交流技术	外语
个人对自己在社会生活中的位置的反思：分析大学生自修进程、自修结果的前景规划和预测（提交小结或在提交的学生手册中反映出来）			
确定自己的专业在社会生活中的位置（提交反映大学生掌握专业问题的过程的材料和利用不同知识领域的科学实践潜力解决专业问题的方法，听课分析、个人研究、个人研究的自我检查、设计等）			
教育学	社会法律课程	信息交流技术	外语
确定自己的专业在社会生活中的位置的反思：分析大学生自己确定专业过程的进程；分析确定自己专业时的困难和克服它们的方法（提交小结或在提交的学生手册中反映出来）			

专业的形成	教育学	
提交从解决专业问题的角度分析的听课说明、课外措施、出版的教学法评注等	社会法律课程	
	信息交流技术	
	外语	
提交大学生的独立研究（完成的设计成果、课程计划、课程提要、上课用的教学法材料等），在这些研究中表现出大学生被动地解决专业问题的能力	社会法律课程	
	信息交流技术	
	外语	
提交课程提要计划（包括非传统形式的课程）、大学生采取的课外措施、它们的自我检查，其中包含大学生提出的专业问题及解决它们的方法	社会法律课程	
	信息交流技术	
	外语	
提交评论、意见等，其中包含大学生特殊职业能力的形成	社会法律课程	
	信息交流技术	
	外语	
提交大学生学习用的教学法材料目录，学校教科书目录，电子光盘目录，web网站目录等	社会法律课程	
	信息交流技术	
	外语	
提交发展特殊职业能力的自我评价小结及基础职业能力在特殊职业能力形成过程中的作用小结	社会法律课程	
	信息交流技术	
	外语	
提交"成就"一章里的工作述评，包含特殊职业能力形成的困难和克服它们的方法	社会法律课程	
	信息交流技术	
	外语	
在"成就"一章形成的基础能力的表现（语言文化、提交的印刷材料的质量、电子方式的利用等）	社会法律课程	
	信息交流技术	
	外语	
专业形成反思：分析大学生专业形成的进程；分析个人专业形成的困难及克服它们的方法（提交小结或在提交的学生手册中反映出来）		
档案袋形成的文化（语言文化、提交的印刷材料的质量、为提交信息使用的电子方式等）		
提交学生手册时的交际文化		

学生手册评价的处理结果：表中的每一项记入 0—3 分。为了"考查"及格，大学生最少要得 34 分。

3.1.6. 培养有教授信息学资格的小学教师。

培养有教授信息学资格的小学教师的阶段目标——考虑到信息学的特

附录三：俄罗斯国立师范大学"小学教师培养方案"更新

点以及在社会法律、信息技术和语言方面的主要能力，旨在通过发展小学教师的基础能力促进大学生在信息技术领域特殊职业能力的形成。

第四阶段教育过程的一般逻辑可以为：从掌握能发展小学教师职业能力的学科开始，到促进有资格教授信息学的小学教师，使其特殊能力进一步发展的学科，再到总结性的评定。

我们建议建立相应的教学过程以培养有教授信息学资格的小学教师，它由三部分组成：

——信息学方面的学科培养；

——小学信息学方面的教学法培养；

——小学信息学教师的实践。

建议把基础的课程编入教学大纲，这些课程可以延续大学生的教育，也是培养他们解决特殊专业问题必需的知识储备。所以，这些课程的内容中应该反映以下几方面：

——"信息学"科学实践领域的知识结构；

——信息和信息过程；

——模型化，计算机模型；

——社会信息学基础。

为了小学信息学教师特殊职业能力的形成和发展，建议安排《小学信息学理论和教学法》课程。在这个课程中一定要揭示小学信息学教师特殊职业能力的概念，必须确定教授信息学导论课的现代方法，而且要在各种成套的教学作业中注意解决五类专业问题。（表 3.14）

表 3.14　小学信息学教师的专业问题

序号	问题类型	基本问题明细
1	在教学过程中了解孩子	——对孩子与计算机交互的实践技能的发展实行教学预测，评估他的个人经验，它能使孩子掌握课程大纲； ——分析孩子和同班同学之间的关系体系，了解这些关系的变化过程； ——编写电子测验并在教学过程中使用它； ——跟踪孩子掌握教学大纲的最终结果，在他掌握信息交流技术的理论知识和实践技能过程中，发现他取得的成绩和遇到的困难； ——选择保证教会孩子们自评和互评的反思形式和不记分的评价方法，说明自己选择的根据。

序号	问题类型	基本问题明细
2	建立达到小学教学目的的教学过程	——组织学生了解计算机技术安全的规定（遵守卫生要求，遵守保养规则）； ——安排个人的、小组的、集体的信息学科作业； ——安排既是个人的又是集体的学生作业（集体完成作业、集体设计），在信息学课上使用相同的信息学工具； ——提出在小学具体的教学阶段（一学年、一学季、一课）信息学教学的长远目标和短期目标； ——使课程目标和课上学生学习活动的目标一致，并让学生自己评价是否达到了提出的目标。
3	与教学过程的其他主体建立相互关系	——帮助同事（小学教师、英语教师）组织教学过程和在信息交流技术（建议使用程序手段和安排设计活动等）基础上的课外活动； ——安排与高年级工作的信息学老师、主管信息教学的副校长进行有效的互动。
4	建设和利用教学环境	——创设在信息交流技术基础上解决具体教学问题（发展教学的独立性、教会自评和互评、发展创造和探索的积极性）的教学环境； ——掌握国际互联网上该年龄组孩子情况的信息； ——安排同一年龄组的、使用信息交流技术的平行班学生的设计活动； ——组织孩子参加因特网设计，特别是国际设计。
5	计划和实现专业自修	——独立研究新程序，确定教学论在低年级学生作业时使用的合理性； ——在解决专业发展问题时使用电子资料和国际互联网上的信息资源。

建议把认为是小学信息学课和信息学导论课理论基础的课程列入小学信息学教师的教学大纲。《学校信息学理论知识基础》、《形成学校信息学空间的现代方法》、《现代班级的技术装备》、《信息学教师社会法律方面的教学活动》将成为这些课程的典范。

这些课程内容能促进解决第二、第三、第四类型问题知识和实践技能的形成：

——帮助同事（小学教师、英语教师）组织教学过程和在信息交流技术基础上的课外活动，掌握新的教学程序；

——安排与在高年级工作的信息学老师、主管信息教学的副校长进行有效的互动等；

小学信息学教师的特殊能力，可理解为：他愿意在小学教师使用信息交流技术来组织教学的过程中，给予答疑和有效的帮助。所以，为了加深大学生的教学法知识，建议把实习课补充进教学大纲，实习课内容的设定要以教会大学生使用计算机技术，以及在教低年级信息学时，需应用教学

附录三：俄罗斯国立师范大学"小学教师培养方案"更新

程序来解决专业问题为前提。例如，组织低年级学生利用局域网进行交流，组织低年级学生使用 LOGO 语言，利用工具介质发展学习的独立性的教学法等。

作为组织教学的基础，建议在指定的课程中考虑最优方法。

《小学信息学教学法和理论》课上解决的专业问题实例

问题总定义。在组织小学教学活动过程中，教师应以发展每个学生的个性为目标。在以发展学生创造性为目的的课堂上，应该考虑每个学生的个人经验、他的爱好、兴趣和需求。在他们完成创造性的作业时，老师给予的帮助也应该是个性化的。

主要任务。给小学生编制个性化的作业，建议用一定的计算机程序完成它们。

编写课程计划，描述学生在完成作业的课堂上"教师－学生"之间的相互关系。

解决问题的背景。根据 A.L. 谢苗诺夫等人编辑的《信息学2－4》的大纲，你在三年级工作，采用内容丰富的教学大纲，使用在 LOGO 语言基础上的万能计算机软件。课程在微机室进行，每个学生都有机会操作计算机。

学生中大多数是女孩，有两个男孩是从另一个学校转到你们班的，他们在原来学校学习的是另一种程序，其中一个男孩病了4周。

在该教学阶段使用的技术应该是以大学生个人的创作活动为目标的。作为在该教学阶段推荐使用的、有前景的技术，可以看作是大学生个人的设计活动：即以解决一次课内问题和小学信息学方面的一个题目为前提的小设计。

设计的题目要求以描述专业问题或探究性问题（概括性地说明问题）的形式形成。这使大学生在分析具体问题的过程中，将其最大限度地具体化，根据个人经验提出解决它的各种方法。例如，"维护孩子在信息学课上的权利"或者"在信息学课上如何设计周围创造性的环境？"（用具体题目的材料）。可以作为主要问题在各种专业问题的背景中说明题目，但是要用信息学课程材料解决问题。

解决这样的问题既需要大学生的基础能力，又需要特殊能力。（表3.15）

表 3.15 设计"成果"的评价及其推介标准

	小学信息学教师特殊职业能力的表现	通过基础职业能力特殊职业能力的表现		
		社会法律方面	信息技术方面	语言方面
评价"成果"				
结果（在设计中专业问题的解决）				
依靠教学论知识（突出解决问题的理论基础）				
依靠教学法知识（与使用的整套教学法一致的教学大纲等）				
信息资料（重要性、丰富程度、多样性等）				
与问题相对应的教学论和教学法知识（教学论知识、社会法律规则和原则、规范的词汇、设计时选择程序手段的教学法根据、根据大纲资料组织与年龄能力和实际培养相一致的学生活动等）				
具体解决方法（详细说明、制定或指出解决问题的具体手段、形式和方法）				
问题解决的程度				
问题解决的现实				
总计				
答辩的设计与提交过程评价				
提交活动结果的水平（反映在实际完成设计的发言中、语言水平、遵守操作规则、为信息的形象化而使用的电子手段、与推介的电子产品结构一致的说明等）				
提交形成的设计材料的水平（对专业问题的反映、对实现设计结果的方法的反映、语言水平、提供分发材料的质量、为提交信息相应的程序手段的选择等）				
活动的自评（分析大学生在工作中遇到的困难和解决困难的方法、根据他们在设计时积累的经验分析解决这些困难可能的前景）				
总计				
一共	设计活动"成果"的评价		答辩的设计与提交评价	

附录三：俄罗斯国立师范大学"小学教师培养方案"更新

处理结果。表中的每一项得 0—3 分。答辩大学生设计的两个评价：设计活动"成果"的评价和答辩设计与提交质量评价。

设计活动"成果"的评价：

2 分——如果大学生在表的第一部分总计低于 13 分。

3 分——如果大学生在表的第一部分总计得 13—15 分。

4 分——如果大学生在表的第一部分总计得 16—24 分。

5 分——如果大学生在表的第一部分总计高于 25 分。

答辩的设计与提交评价：

2 分——如果大学生在表的第二部分总计低于 4 分。

3 分——如果大学生在表的第二部分总计得 4—6 分。

4 分——如果大学生在表的第二部分总计得 7—9 分。

5 分——如果大学生在表的第二部分总计高于 10 分。

大学生实习的目的是获得解决小学各年龄组（二、三、四年级）信息学教师专业问题的个人经验。实习中，大学生应能解决与专业问题（在准专业活动条件下，在小学教授的教学法和教育学理论与实践课中解决的问题）类似的各种问题。

大学生在实习中解决的专业问题实例

1. 问题总定义。今天的小学教师应教会孩子们评价自己的劳动成果和别人的劳动成果。不记分的自评和互评能使低年级的孩子们获得相同的自信。具体的自评和互评的形式取决于小学生的年龄和评价的客体。（题目方案："孩子们是否能独立评价他们在信息学课上利用计算机完成的创造性的作业？"）。

2. 给大学生的作业。拟定一种评价小学生在信息学课上利用计算机独立完成创造性作业的形式，以及自我评价的标准。

3. 为此：

◆描述或者说明利用必要的预测方法和教学法解决问题的背景。

◆根据课堂上和资料中获得的或经历过的经验编写解决问题的计划（描述小学低年级学生独立评价活动结果的具体形式和他们将使用的课程提要）。

◆ 和大学同年级同学及实习领导一起讨论这个提要,对它进行必要的修改。

◆ 在实习中解决问题。

◆ 分析实习时解决问题的成绩并反思解决问题时自己职业能力的表现(自我检查课程并填写个人成绩单)。

◆ 编制在解决问题过程中克服困难的具体行动计划并在实习中实践它。

评定。评定技术等级的毕业论文＋学生手册(详见表 3.16)。评定技术等级的毕业论文题目的广度与大学生在教学过程中完成的设计题目有所不同。例如,"信息学课堂上的天才孩子","对于信息学教师来说'差生'问题是否存在?","信息学课上学生交际文化的发展","信息学课上如何创造性地设计周围环境?"

表 3.16 学生手册中"成就"一章评定卡(第四阶段)

个人确定自己在社会生活中的位置(提交在第一、第二、第三阶段制定的自修前景规划、总结执行情况、在第三阶段成果基础上的第四阶段自修前景规划、自我评价成绩卡、自修评价小结、自学资料目录:CD 盘、web 网站等)			
教育学	社会法律课程	信息交流技术	外语
确定自己在社会生活中的位置的反思:分析大学生自修进程、自修成果的前景规划和预测(提交小结或在提交的学生手册中反映出来)			
专业的形成	教育学		
社会法律课程			
信息交流技术			
外语			
自己确定专业的反思:分析大学生专业形成的进程、分析在专业形成时遇到的困难和克服它们的方法(提交小结或在提交到学生手册的答辩中反映出来)			
职业的专业化(小学的信息学)	通过教学法的教育学	社会法律课程	信息交流技术	外语
提交听课说明,提交出版的教学法评注等,其中包括在小学信息学课上从专业问题的角度用不同方法对它们进行分析				

附录三：俄罗斯国立师范大学"小学教师培养方案"更新

职业的专业化（小学的信息学）	通过教学法的教育学	社会法律课程	信息交流技术	外语
提交大学生的独立研究（完成的设计成果、课程计划、课程提要、上课用的教学论材料等），这些研究在表现了大学生法律、语言和信息交流技术能力的同时，也表现出大学生在信息学课上被动地解决专业问题的能力				
提交课程提要计划（包括非传统形式的课程）、它们的自我检查，反映大学生提出的专业问题及解决它们的方法				
提交评论、意见等，反映大学生特殊职业能力的形成				
提交大学生学习用的教学法材料目录，小学信息学教科书目录，电子光盘目录，web 网站目录等，以及在使用它们的时候表现出来的法律、信息交流技术和语言方面的能力				
提交发展小学信息学教师特殊职业能力的自我评价小结、教学法知识的作用小结、基础职业能力小结				
提交放在"成果"一章里的工作述评，在其中反映了小学信息学教师形成特殊职业能力时遇到的困难和克服它们的方法				
在"成果"一章形成时特殊职业能力和基础职业能力的表现（语言文化、提交的印刷材料的质量、电子方式的利用等）				
专业形成反思（职业专业化）：分析大学生作为小学信息学教师的专业形成过程，分析大学生在职业形成过程中遇到的困难和克服它们的方法（提交小结或在提交到学生手册中反映出来）				
"成果"形成的水平（语言水平、提交印刷材料的质量、为提交信息使用的电子方式等）				
学生手册答辩时的表达水平				

学生手册里的"成果"一章评价的处理结果：表中的每一项记入0—3分。要使"考查"及格，大学生最少要得44分。

3.1.7. 培养小学外语教师

建议在培养基础学校外语教师的基础上培养小学外语教师。

培养小学教师的阶段目标——考虑到小学的特点和社会法律、信息技术和语言方面的主要能力，旨在通过发展外语教师的基础能力，促进大学生特殊职业能力的形成。

第四阶段教育过程的一般逻辑为：从掌握能发展外语教师职业能力的学科到促进小学外语教师基础职业能力和特殊职业能力进一步发展的学科，然后再到总结性的评定。

培养小学外语教师的教学过程基本由三部分组成：

——根据小学低年级学生情况进行教育心理学培养；

——小学外语教师的教学法培养；

——小学外语教师的生产实践。

在该阶段为了进一步发展教师的基础职业能力，建议把《小学教学法》课程列入培养小学外语教师的教学大纲中。

在学习这个课程时，在学科间知识和社会法律、信息技术及语言主要能力的基础上，大学生要掌握解决各种专业问题的方法。

在教育学课程中，首先建议专心致力于导入模块"初等教育现代化"。然后再考虑解决小学教师专业问题的理论、教学法和实践基础。鉴于学校教育的这个阶段转入不记分教学，可以适当地进行专业课《小学生成绩评价》的教学。

在大学的第五年建议把专业课《小学外语教学法》列入培养外语教师的教学计划。它的目的是促进小学外语教师职业能力的形成，表现为在充分运用积累的知识、获得的专业经验、价值观和个人兴趣的基础上，解决在教学活动中出现的各种专业问题。（详见表3.17）

在形成专业问题背景时，建议不仅要指出教学法本身的条件（教学大纲、教科书、研究题目时规定的学时等），而且要指出揭示低年级小学生和其他教育主体特点的具体教育学条件等。

附录三：俄罗斯国立师范大学"小学教师培养方案"更新

表 3.17　小学外语教师的专业问题

序号	问题类型	基本问题明细
1	在教学过程中了解孩子	能够： ——对小学低年级学生的发展进行教学预测，评价他的个人经验和外语学习成绩（包括他的学前的外语学习经验）； ——分析孩子和同班同学间的关系体系，了解这些关系的变化过程； ——确定小学低年级学生的外语学习水平、表现出来的成绩和不足，在这种情况下强调成绩。
2	建立旨在达到小学教学目标的教学过程	——确定小学一定教学阶段的外语教学目标（一学年、一学期、一课）； ——精选语音、词汇、语法材料以便形成小学生的语言能力； ——有效地利用外语教学技术（方式和方法）以便形成小学生言语能力（言语活动技能：听、说、读、写）； ——有计划地、有步骤地精选合乎小学生年龄要求的社会文化、知识教学等能力形成的方式和方法； ——选择保证教会孩子们自评和互评的反思形式和不记分的评价方法，说明自己选择的理由； ——在向低年级小学生提供用外语解决具体问题（教学交流、社会交流、日常交流）的各种可能方案时，展示文化间相互影响的范例； ——利用外语交流，计划安排个人的、小组的（在小组里的）和集体的解决具体问题的活动，根据多数同学提出的相同解决问题方案把班级里的教学过程具体化； ——根据总的题目建立教学过程。
3	和教学过程的其他主体建立相互关系	——利用与教育集体间关系的不同形式和技巧解决具体的专业问题； ——按照教学情景设计及利用与学生家长间关系的不同形式和技巧； ——与学校的负责人相互协作以解决专业问题； ——和国际社会的儿童组织进行接触并保持联系。
4	建设和利用教学环境	——安排利用教学机构内部的各种教学环境（游戏的、心理学的、法律的、交际的、信息的环境等）解决的具体教学问题（发展学习的独立性、教会自评和互评、发展创造的积极性和探索的积极性）； ——精选教学环境的客体，利用它们解决具体教学问题（组织参观博物馆、参观大自然、到剧院文化旅行、阅读定期儿童刊物、上网、教学旅行等）。
5	计划和实现专业自学	——独立使用外文词典、百科全书、手册和信息材料，无论是印刷的还是电子的； ——利用机器进行翻译，从外语翻译成母语，或从母语翻译成外语； ——选择并分析必要的专业信息，以便进行教学设计活动，确定利用教育心理学、教学论和教学法参考书（包括外文的参考书）教授外语的方式方法的有效程度； ——利用小学教学和管理规定的文件、小学外语教学标准和教学大纲工作； ——利用俄语和外语搜索系统，在国际互联网上搜索必要的信息； ——形成《教学法汇编》。

233

小学教师所有专业问题的解决建立在与小学各阶段孩子的年龄特点相符合的基础上。

在内容丰富的计划里，建议保证把未来小学教师培养成具有外语教学现代化理念的人。在试验工作中建议安排大学生（听众）进行科研活动，目的是为了进一步审核这个活动在实践中产生的效果，然后修正它并形成给大学生和小学教师的建议。

在学习专业课时，建议大学生了解教学现代化的基本战略，了解官方制定的新外语教学质量标准的发展前景，了解小学使用的现代教学技术的内容，了解低年级小学生学习外语时的年龄和身心特点。

专业课的内容以解决专业问题为目标。例如，为了解决第一类型专业问题，《在教学过程中了解孩子》建议把大学生合理利用教学法的作业列入专业课，它们是：对小学低年级学生的发展进行教学预测，评价他的个人经验和外语学习成绩（包括他的学前外语学习经验）；分析孩子和同班同学相互关系，跟踪这些关系的变化过程。

下列材料是解决该问题的"成果"：

——描述（学生、班级）；

——小学生个人特点卡（交际能力的形成取决于个人特点的发展，根据与小学教师和教务主任谈话得到的信息，及对大学生实习的观察和听课时的了解）；

——各种不同的测验；

——安全评价规则；

——学生掌握外语材料方面独立的工作计划；

——与目标和任务一致的课程内容分析；

——与学生语言能力相对应的教学方法分析；

——根据观看小学外语课程的电视片，对学生外语交际水平评价方法的有效性进行分析；

——详细制定发展孩子个性的任务，发展他的言语能力、价值取向、情感、注意力、思维、记忆力、想象力、情绪、意志力；制定任务，使小学生尽早从心理上适应新的语言环境，进一步克服使用外语作为交际手段

附录三：俄罗斯国立师范大学"小学教师培养方案"更新

的心理障碍。

作为解决第二类型问题的"成果"，应提交：

——在一定时期（在外语课上、在具体的外语教学阶段：二年级、三年级、四年级，四年级末转入基础学校）组织低年级学生的教学活动设计；

——外语课计划提要和教学法根据；

——外语课分析；

——根据提出的目标，精选在一定教学阶段完全适合学生身体状况的、能发展他们学习的独立性、创造性和探索性的外语教学内容，给出老师建议；

——建议安排学生教学游戏活动、编写游戏和游戏时的交际情景，游戏前要论证交际的目的；

——外语语音课实施方案；

——含有客观统一评价标准的作业清单（样本），以便形成评价的独立性；

——制定反思的、不记分的评价孩子学习成绩的方式和方法（形成学生"自己的学生手册"，并从"成果"和"评价的尺度"中任选一种评价方法和标准，确定个人成绩并添加到其中）；

——在解决小班的交际问题时，建议精选语言材料，以便形成连续的有情节的一段文字；

——利用总题目形成外语课方面的建议。

解决第三类型问题的"成果"材料为：

——教学实习期间的选题计划；

——所学语言国文化周期间的活动方案；

——相互关系的具体形式和技巧的描述；

——采访所学语言国文化使者的问题汇编，文化使者被邀请来和学生、家长、教学集体及学校负责人见面；

——家长会上根据一定题目的发言提纲；

——在教授低年级学生外语课方面给家长的建议（联合学校的心理学

家、语言矫正专家、社会教育家和其他专家);

——给家长的调查表;

——在用外语形成事务性文件方面的建议(给国际儿童基金会、国际组织的信及与他们合作的建议等)。

解决第四类型问题的"成果"材料为:

——根据和教师、管理机关座谈的材料,论证小学工作的理念;

——对教学环境种类(游戏的、教学游戏的、交际的、信息的、法律的)的描述和在环境中组织活动的建议;

——组织低年级小学生用外语参观的计划;

——利用国际互联网上的外语信息工作时有严格的规定,目的是在编制作业设计时(三年级和四年级)再一次使用它。

解决第五类型问题的"成果"材料为:

——独立研究外语教学法具体题目的参考书目录;

——根据一定的专业课题拟定的课堂讨论计划(用于讨论的问题汇编);

——各种题目的教育学和教学法信息数据库;

——带有专业资料实例的固定题目的提纲;

——小学的教学管理文件目录。

大学生的独立作业,建议在专业课上学习补充材料;编制和课堂讨论主题有关的概念或术语卡片;分析现代外语教学的标准和外语教学大纲;依据学生的不同能力和检验水平的最佳方法,从事个人或小组设计;培养通知和报告方面的知识。

建议通过口头和书面语检查专业课材料的掌握情况,检查既可以安排在课上,也可以安排在课下。这可以是大学生对老师问题的回答或是对小学外语教学法问题发表的意见,也可以是播放教学法课程的片段,或者编制解决专业问题的行为规范。日常评定以介绍个人或小组专题设计"表演"的形式进行。

在培养小学教师的第四阶段,保留在第二、第三阶段所展示的组织教学实习的方法。

附录三：俄罗斯国立师范大学"小学教师培养方案"更新

在完成设计工作（提交实习总结和教育实习的附属文件）时进行总结性评定。

3.1.8. 小学教师的继续教育（小学教师、小学外语教师及小学信息学教师的继续教育）。

教育现代化的要求改变了按照普通教育的次序（社会法律、信息技术和语言）培养小学教育人才的内容，同时要求做好解决专业问题的准备。

在这种情况下，有两条途径：

——通过修改原有的模块或者实行新的模块，改变现行的教学大纲；

——实行新的教学大纲。

对于新培养大纲的具体内容，建议根据小学教师的具体问题进行安排。可以根据一个种类的问题拟定教学大纲，例如"在教学过程中了解孩子"；或者也可以根据同时解决几类专业问题来拟定；教师还可以在"编制"某些模块时，自己安排个人的培养路径；此外，也可以使用大学生推荐的模块。但在组织继续教育小学专家的教学活动中，应考虑以下问题。

由于在提高教育干部业务水平方面没有较深入的理论研究，所以目前对于教育人才的继续教育和其业务水平的提高过程，很大程度是复制高等学校的教学过程。但是，在高等学校的教育体系中培养专家是其教学目标，而在提高业务水平体系中存在本质性的不同——改革他原有的专业经验，改变职业能力的内容。这一切都和大学教学生不一样，它需要其他影响教学的方式和方法。（阿．尤．帕纳休克）

在执行小学教育人才继续教育的职业教育教学大纲时，必须从在某个教育机构工作、具有一定教学经验的教师出发，因为从传统的观点看，经验能使他顺利地解决遇到的各种问题。所以说，他不仅要掌握新经验，而且能改变已形成的经验。心理学家证明，改变专业活动习惯的人必须拒绝我自己的那部分，这无疑是自我否定。所以，他渴望保留自己以往经验的完整性。由于是"强迫"教师接受"上面的"新经验，致使专业活动革新无法进行，革新专业活动需要从教师的"内在"发生转变开始，循序渐进，并在其后的专业活动中得以普及。

在普通教育现代化条件下，改变教师专业经验的过程可归纳为：

（1）在教育现代化背景下，明确教学集体及每名教师专业问题的范围；

（2）划出在教育现代化实践中每个人必须解决的最主要问题；

（3）搜索解决教育现代化方面问题的资料——包括创新经验和它的实施者；

（4）讨论能够与解决教育现代化有关问题的经验；

（5）在专业范围内，教师个人或集体对自身经验的反思；明确更新普通教育内容所必需的变化，提高普通教育内容的质量和可行性。

（6）组织教师新起点的活动，帮助教师掌握促进教育现代化发展的专业新经验；

（7）在发展教师的职业能力时，反思已发生的变化；

（8）在专业领域的自我发展、确定自己在社会生活中的位置及经验的完善方面，教师的后续作用，自己解决教育现代化问题的职业能力的水平的后期效果。

在设计继续教育专门人才的教学大纲时，要注意继续教育所包含的几方面要求：

——信息水平——专门人才的理论培养；

——组织实践的水平——在实践中巩固和检验理论知识；

——反思的水平——专门人才独立进行实验工作，理解其内容并对结果予以创造性分析；

——修正的水平——补充专门人才的知识和他们克服困难所必需的技能；

——方法论的水平——培养能教授其他学校专门人才的"教练级"专家。

继续教育的内容可以编入培养小学教师的第一至第四阶段教学模块中。实际编写时要注意结合培养班学员的特点。

继续教育小学的教育人才的专用教学大纲的各种可能结构。（图 3.4—3.6）

小学教师的继续教育的专用教学大纲的结构

方案 1

理论实践课知识（3 天） ⇔ 采用已掌握解决问题方法的实践活动；答疑（2—3 个月） ⇔ 反思和修正课（1 天）

图 3.4

与普通教育现代化有关的问题 → 专家团队的继续教育：
—教育机构的领导的继续教育；
—具体的教学过程的继续教育；
—教学领域的继续教育；
—整体化课程的继续教育；
—各类问题的继续教育。
→ 教育机构的某些专家的继续教育：
—专业培养；
—专业课（根据选择）。
→ 教育机构里普通教育现代化方面的专家切合实际的实践活动。 → 学生和老师出示符合学校改组战略目标的成绩方式。 → 预期结果。

↓

旨在解决问题的任务 → 团队学习的职业教育教学大纲；与它的参加者签定的合同中规定的内容、制度和形式。 → 一组不同形式且带有它们名称的科学方法论模块（供教育机构和专家们选择）：
- 课堂讨论，
- 实习课，
- 教练，
- 大师，
- 作坊，
- 实验室，
- 自由交际小组，
- 社会职业技术鉴定，
- 职业俱乐部。

→ 职业教育教学大纲的基础上，按照教育机构的计划。 → 按照市里、区里和教育机构的计划。 → 旨在使每个教学大纲的参加者明确并解决职业问题。

↓

深入研究的具体“成果”（在实践中使用的设计、教学大纲和全套教学法等）

图 3.5 小学、基础学校和高中专家综合团队的继续教育

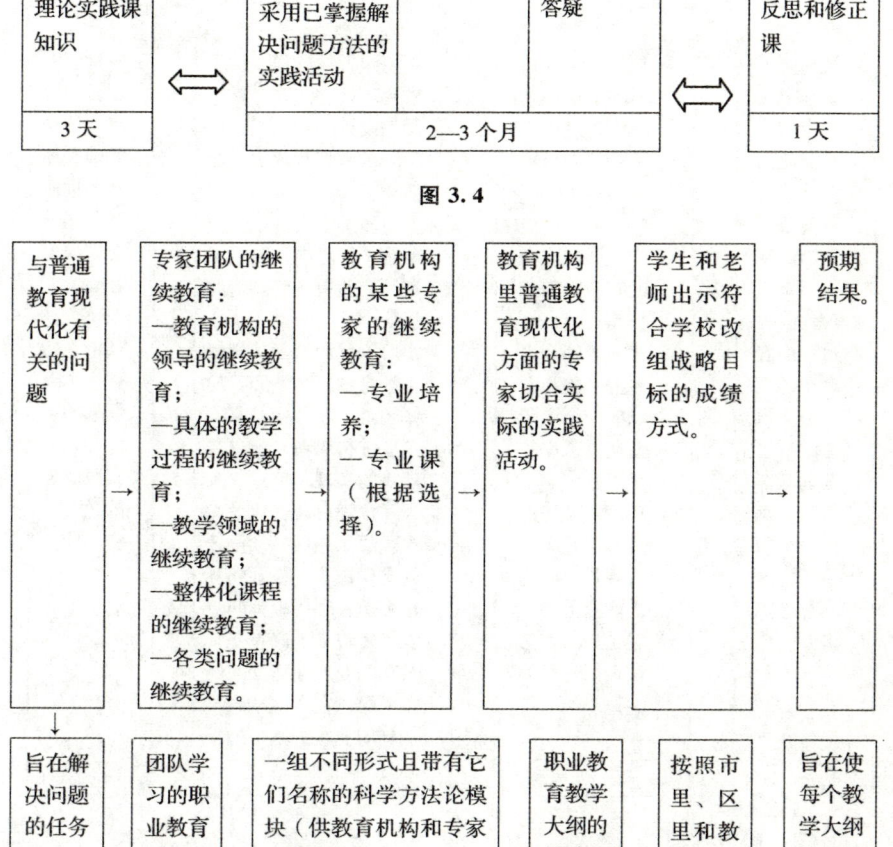

方案 2

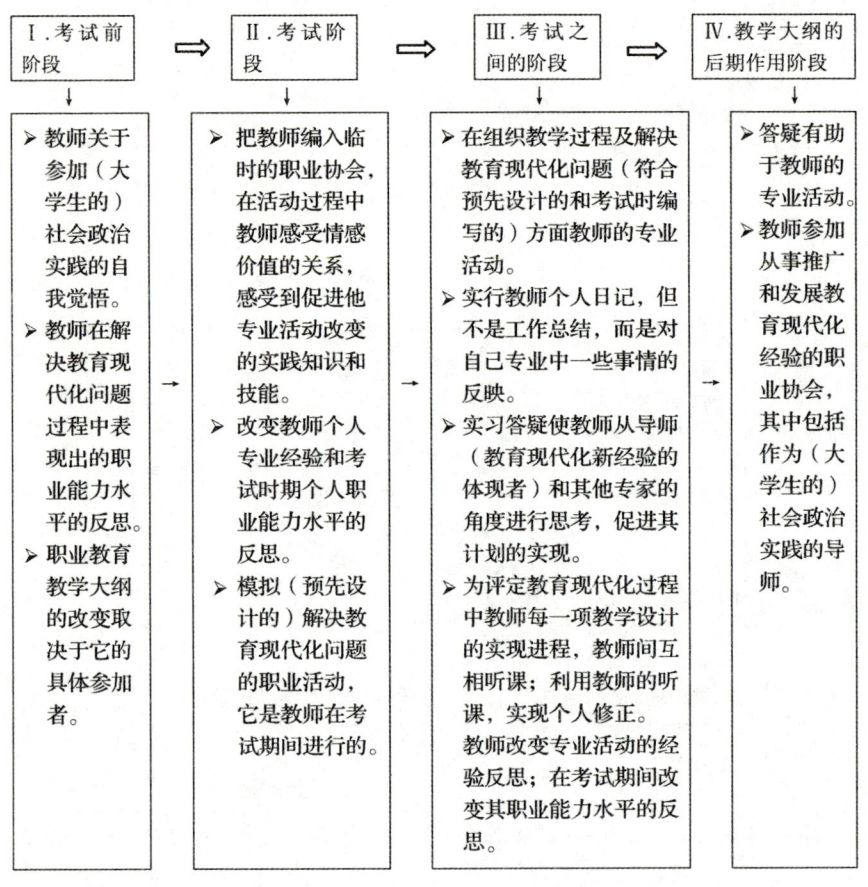

图 3.6 《教师"感受"教育》模式（确保教师解决普通教育现代化问题）